2026 개정 10판

특별과정 응시자는 70점을 목표로 하고,
일반과정 응시자는 90점 받아 합격하는-

수험서로서의 최적화─, 합격의 최적화─
최적화 특수체육론
2급 장애인스포츠지도사 필수과목

저자 장승규·이정열

지식닷컴
cafe.daum.net/sports31

장애인스포츠지도사 자격시험 관련 궁금 사항과
대학의 특수체육 수업 교재 단체 구입 등
모든 사항은 전화로 문의하십시오.

010-6291-1131

이메일 : jisig@paran.com
카톡 ID : changkyu11

머리말

수험서로서의 최적화, 합격의 최적화를 지향하는 최적화 특수체육론
일반과정 응시자와 특별과정 응시자는 공부 방법이 달라야 합니다.

스포츠지도사 자격제도가 2015년부터 바뀌어 이제 12번째 시험을 치르게 됩니다. 생활·전문 스포츠지도사 이외에도 장애인스포츠지도사 등 세분된 특정 대상 자격이 신설되었고, 이제 완전히 정착되었습니다. 2급 장애인스포츠지도사 자격을 처음 취득하는 일반과정 응시자는 필수과목(특수체육론)과 선택 4과목으로 시험 치며, 생활체육지도사 등 이미 자격 소지자는 특별과정으로 특수체육론 1과목만 응시하여 60점 이상이면 합격합니다.

특수체육론은 장애인의 스포츠 지도를 위해서는 반드시 이해하고 기억해야 합니다. 한편, 학습 분량이 다른 선택과목에 비해 상대적으로 적으며, 내용이 비교적 수월합니다. 일반과정 응시자는 필수과목에서 높은 점수를 받으면 다른 선택과목에서 다소 부진하더라도 합격할 수 있습니다. 과목별로 각각 20문제가 출제되고, 한 문제당 5점으로 채점하므로, 특수체육론 20문제 중 18문제를 맞추면 90점이 됩니다. 이는 불가능한 일이 아닙니다. 한편, 특별과정 응시자는 시험 방법 등에 대해 대부분 알고 있을 것이며, 특수체육론 1과목만 응시하여 60점 이상이면 합격합니다. 이 책을 정성 들여 3번만 읽어보면 합격할 수 있으리라 예측합니다.

필기시험은 객관식으로 출제되므로, 개인에 따라 차이는 있겠지만 완벽한 암기보다는 폭넓은 범위의 학습으로, 문제를 읽으면 내용을 연상할 수 있는 정도 수준의 공부가 필요하며, 이를 위해서는 반복 학습이 매우 효과적입니다. 이 책은 일반 체육인들에게 다소 생소하게 느껴지는 특수체육을 쉽게 이해하고, 오래 기억될 수 있도록 하는 노력 등의 여러 장점을 갖고 있습니다. 아울러 공부하시는 분들이 쉽게 합격할 수 있도록 최적화되어 있습니다. 공부하는 도중에 의문 사항이나 질문이 있으면 저자의 핸드폰으로 전화·문자 메시지·카톡 등을 이용하십시오.

많은 분이 좋은 성과를 얻어 필기시험은 물론 실기·구술시험과 연수 과정까지 마치어 자격을 꼭 취득하시길 빕니다. 아울러 장애인을 이해하고, 성의껏 지도하는 위대한 장애인스포츠지도사가 되십시오.

저자 장승규·이정열 드림

저자소개

장 승 규
- 동국대, 연세대 대학원, 명지대 대학원 졸업, 경영학박사
- 한국능률협회, 롯데제과(주) 근무
- 한국경영컨설팅협동조합 이사장 역임
- 명지대학교, 서울벤처대학원대학교 교수 역임
- 현) 스포츠경영발전협의회 공동대표, 지식닷컴 집필자 대표
- 연락처 : 010-6291-1131
  jisig@paran.com

이 정 열
- 순천향대학교, 동대학원(체육교육 전공) 졸업
- 인천아시안패럴림픽조직위원회 도핑검사관
- 평창패럴림픽조직위원회 도핑기술위원
- 장애인스포츠지도사(종목 : 골볼)
- 현) 아산시장애인체육회 운영과장
  순천향대학교 겸임 부교수
  한국도핑방지위원회 도핑검사관
  체육지도자연수원 강사
- 연락처 : 010-2545-9770
  lee7112@nate.com

제❶부 합격 방법 연구하기 … 5
- 제1장 공부 시작 전 특수체육론 간 보기 … 6
- 제2장 목표 점수 정하고, 쉽게 합격하는 법 … 10

제❷부 과목 내용 학습하기 … 13
- 제1장 특수체육의 이해 … 14
- 제2장 특수체육의 지도 … 37
- 제3장 장애 유형별 스포츠 지도 … 54

제❸부 연습문제 풀어보기 … 77
- 제1장 특수체육의 이해 … 78
- 제2장 특수체육의 지도 … 91
- 제3장 장애 유형별 스포츠 지도 … 103

제❹부 기출문제 풀어보기 … 131
- 1. 2025 기출문제 … 132
- 2. 2024 기출문제 … 137
- 3. 2023 기출문제 … 143
- 4. 2022 기출문제 … 150
- 5. 2021 기출문제 … 155
- 6. 2020~2015 기출문제 … 부록 파일

　　　부록 파일은 스포츠자격시대 카페에서 내려받을 수 있다.
　　　URL　https://cafe.daum.net/sports31/Sing/20

제1부

수험서로서의 최적화―, 합격의 최적화―
합격 방법 연구하기

세부목차

제1장 공부 시작 전 특수체육론 간 보기 … 6
  1. 특수체육과 장애인스포츠지도사 자격 … 6
  2. 특수체육론의 구성 … 7

제2장 목표 점수 정한 후 쉽게 합격하는 법 … 10
  1. 객관식 시험에서 실력보다 10점 더 받는 법 … 10
  2. 이 책의 특장점 … 11

제1장 공부 시작 전 특수체육론 간보기

간보기란 음식을 조리할 때 적은 양을 미리 먹어보고, 맛을 느껴보는 절차이다. 여기서 간보기는 특수체육론을 공부하기 전에 내용 등을 간략하게 알아보는 절차를 의미한다.

1. 특수체육과 장애인스포츠지도사 자격

가. 특수체육의 이해

1) 특수체육의 개요

㉠ '특수'란 일반적이지 않고, 특별한 다름을 의미한다. 그러므로 특수체육은 일반 체육이 아닌 특정 대상을 중심으로, 체육과 관련된 교육·지도·연구 등의 활동을 지칭한다. 장애인 또는 어린이, 군인 등을 대상으로 하는 체육으로 정의될 수 있지만, 통상적으로 신체적·정신적 발육·발달에 이상이 있는 장애인을 대상으로 하는 체육을 의미하며, 장애인스포츠지도사 자격시험과 관련된 특수체육은 장애인 대상의 체육에 한정되고 있다.

㉡ 소득 증대와 더불어 사회 보장 제도가 확대됨에 따라 장애인에 관한 관심과 복지가 크게 향상되고 있으며, 아울러 장애인의 스포츠 욕구를 충족시키는 장애인체육 또한 전문성 확대와 함께 더 많은 지도자가 필요할 것으로 예상한다.

2) 특수체육 연관 학문

㉠ 체육학 : 인간의 출생에서 사망에 이르기까지의 체계적 신체활동을 통해 심리적·신체적·사회적 건강을 유지하여 삶의 질을 향상시키는 학문으로, 선수를 중심으로 하는 전문체육, 일반인을 대상으로 하는  생활체육, 학생 대상의 학교체육 등으로 나눈다. 생활체육은 다시 연령층에 따라 유소년, 청소년, 사회인, 노인체육과 장애인 등을 대상으로 하는 특수체육 등으로 나누고 있다.

㉡ 장애인복지학 : 인간의 존엄성은 신체적·정신적 상태와 상관없이 참다운 삶을 누릴 권리를 지닌다. 장애인 복지는 장애인이라고 해서 멸시되거나 차별되지 않고, 비장애인과 더불어 가치 있는 삶을 실현하는 학문이다.

3) 특수체육론과 장애인스포츠론의 비교

㉠ 장애인스포츠지도사는 1급과 2급으로 나누는데, 2급 시험의 필수과목은 특수체육론이고, 1급 시험의 필수과목은 장애인스포츠론이다.

㉡ 두 과목이 매우 밀접하게 연관되어 있고, 많은 부분이 중복되어 있어 정확하게 구분하기 어려운 부분이 많다.

㉢ 국민체육진흥공단이 발표한 자격시험 출제 기준에 따르면 특수체육론에서는 특수체육의 개요와 장애 유형별 지도 전략 등을 다루고, 장애인스포츠론에서는 장애인스포츠의 이해, 종목별·유형별 특징과 장애인스포츠 대회, 스포츠의학 등으로 구분되어 있다.

㉣ 위와 같이 구분되지만, 실제 2급 시험에 장애인체육의 종목별·유형별 특징이 출제되기도 한다. 따지고 보면 출제 기준을 벗어난 것이다.

나. 장애인스포츠지도사

1) 장애인스포츠지도사의 구분

㉠ 장애인스포츠지도사는 1, 2급으로 구분한다.

㉡ 2급 장애인스포츠지도사 자격 취득 후 3년 이상의 지도 경력을 갖췄을 때 1급 장애인스포츠지도사에 응시할 수 있다.

ⓒ 1급 장애인스포츠지도사 시험과목은 장애인스포츠론과 1급 전체의 공통과목인 운동 상해, 체육측정평가론, 트레이닝론 등 4개 과목이다.

2) 2급 장애인 스포츠지도사 구분
① 일반과정 응시자
- ㉠ 응시 대상 : 2026년 5월 필기시험일 현재 만 18세 이상인 사람
- ㉡ 응시 절차 : 필기→실기·구술→연수(90h)
- ㉢ 시험과목 : 특수체육론이 필수과목이고, 스포츠심리학, 운동생리학, 스포츠사회학, 운동역학, 스포츠 교육학, 스포츠 윤리학, 한국체육사 등 7개 과목 중 4과목을 선택해야 한다.
- ㉣ 합격 기준 : 전 과목 평균 60점 이상, 각 과목 모두 40점 이상

② 특별과정 응시자
- ㉠ 응시 대상 : 2026년 3월 현재 2급 생활·유소년·노인스포츠지도사 등 자격 소지자가 2급 장애인스포츠지도사 자격을 추가 취득하려는 사람
- ㉡ 응시 절차 : 필기→실기·구술→연수(40h)
- ㉢ 시험과목 : 특수체육론 1과목
- ㉣ 합격 기준 : 60점 이상

③ 추가 취득 응시자
- ㉠ 응시 대상 : 2026년 3월 현재 2급 장애인스포츠지도사 자격을 가지고 보유한 자격 종목이 아닌 다른 종목의 자격을 취득하려는 사람
- ㉡ 응시 절차 : 실기·구술→연수(3h, 스포츠윤리센터의 성폭력 등 폭력 예방 교육)

3) 응시자별 득점 목표
① 특별과정 응시자
- ㉠ 생활·전문·노인·유소년 등의 자격 소지자가 2급 장애인스포츠지도사 자격을 추가 취득하는 특별과정 응시자는 특수체육론 1과목만 치르므로, 60점 이상이면 합격이다.
- ㉡ 전체 20문제 중 12문제를 맞추면 합격할 수 있다. 목표 점수를 70점 정도로 정하면 설령 다소 부진하더라도 합격할 수 있다. 이 책을 3번 정도 정독하면 충분히 받을 수 있는 점수이다.

② 일반과정 응시자
- ㉠ 일반과정 응시자는 특수체육론에서 90점 받는 것을 목표로 해야 한다.
- ㉡ 특수체육론은 다른 선택과목에 비해 공부할 분량이 비교적 적고, 내용이 상대적으로 수월하여 이 과목에서 90점 정도 받아야 다른 선택과목에서 다소 부진하더라도 합격할 수 있다. 합격하기 위해서는 쉬운 과목에서 높은 점수를 받는 과목별 선택과 집중이 필요하다.
- ㉢ 90점은 20문제 중 18문제를 맞추는 것으로, 이 책을 3번 이상 정독하면 충분히 가능한 점수이다.

다. 장애 유형별 지도와 종목별 지도
① 장애 유형별 지도와 종목별 지도의 구분
- ㉠ 장애 유형별 지도는 지체 장애, 청각장애, 시각장애 등 장애 유형에 따른 지도를 말하며, 종목별 지도는 축구, 배구 등 스포츠 종목에 따라 지도하는 것을 말한다.
- ㉡ 이를 구분하는 이유는 출제 기준에 의해 2급(전공 특수체육론) 시험에서는 장애 유형별 지도, 1급(전공 장애인체육론)은 종목별 지도로 구분하고 있기 때문이다.
- ㉢ 그렇지만 실제 2급 시험에서 종목별 지도가 출제되고 있으며, 장애인을 지도할 때 특정 종목이 아닌 전체 종목별 세부 규정을 정확하게 이해하기 어려울 뿐 아니라, 공부할 때도 상당한 혼선을 주고 있다.

② **종목별 지도의 출제 경향과 학습 방법**
  ㉠ 장애인스포츠의 종목별 특성을 완전히 이해한다는 것은 거의 불가능하다. 시험에 출제되는 특정 종목에 대한 지도 유의 사항에 관해서는 책에 나오는 수준 정도만 이해하면 문제를 풀 수 있다.
  ㉡ 2015년부터 지금까지 종목별 지도에서 출제된 문제를 보면 `25-05` '쇼다운' 종목, `25-07` '휠체어 종목 관련' 설명의 오답 찾기, `24-14` '보체' 종목. `23-20` '보치아' 종목 등 4문제가 출제되었다.

2. 특수체육론의 구성

가. 특수체육론 출제 기준

주요항목	세부 항목
1. 특수체육의 개요	1. 특수체육의 의미 2. 특수체육에서 사용하는 사정과 측정 도구 3. 특수체육 지도 전략
2. 장애 유형별 체육 지도 전략	1. 지적장애, 정서장애, 자폐성 장애 등의 특성과 지도 전략 2. 시각장애 특성과 지도 전략 3. 청각장애 특성과 지도 전략 4. 지체 장애, 뇌 병변 장애의 특성과 지도 전략

나. 단원별 출제 빈도 분석

1) 최근 5년간 출제 빈도 총괄표

구분	연도	2021	2022	2023	2024	2025	최근 5년간 합계	구성비
제1장	1. 특수체육의 개관	①⑩	⑦⑧	②③⑩	①②	①	10	10%
	2. 특수체육 관련 법령		⑨⑲				2	2
	3. 특수체육의 분류	②⑤⑪⑬		①			5	5
	4. 특수체육의 경기와 조직				⑱		1	1
	5. 특수체육의 사정과 평가	④⑦⑨	⑮	⑤	④	⑪	7	7
	6. 특수체육의 검사 도구	⑧		⑥	③⑧	⑨	5	5
	소계	10	5	6	5		30	30
제2장	1. 특수체육의 지도와 관리	③⑮	⑪⑯⑱	④⑨	⑤⑦⑪	③⑩⑬⑰⑲	15	15
	2. 특수체육의 운동 발달		⑩	⑦⑭	⑥	⑧⑭	6	6
	3. 특수체육에서의 응급처치		①				1	1
	4. 특수체육 프로그램 개발		⑤	⑧⑱		⑦	4	4
	소계	2	6	6	4		26	26
제3장	1. 지적장애인의 지도		⑭⑳		⑫⑬	②	5	5
	2. 정서·행동 장애인의 지도	⑯	④	⑪⑮	⑯	④⑯	7	7
	3. 시각장애인의 지도	⑭⑰		⑫⑯	⑱	⑤⑳	7	7
	4. 청각장애인의 지도	⑱		⑬		⑮	3	3
	5. 언어장애인의 지도		⑫	⑰	⑳		3	3
	6. 지체장애인의 지도	⑥⑫	②③⑥⑰	⑲	⑩⑰⑲	⑥	11	11
	7. 뇌병변장애인의 지도	⑲⑳	⑬	⑳	⑭⑮	⑫	7	7
	소계	8	9	8	10		43	43
기타					⑨		1	1
합계		20	20	20	20	20	100	100

[범례] 1) ①는 해당연도의 문제 번호이다. 필요하면 문제를 구체적으로 확인할 수 있도록 번호를 표시하였다.
2) 2024년 기타 ⑨번 문제는 유아체육론에 해당하며, 이 책에서는 내용이 수록되어 있지 않다.

2) 최근 5년간 장별 누적 출제 빈도

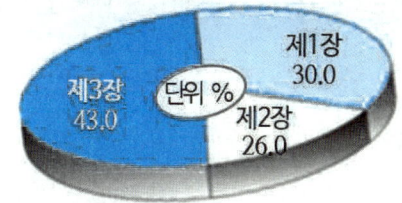

구분	누적 출제 빈도
제1장 특수체육의 이해	30.0%
제2장 특수체육의 지도	26.0
제3장 장애 유형별 스포츠지도	43.0

3) 소단원별 최근 5년간 누적 출제 빈도

	소단원	빈도(%)
제1장	1. 특수체육의 개관	10.0
	2. 특수체육 관련 법령	2.0
	3. 특수체육의 분류	5.0
	4. 특수체육의 경기와 조직	1.0
	5. 특수체육의 사정과 평가	7.0
	6. 특수체육의 검사 도구	5.0
제2장	1. 특수체육의 지도와 관리	15.0
	2. 특수체육의 운동 발달	6.0
	3. 특수체육의 응급처치	1.0
	3. 특수체육 프로그램 개발	4.0
제3장	1. 지적장애인의 지도	5.0
	2. 정서·행동 장애인의 지도	7.0
	3. 시각장애인의 지도	7.0
	4. 청각장애인의 지도	3.0
	5. 언어장애인의 지도	3.0
	6. 지체장애인의 지도	12.5
	7. 뇌병변장애인의 지도	7.0

설명 출제 빈도 분석은 공부할 때 장별, 소단원별 선택과 집중의 필요성을 설명하고 있다. 막대그래프 속의 색깔 차이는 출제 빈도의 많고 적음을 나타낸다.

제2장 목표 점수 정한 후 쉽게 합격하기

1. 객관식 시험에서 실력보다 10점 더 받는 법

가. 객관식 시험의 출제유형

절대평가 방식의 객관식 국가 자격시험은 응시자들의 점수 분포가 커트라인 부근에 몰리는 정규분포를 이루는 경우가 대부분이다. 많은 응시자의 점수가 커트라인 부근에 위치할 때 실력보다 10점을 더 받는다는 것은 바로 합격할 수 있다는 것을 의미한다. 실력보다 10점을 더 받기 위해서는 객관식 시험의 출제유형을 먼저 이해하고, 이를 염두에 두고 공부해야 한다.

① **긴가민가형** : "긴가민가"란 참 또는 거짓이 분명치 않은 모양새를 나타내는 용어이다. 즉 바르게 설명된 것을 찾거나(긴가형), 틀린 것을 찾는(민가형) 형태이다. "긴가형"은 '~에 대한 설명으로 옳은 것은?', '적합한 것은?' 등이며, "민가형"은 '옳지 않은 것은?', '거리가 먼 것은?' 등이다. 객관식 시험에서 70% 정도가 이 범주에 속한다. 스포츠지도사 필기시험은 "민가형"이 60~65%, "긴가형"이 35~40% 정도로. "민가형" 문제가 오히려 더 많이 출제되고 있다.

② **숨바꼭질형** : 핵심 용어나 숫자를 숨겨놓고, 적절한 용어 또는 수치 찾거나, 혹은 적합한 현상을 찾는 유형이다. 요구하는 답을 정확하게 기억하지 못하면 헷갈리기 쉬운 지문이 제시되어 정답 찾기가 어려운 특징을 갖고 있다. ( ) 속에 적합한 용어 또는 숫자를 찾는 형태로 출제된다.

③ **기차놀이형** : 어떤 절차나 현상을 순서에 따라 바르게 나열한 것을 찾는 유형이다. 이 경우 한 가지의 순서를 요구하기도 하고, 몇 가지 순서를 차례대로 바르게 연결된 것을 찾는 형태로도 출제되고 있다. 이 또한 정확히 기억하지 못하면 헷갈리기 쉬운 지문이 제시된다.

④ **잡동사니형** : 잡다한 것이 뒤섞인 유형이다. 핵심 용어 또는 수치를 비틀어 놓거나, 어떤 현상의 결과가 다른 요소에 미치는 영향을 찾거나, 서로 연관된 요소를 연결하는 등의 유형이다. 다른 형태에 비해 비교적 난도가 높은 특징을 갖고 있다.

나. 객관식 시험에서 실력보다 10점 더 받는 법

① **별도 노트 정리** : 공부하다 보면 반드시 암기해야 할 사항이 있기 마련이다. 이때 별도 노트에 기록하여 과목별·단원별로 정리하는 것이 좋다. 문제를 풀면서도 이를 보완하고, 별도 노트 정리는 시험이 임박해서 반복 학습할 때 유용하게 활용할 수 있다.

② **"왜요?"와 "그렇구나!"** : 학습자들로부터 "왜 그렇지요?"라는 유형의 질문을 자주 받는다. 필기시험은 객관식으로, 주어진 지문 4개 중에서 가장 가까운 답을 찾아야 하므로 학습 내용에 대한 이해가 어렵거나, 생각이 다르더라도 "그렇구나!"라는 수긍의 자세가 필요하다. 때에 따라서는 정답을 암기하는 것도 하나의 방법이다.

③ **"긴가인가?", "민가인가?"** : 스포츠지도사 필기시험에서는 "긴가형"보다는 "민가형" 문제가 더 많이 출제되고 있다. 주의해야 할 사항은 "민가형" 문제를 "긴가형"으로 착각하거나, 그 반대의 경우가 발생하므로 "민가형"에는 밑줄 쳐진 부분에 ○ 또는 X표 등으로 표시하면 헷갈림을 방지할 수 있다. (사례) 자폐성 장애인의 스포츠 지도 전략으로 옳지 ~~않은~~ 것은?)

④ **정답을 찾기 어렵거나 헷갈리는 문제** : 기억하기 쉽지 않거나, 정확한 답을 찾기 어렵거나, 헷갈리기 쉬운 문제도 있다. 이 경우 4개의 지문 중에서 가장 정답과 거리가 멀다고 생각되는 지문을 순서대로 제외해 나가면 나머지에서 답을 찾기가 훨씬 수월해진다.

⑤ **단정적 문장의 지문** : 단정적 표현(사례) '반드시 ~해야 한다.', '~만 그렇다.' 등) 또는 이질적 성격의 지문이 있으면 "민가형" 문제이면 정답일 가능성이 크고, "긴가형"에서는 비교적 합리적 내용이거나, 단정적 표현이 포함되지 않은 지문이 정답일 가능성이 크다.

⑥ **마킹 실수** : 전체 문제를 풀고, 마무리 단계에서 답안지에 마킹할 때 '1번 몇 번, 2번 몇 번'이라고 마음속으로 읽고, 하나씩 확인해야 마킹 실수를 피할 수 있다. 마킹 때 한 문제를 건너뛰는 실수를 범하기 쉽고, 이는 치명적인 실수로 이어질 가능성이 크다.

⑦ **선택과 집중** : 모든 과목에서 높은 점수를 받을 수 있으면 좋겠지만, 현실적으로 쉽지 않다. 그러므로 자신 있는 과목에서 높은 점수를 받으면 일부 부진한 과목에서 다소 점수가 낮더라도 쉽게 합격할 수 있다. 특히 기출 기호(25-01)가 3개 이상 집중된 부분은 출제 다빈도 부분(출제 다빈도 부분) 표시가 되어있으며, 이는 다른 부분보다 더 많은 학습 집중이 필요하다.

2. 이 책의 특장점

가. 책 제목이 왜 최적화인가?

① **수험서로 최적화**
　㉠ 최적화란 노력이나 시간의 투입 성과가 가장 효과적으로 나타나는 것을 의미한다. 이 책은 2급 장애인스포츠지도사 필수과목인 특수체육론 응시자의 합격을 위해 최적화되어 있다.
　㉡ 특수체육의 대학 교재, 연구 논문 등 관련 도서가 많이 발간되어 있지만, 장애인스포츠지도사 자격시험과 관련되어 여러 가지로 부족한 것이 현재 출판되어 있는 책의 대부분이다.

② **합격 위한 최적화**
　㉠ 일반과정 응시자 대부분이 특수체육론이 포함되어 10개 과목이 함께 수록된 필기시험 수험서로 공부하고 있지만, 특정 과목에서 높은 점수를 얻으면 다른 과목이 다소 부진하더라도 쉽게 합격할 수 있다.
　㉡ 필수과목인 특수체육론에서 90점 받을 수 있도록 내용 학습, 연습문제 풀이, 기출문제 풀이 등 체계적 학습이 가능하도록 최적화되어 있다.
　㉢ 2급 생활스포츠지도사 등 자격 소지자가 장애인스포츠지도사 자격을 추가로 취득하려면 특수체육론 1과목만 응시하고, 60점 이상 즉 20문제 중 12문제 이상 맞추면 합격할 수 있다.

나. 책의 구성

① **기본 구성**
　㉠ 책은 '제1부 합격하는 방법 연구하기' '제2부 과목 내용 학습하기' '제3부 연습문제 풀어보기' '제4부 기출문제 풀어보기'로 구성되어 있다.
　㉡ '제3부 연습문제 풀어보기'는 문제가 단원별로 구성되어 있으며, 자격제도가 바뀐 2015년부터 2023년까지의 기출문제도 모두 포함하고 있다.
　㉢ '제4부 기출문제 풀어보기'는 최근 5년간 기출문제만 수록되어 있고, 이전 출제 문제는 인터넷으로 내려받아 확인해야 한다.

② **쉽게 설명되어 빨리 이해할 수 있고, 오래 기억할 수 있다.**
　㉠ 일반 체육인들에게는 다소 생소한 특수체육의 용어와 이론을 비교적 쉽게 설명하여 빠르게 이해하고 오래 기억할 수 있도록 구성되어 있다.
　㉡ '제2부 과목 내용 학습하기'에는 내용을 이미지화하기 위해 많이 노력하였고, 도식화·도표화 하여 이해를 돕도록 노력하였다.

다. 출제유형 분석과 출제 빈도 분석

① **기출문제의 출제유형 분석**
　㉠ 출제유형을 예측하기는 쉬운 일이 아니지만, 과거 출제 경향을 살펴보면 어느 정도 감을 잡을 수 있다. 이 책에서는 지난 시험의 출제유형을 분석하여 공부하고 있는 부분에서 쉽게 확인할 수 있다.

ⓒ 2015년부터 2025년까지 11년간 출제된 220문제의 출제유형을 분석하여, '제2부 과목 내용 학습하기'의 내용 아랫부분 주석란에 청색 글씨로 표기되어 있다.
　　ⓒ 오답 찾기형 문제는 정답을 예로 들고 있으므로, 문제 내용 파악과 이해에 도움이 된다.
　　ⓔ 출제유형 분석은 실제 문제를 쉽게 확인할 수 있도록 출제 연도와 번호를 기재하여 필요하면 '제4부 기출문제 풀어보기'에서 찾을 수 있도록 구성되어 있다.
② 기출문제의 출제 빈도 분석
　　㉠ 지난 10년간 출제 빈도를 단원별로 분석하여 '제1장 공부 시작 전 특수체육론 맛보기〉 2. 특수체육론의 단원 구성'에 수록되어 있다.
　　㉡ 단순한 통계만 보여주는 자료가 아니고, 출제 빈도에 따라 단원별 중요도를 인식하며 공부할 수 있는 자료를 제공한다.
　　ⓒ 페이지 하단 주석란의 기출문제 중 아이콘이 2개 이상 연속적으로 표시된 부분은 출제 빈도가 높으므로 더 주의 깊게 공부해야 한다.
③ 사용 기호 설명

기호	설명
25-01	• 기출문제 출제유형 분석으로, 앞 두 자리는 출제 연도, 뒤쪽 두 자리는 문제 번호이다. 즉 '25-01'은 2025년 기출문제 01번을 나타내고 있다. • 출제 연도와 번호를 페이지 하단의 주석에 실은 것은 공부하면서 해당 부분의 출제유형에 대해 감을 잡고, 필요할 때는 문제를 쉽게 찾아볼 수 있도록 하기 위함이다. • 학습 내용 중 기출 표시가 없는 부분은 상대적으로 출제 가능성이 작고, 같은 내용에 여러 개가 중첩된 부분은 출제 다빈도 부분이므로 더 많은 집중이 필요하다.
출제 다빈도 부분	동일 영역에서 3번 이상 출제된 부분으로, 출제 가능성이 높은 부분이다.
설명 설명	학습 내용에 대한 보충 설명이다. 앞의 청색 바탕 흰색 글씨 '설명'은 중요한 내용이고, 흰색 바탕은 '설명'은 내용을 이해하는 데 도움을 주려는 설명으로, 출제 가능성은 작다.
용어 용어	용어 해설이다. 바탕과 글씨 색깔은 위의 참고와 같이 중요한 부분은 청색 바탕에 흰색 글씨이고, 알고 있을 정도 수준의 내용은 흰색 바탕에 청색 글씨이다.
암기	꼭 암기해야 하는 사항이다. 암기하는 것은 시험에 출제될 가능성이 크다는 것을 의미한다.
요약	많은 분량을 요약하여 단순화한 내용이다. 대부분이 꼭 암기하고 있어야 할 내용이다.
복습	제3부 연습문제 풀어보기, 제4부 기출문제 풀어보기에서 앞 내용의 중요 부분을 복습하는 부분이다.
인명	이론을 주장한 사람 이름으로, 참고 사항이다.
____	설명이 필요한 부분은 용어 아래에 밑줄을 친 후 다음에 별도 보충 설명하고 있다.
2025	연습문제의 문제 지문 뒤의 숫자는 똑같은 내용이 기출문제로 출제된 것을 나타내며, 숫자는 출제 연도이다.

④ 부록 파일 내려받기
　　㉠ 2015년부터 2020년까지 6년간 기출문제는 pdf 형태의 파일로, 다음카페의 '스포츠자격시대'에서 내려받을 수 있다. 아래 URL 또는 옆 QR 코드로 접속하면 된다.
　　　https://cafe.daum.net/sports31/Sing/20
　　㉡ 위의 2015~2020년까지의 기출문제는 제❸부 연습문제 풀어보기에 모두 수록되어 있어 중복된 내용이다.
⑤ 내용 수정과 오탈자 정정
　　㉠ 책이 발간된 이후 관련 규정이 바뀌거나, 오탈자가 있거나, 이론적 모순이 발견되면 이를 알리는 방법은 위에서 언급된 '스포츠자격시대' 카페에 게재한다.
　　㉡ 확인하기 위해서는 아래 URL 또는 옆 QR 코드로 접속하면 된다.
　　　https://cafe.daum.net/sports31/Sing

제2부
수험서로서의 최적화―, 합격의 최적화―
과목 내용 학습하기

세부목차

제1장 특수체육의 이해 … 14
1. 특수체육의 개관 … 14
2. 특수체육 관련 법령 … 19
3. 특수체육의 분류 … 21
4. 장애인 경기와 관련 조직 … 25
5. 특수체육의 사정과 평가 … 28
6. 장애인 검사 도구 … 33

제2장 특수체육의 지도 … 37
1. 특수체육 지도와 관리 … 37
2. 장애인의 운동발달과 체력 강화 … 44
3. 장애인 운동의 응급처치 … 49
4. 장애인 운동프로그램 개발 … 52

제3장 장애 유형별 스포츠 지도 … 54
1. 지적장애인의 지도 … 54
2. 정서·행동 장애인의 지도 … 57
3. 시각장애인의 지도 … 60
4. 청각과 평형감각 장애인의 지도 … 63
5. 언어장애인의 지도 … 66
6. 지체장애인의 지도 … 68
7. 뇌병변장애인의 지도 … 73

제1장 특수체육의 이해

1. 특수체육의 개관

가. 특수체육의 개념과 특성

① **특수체육의 개념**[1] 출제 다빈도 부분
  ㉠ 장애인에게 스포츠와 신체활동 등의 욕구를 충족시켜 건강과 복지 향상을 위해 계획된 체육학의 한 분야이다.
  ㉡ 장애인의 신체활동 강화와 장애인 임파워먼트를 강조한다.
  ㉢ 장애인 등을 대상으로 하여 학교체육·생활체육·전문체육 등의 모든 영역을 포괄한다.
  ㉣ 체육 프로그램에 특수 대상(주로 장애인)이 안전하게 참여하기 적합한 활동, 게임, 스포츠 등으로 구성한다.
  ㉤ 법률에 근거하여 장애인 등의 신체활동 서비스를 제공한다.
  ㉥ 장애인의 생태적 문제 발견과 해결을 목적으로 한다.
  [설명] **장애인 임파워먼트(empowerment)** : 임파워먼트는 일반적으로 권한 위임으로 해석하며, '장애인 임파워먼트'는 장애인의 동기부여와 자긍심을 높이는 역할을 의미한다.

② **특수체육의 특성**
  ㉠ 법률(장애인교육법, 특수교육진흥법 등)에 따른 장애인을 위한 스포츠 서비스
  ㉡ 다양한 연령층이 대상(유아·청소년·청년·성년·노인 등)
  ㉢ 장애인의 심리적·운동적 수행 능력 미흡에 대한 제도적 보완과 보충 목적
  [암기] **특수체육의 목적** : 특수체육은 1) 개인적 장애의 치료와 의료 처치 등이 아니며, 2) 분리된 환경에서 참여가 특수체육의 목적이 아니다. 이는 오답 찾기 유형의 문제에서 정답으로 출제되는 경우가 허다하다.

③ **장애와 관련된 용어의 개념**
  ㉠ **손상(impairment)** : 신체의 기관 또는 기능적 상태의 미흡 또는 부족 상태로 인해 신체 일부가 손실되었거나, 적절한 기능을 수행하지 못하는 상태로, 언어 결함, 학습장애, 뇌성마비, 신체 절단과 같이 기관의 수행 기능에 이상을 나타낸다.
  ㉡ **장애(disability)** : 신체기능의 장애로 인하여 특정 활동을 수행하지 못하거나, 만족스럽게 수행하는 능력이 제한된 상태
  ㉢ **사회적 장애(handicap)** : 기능 손상 또는 장애로 인하여 정서적 혹은 사회적으로 불리하게 영향을 미치는 손상이나 장애 또는 그러한 현상을 말한다.

나. 특수체육의 목표와 발전 방향

1) **특수체육의 영역별 목표**[2] 출제 다빈도 부분
① **인지적 영역** : 외적 환경요소나 대상을 수용하여 장애인의 내적 요소와 상호작용을 통해 발달해 가는 정신 능력을 총칭하는 행동
② **정의적 영역**[3] : 장애인의 흥미·태도·감상·가치관·감정·신념 등에 관련되는 교육목표의 영역

---

1) `25-01` `21-01` `20-01` `15-01` 특수체육의 설명으로 틀린 것을 찾는 유형으로, 특수체육은 1) 개인의 치료 목적 2) 의료 처치 목적 3) 욕구 충족을 위한 분리된 환경 4) 경쟁 스포츠 참여 제한 등이 모두 오답 찾기의 정답들이다.
  `23-02` 미국 관보(1977)에 표기된 체육의 정의로 옳은 것을 모두 고른 것을 찾는 유형으로, 우리나라도 아닌 미국 관보(1977)에 게재된 체육의 정의를 찾는 것으로, 출제 의도를 파악하기 어렵고, 적합하지 않은 문제이다.
2) `23-10` 보기로 '지각, 가치화, 반사적 운동, 적용' 등을 제시하고, 블룸의 교육목표 영역 중에서 인지적·심동적·정의적 영역에 바르게 연결된 것을 찾는 유형
  `23-03` `19-13` 특수체육의 추구 목표를 영역별 보기로 제시하면서 바르게 설명된 것을 찾는 유형
3) `16-03` 특수체육의 정의적 영역에 대한 설명이 바르게 설명된 것을 찾는 유형

③ **심동적 영역**(=생태적 영역) : 장애인의 근육 발달과 사용, 신체의 운동을 조절하는 신체 능력에 관한 행동으로, 게임·운동 등에 필요한 운동 기술의 동적 움직임과 심리적 행동

> [설명] **블룸의 교육목표 분류**
> - 교육학에서 다루어지는 부분으로, <u>블룸(Bloom)</u>은 교육목표를 아래의 3가지 영역으로 구분하였다.
> - 특수체육의 목표는 블룸의 교육목표 분류를 근거로 하고 있다.
> 1) 인지적 영역 : 지적 능력과 기능 발달 관련 영역으로, 지식·이해력·분석력, 문제 해결력, 창의력 등
> 2) 정의적 영역 : 태도와 가치관 발달에 관련된 영역으로, 흥미·태도·감상·가치관·감정·신념 등
> 3) 심동적 영역 : 심리적, 신체(운동)적 활동과 관련된 영역으로, 지각·모방·조작·운동·숙달 등
>
> [참고] **외우는 방법** : 인지적 영역은 지적 능력과 기능 발달과 관련된 영역이고, 심동적 영역은 심리적·신체적 활동의 줄임말로 이해하고, 정의적 영역은 태도, 자아 능력 등이다.
> [인명] **블룸(B Bloom)** : 미국 시카고대학에서 교육학 교수로 재직하였으며, 교육학 발전에 크게 이바지하였다.

2) 특수체육의 발전 방향

㉠ 장애로 인해 활동에 어려움을 겪는 사람들이 비장애인과 차별 없이 통합스포츠에 참여하여 건강과 복지 향상에 기여

㉡ 장애인 개인별 장애 특성에 대한 이해와 개인에게 적합한 맞춤형 서비스 제공

㉢ 장애인에게 보조 또는 보호보다 스스로 활동 과제에 집중할 수 있도록 유도

㉣ 언어 보조, 시각 보조, 신체 보조 등 여러 요인의 적절한 연계가 필요

3) 특수체육의 추구 가치

① **정상화**

㉠ 장애인이 비장애인처럼 생활할 수 있도록 사회적·환경 제약을 최소화하여, 사회에서 함께 어울려 적응할 수 있도록 지도하는 활동

㉡ 정상화는 아래 최소 제한 환경의 촉매가 되었다.

② **최소 제한 환경**[1](LRE) : 장애인에게 제공되는 환경이 제한되거나 빈약하지 않아야 하고, 불가피한 제한 또는 제약도 최소화되어야 하며, 장애인의 개인적 필요에 따라 서비스를 제공해야 한다는 개념이다.

[용어] **최소 제한 환경(LRE, least restrictive environment)** : '장애인 제공 환경이 제한 또는 빈약하지 않고, 불가피한 제한도 최소화하고, 개인적 요구에 따라 서비스가 제공되어야 한다.'라는 의미이다.

③ **주류화** : 일반교육의 방향과 프로그램에 장애인이 통합되는 과정이며, 특수체육의 본질은 일반교육의 큰 흐름에 통합하는 것이다.

[암기] **특수체육의 본질** : 일반교육과 분리되는 것이 아니다.

④ **통합 체육(unified sport)**[2] 출제 다빈도 부분

㉠ 통합체육의 개념

- 장애인에게 적절한 수준의 프로그램을 제공하여 활동에 필요한 사항을 지원하며, 스포츠와 신체활동에 일반인과 함께 참여하므로 서로를 이해하는 계기를 만든다.
- 통합체육에서 비장애인의 올바른 운동 기술 수행은 장애인에게 훌륭한 발전모델이 된다.

[암기] **특수체육의 추구 가치** : 정상화, LRE, 주류화, 통합체육

---

1) 17-02 최소 제한 환경(LRE)에 대한 설명이 바르게 된 것을 찾는 유형
2) 22-08 보기로 제시된 설명이 위닉(Winnick)의 장애인스포츠 통합 연속 통합스포츠 5단계의 어느 단계인지 묻는 유형
  19-20 통합체육 5단계에서 통합 정도를 ( ) 속에 숨기고 적합한 용어를 찾는 유형
  16-12 통합체육에 대한 설명으로 잘못된 것을 찾는 유형

ⓒ 위닉(J. Winnick)의 통합체육 5단계

통합 정도	참가 기준	LRE
Level 1. 일반 체육	장애 구분 없이 모든 사람에게 동일 기준 적용	약함 ↑ 제한 정도 ↓ 강함
Level 2. 일반 체육의 적용	경기 결과와 관련 없이 시설, 기구 이용 가능	
Level 3. 일반 체육과 장애인체육	장애 구분 없이 함께 참여, 규칙 변형 없음	
Level 4. 통합 장애인체육	장애인과 비장애인이 규칙을 변형하여 참가	
Level 5. 분리 장애인체육	장애인만 참가	

설명 **통합체육 5단계** : Level 5는 제한 정도가 가장 심하고, Level 1은 제한 정도가 가장 약하다.

인명 **위닉(J Winnick)** : 미국 펜실베이니아 주립대학교 특수체육학과 교수로 오래 재직하였다.

ⓒ 통합체육의 장단점

구분	내용
장점	• 장애인의 운동수행 능력 발휘 기회 제공 • 장애인과 비장애인의 교류를 통한 상호 이해 기회 제공 • 장애인의 정상화 실현과 동기부여 • 장애인 교육에 따른 사회비용의 절감
단점	• 장애인을 위한 별도의 시설 및 기구 필요 • 특별한 프로그램을 위한 계획 및 준비 과정 필요 • 특수체육을 위한 인력 필요 • 다양한 장애인에 대한 대응 복잡과 어려움 • 대규모 학습일 때 개인 니즈에 대응하지 못할 가능성이 큼

다. 특수체육의 발전 과정

1) 특수체육의 시대적 구분

① **제1 시대(선사시대~BC 500)** : 특수체육 관련 사료는 B.C 7,000년부터 찾을 수 있으며, 동양에서는 고대 중국에서 쿵후가 시작

② **제2 시대(BC 500~AD 1500)** : 기원전 500년까지도 종교와 주술을 이용한 의료행위가 성행하였으며 식사 조절, 목욕, 운동이 장애인의 치료에 중요한 역할을 하기 시작

③ **제3 시대(1500~1800년)** : 운동의 치료적 가치에 관한 관심은 1500년대 후반에 시작되었으며, 치료 운동이 과학적인 기초를 구축한 것은 르네상스 이후이며, 19세기에 해부학과 생리학을 기초로 하는 과학적인 치료가 발달

④ **근대화 이후(1800년 이후)** : 특수체육의 기초가 생성되기 시작한 시대로, 체조를 통한 장애 교정이 시작되었고, 장애인의 재활 수단으로 체육활동 전개

2) 특수체육의 역사

- 1870년 미국특수학교 청각장애인 야구선수단 조직
- 1924년 제1회 파리(프랑스) 데플림픽 개최(청각장애인 9개국 참가)
- 1945년 제1회 휠체어 국제경기 대회 개최
- 1960년 제1회 로마(이탈리아) 하계 패럴림픽대회 개최
- 1968년 제1회 시카고(미국) 스페셜올림픽 대회 개최
- 1976년 제1회 외른셸스비크(스웨덴) 동계 패럴림픽대회 개최

3) 우리나라 특수체육의 발전

① 우리나라 특수체육의 역사

구분	시기	주요 내용	
태동기	1912~1987	• 특수학교 체육교과 활동 시작 • 전국장애인체육대회 개최(1981)	• 각종 장애인 국제대회 참가
기반 구축기	1988~2004	• 1988 서울패럴림픽 개최 • 특수체육학 정립 • 한국장애인복지체육회 설립(1989)	• 장애인체육회 설립(2005) • 장애인체육대회 발전
도약기	2005~	• 장애인체육의 법적 기반 마련 • 이천 장애인종합훈련원 개소	• 대한장애인체육회 설립 • 평창동계패럴림픽 개최

② 우리나라 특수체육의 주요 활동

- 1965년 국제스토크맨더빌휠체어경기대회 탁구와 역도에 선수 최초 참가
- 1967년 제1회 상이군경체육대회 개최
- 1968년 이스라엘 텔아비브 패럴림픽대회 우리나라 선수단 최초 참가
- 1975년 소아마비청소년체육관(현 정립회관) 준공 및 수영대회 개최
- 1977년 전국장애인사격선수권대회 개최(정립회관)
- 1977년 호주 파라마타 아시아태평양장애인경기대회(현 아시안패럴림픽) 선수단 파견
- 1978년 한국스페셜올림픽위원회(현 스페셜올림픽코리아) 설립
- 1980년 전국장애인양궁선수권대회 개최(정립회관)
- 1981년 제1회 전국장애인체육대회 개최(한국장애인재활협회 주최)
- 1984년 서울패럴림픽조직위원회 설립
- 1984년 국제농아인스포츠위원회(ICSD) 회원국 가입
- 1988년 제8회 서울하계패럴림픽 개최
- 1989년 장애인복지법 시행과 한국장애인복지체육회 설립
- 1992년 프랑스 티니 동계패럴림픽대회 선수단 파견
- 1992년 아시아태평양농아인체육대회 개최
- 2002년 제8회 부산아시아태평양패럴림픽 개최
- 2004년 제1회 전국동계장애인체육대회 개최
- 2005년 국민체육진흥법 개정
- 2005년 대한장애인체육회와 대한장애인올림픽위원회 설립
- 2009년 이천장애인종합훈련원 개소
- 2013년 제9회 평창스페셜올림픽 개최
- 2014년 제11회 인천 아시안패럴림픽 개최
- 2018년 제12회 평창동계패럴림픽 개최

> **요약 시험에 나올 수 있는 우리나라 장애인체육의 중요 활동[1]**
> - 1988년 제8회 서울하계패럴림픽 개최
> - 1989년 한국장애인복지체육회 설립(장애인복지법에 근거한 국내 최초 장애인체육 행정 조직)
> - 2002년 제8회 부산아시아태평양패럴림픽 개최
> - 2005년 대한장애인체육회와 대한장애인올림픽위원회 설립
> - 2009년 이천장애인종합훈련원 개소
> - 2014년 제11회 인천 아시안패럴림픽 개최
> - 2018년 제12회 평창동계패럴림픽 개최

---

[1] **24-01** 1989년 국내 최초로 설립된 장애인체육 행정 조직을 찾는 유형으로, 정답은 한국장애인복지체육회이다.
19-19 서울 하계 패럴림픽 이후 개최된 이벤트를 찾는 유형으로, 서울 하계 패럴림픽은 1988 서울올림픽 한 달 후 개최되었으며, 2018 평창동계패럴림픽이 정답이다.

라. 특수체육의 현안

1) 장애인 임파워먼트(empowerment)
① **장애인 임파워먼트의 개념**[1] : 장애인의 능력 배양 등을 위해 장애인 스스로 권한을 키우는 활동
   [설명] **임파워먼트의 일반적 개념** : 구성원에게 많은 권한을 위임하는 활동
② **장애인 임파워먼트의 속성**[2]
   ㉠ 자결성 : 개인의 삶에 대한 적극적 자기 결정, 운동과 재활 참여에 대한 선택권, 서비스 계획과 조직에 대한 영향 등
   ㉡ 사회적 참여 : 다른 장애인에 대한 배려와 지지, 사회적 불공정에 대한 시정 요구, 지지 활동에 참여
   ㉢ 개인적 유능감 : 긍정적 자아존중감 배양, 장애에 대한 수용, 통제에 대한 내재적 승인

2) 장애 모델
① **장애 모델의 개념** : 특수체육 관련자에게 장애의 원인과 맥락 이해를 위한 접근방법 등에 대한 자료를 제공하는 활동
② **장애 모델의 구분**[3]
   ㉠ 도덕 모델과 자비 모델

구분	내용
도덕 모델	장애인에 대한 부정적인 사회적 태도를 나타내는 모델
자비 모델	장애인에 대해 자비 또는 박애심을 추구하는 모델

   ㉡ 의학 모델과 사회 모델

구분	내용
의학 모델	장애를 의학적 해결을 목적으로 형성된 모델
사회 모델	장애 원인을 사회 또는 환경에서 찾으려는 경향으로 형성된 모델

   ㉢ 경제 모델과 인권 모델

구분	내용
경제 모델	장애를 생산적 활동에 참여하지 못하는 능력으로 간주하는 모델
인권 모델	장애는 인권에 의해 일반인과 같은 차원으로 해결하고자 하는 모델

   ㉣ 사회·교육적 모델 : 장애인의 개인차를 존중하며, 장애인 스스로 장애를 극복시키려는 주체로 간주하는 모델

3) 페르브뤼헌의 장애 발생 과정
① **페르브뤼헌의 장애 발생 과정의 이해** : 장애에 대해 사회적·정치적·문화적 관점에서 이해하고 해결하는 것을 목표로 하였다.
   [인명] **페르브뤼헌(F. Verbrugge)** : 장애에 대한 다양한 관점과 모델을 탐구한 프랑스 철학자이다.
② 장애 발생의 주요 경로

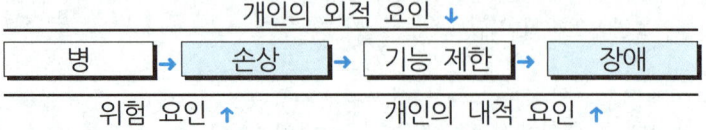

---
1) 21-10 참여자에게 종목 선택권을 부여하고 의사결정 참여 기회의 폭을 넓혀주는 것이 무엇이라고 하는지 묻는 유형
2) 17-04 임파워먼트의 속성 중 장애인 스스로 스포츠에 참여한다는 속성이 무엇인지 묻는 유형
3) 16-02 장애 모델의 사회·교육적 모델에 대한 설명이 바르게 된 것을 찾는 유형

4) 장애인에 대한 인식 개선[1]
① 비장애인의 장애인에 대한 인식의 현실 : 비장애인은 장애인을 동정의 대상·도와줄 대상으로 생각하는 경우가 대부분이다.
② 개선 방향 : 장애인이 동정의 대상이 아니고, 비장애인과 평등한 관계로 형성되도록 개선되어야 한다.

5) 장애인 표찰[2]
① 장애인 표찰(labeling)의 개념 : 특수교육 분야에서 장애인에게 지적장애, 정서장애, 청각장애, 언어장애, 뇌성마비, 등과 같이 일반화된 명칭을 부여하는 것을 말한다.
② 장애인 표찰의 단점
　㉠ 장애인에게 부정적 자아개념을 형성하게 한다.
　㉡ 개별화 체육 프로그램의 수행에 도움이 되지 않는다.
　㉢ 일반인에게 장애인에 대한 부정적 고정관념을 고착할 수 있다.

6) 장애인체육의 4L 이론
① 장애인체육의 4L 이론 개념 : 장애인에 대한 사회적 편견과 불평등을 극복하고, 긍정적 태도를 형성하며, 이를 확대하기 위한 사회적 역할을 제시한 이론
　[설명] 4L : 잔스마와 프렌치(P. Jansma & R. French, 1994)의 이론이다.
② 4L의 구성[3]

　㉠ 지식의 창출과 보급(literature) : 장애인의 사회적 편견 극복을 위한 관련 자료가 많이 발간으로, 장애에 대한 인식 개선과 장애인 지도에 활용할 수 있는 지식과 정보의 축적
　㉡ 집단행동(leverage) : 장애인에 대한 사회적 인식이 미흡하므로 관련 있는 사람과 단체의 적극적 행동이 필요
　㉢ 법정투쟁(litigation) : 장애인 권익 보호를 위한 법정투쟁 등을 포함한 강력한 방법 필요
　㉣ 법률 제정(legislation) : 사회적 인식 변화를 위한 관련 법과 제도가 제정과 수립
　[암기] 4L의 구성요소 : 학습(learning)은 4L 이론의 구성요소에 포함되지 않으므로, 오답 찾기 문제에서 정답일 가능성이 크다.

2. 특수체육 관련 법령

가. 우리나라의 특수체육 관련 법령
1) 특수체육 관련 중요 법령과 정부 담당 부처
① 특수체육 관련 중요 법령
　㉠ 보건복지부 주관 : 장애인복지법, 장애아동 복지 지원법, 장애인·노인·임산부 등의 편의 증진 보장에 관한 법률, 장애인차별금지 및 권리 구제 등에 관한 법률(약칭 : 장애인차별금지법), 장애인 건강권 및 의료접근성 보장에 관한 법률, 발달 장애인 권리 보장 및 지원에 관한 법률,
　㉡ 문화체육관광부 주관 : 국민체육진흥법, 체육시설의 설치·이용에 관한 법률, 국제경기대회지원법
　㉢ 교육부 주관 : 교육법, 학교체육진흥법, 장애인 등에 대한 특수교육법
② 특수체육 관련 업무별 정부 담당 부처
　㉠ 장애인체육 : 문화체육관광부
　㉡ 장애인 건강권 보장과 재활 운동 : 보건복지부

---
1) 15-02 장애인 인식에 대한 바람직한 발전 방향을 바르게 설명한 것을 찾는 유형
2) 16-20 장애인 표찰에 대한 설명으로 틀린 것을 찾는 유형
3) 22-07 4L 이론의 구성요소가 아닌 것을 찾는 유형으로, 학습(learning)이 오답 찾기의 정답이다.

ⓒ 장애 학생의 학교체육 : 교육부
ⓔ 담당업무가 정부 각 부처에 분리되어 장애인 복지와 처우개선에 애로 요인으로 작용하고 있다.

2) 장애인 체육활동의 차별금지[1]
① **법률 근거** : 장애인차별금지 및 권리 구제 등에 관한 법률(약칭 : 장애인 차별금지법)
② **주요 내용**
  ㉠ 체육 관련 기관·단체·체육시설의 소유 및 관리자는 체육활동의 참여를 원하는 장애인에게 장애를 이유로 제한·배제·분리·거부 등을 금지한다.
  ㉡ 국가와 지방자치단체가 운영 또는 지원하는 체육 프로그램에 장애인의 특성을 고려해야 하며, 장애인 참여를 위해 필요한 편의 제공과 필요 시책 강구 의무가 있다.

3) 장애인스포츠지도사 관련 법령[2]
① **법적 근거** : 국민체육진흥법 제11조(체육지도자의 양성), 동법 시행령 제9조 3(장애인스포츠지도사)
② **장애인스포츠지도사의 구분**
  ㉠ 2급 장애인스포츠지도사(응시 대상 : 18세 이상)
  ㉡ 1급 장애인스포츠지도사(응시 대상 : 2급 자격 취득 후 3년 이상 해당 자격 종목 지도 경력이 있는 사람)
③ **장애인스포츠지도사의 연수 과정[3]**

구분	연수 기간	연수 과목
2급	90시간	스포츠 윤리, 장애 특성 이해, 지도 역량, 스포츠 매니지먼트, 현장실습, 그밖에 문화체육관광부 장관이 필요하다고 인정하여 고시하는 사항
1급	120시간	스포츠 윤리, 선수 관리, 지도 역량, 코칭 실무, 스포츠 매니지먼트, 현장실습 및 사례 발표, 그밖에 문화체육관광부 장관이 필요하다고 인정하여 고시하는 사항

암기 2급 장애인스포츠지도사 연수 과목 : 스포츠 윤리, 장애 특성 이해, 지도 역량, 스포츠 매니지먼트, 현장실습, 장관 인정 고시 사항

④ **장애인스포츠지도사의 역할[4]**
  ㉠ 장애인의 독특한 요구 확인
  ㉡ 장애인에게 적합한 지도 환경과 내용 등의 결정
  ㉢ 지도 과제와 환경 등의 장애인 요구에 맞게 변형

암기 장애인스포츠지도사의 역할 : 치료 서비스 제공은 역할이 아니다. 오답 찾기 유형에서 출제될 수 있다.

4) 법률적 측면에서 본 특수체육의 대상
① **장애인복지법 규정** : 장애인이란 지체 장애, 시각장애, 청각장애, 언어장애 또는 지적장애 등 신체적·정신적 결함으로 장기간에 걸쳐 일상생활에 상당한 제약을 받는 사람
② **장애인 등에 대한 특수교육법 규정** : 특수교육 대상자는 시각장애, 청각장애, 지적장애, 지체 장애, 정서·행동 장애, 자폐성 장애(이와 관련된 장애 포함), 의사소통 장애, 학습장애, 건강 장애, 발달지체 장애와 그 밖에 대통령령으로 정하는 장애인

---

1) **19-16** 장애인차별금지법을 위반하지 않는 사항을 찾는 유형
2) **19-17** 장애인스포츠지도사의 법적 근거를 찾는 유형으로, 정답은 국민체육진흥법이다.
3) **22-19** 2급 장애인스포츠지도사 연수 과정에 포함되지 않는 것을 찾는 유형으로, 선수 관리와 코칭 실무는 1급 장애인스포츠지도사의 연수 과목이므로, 오답 찾기의 정답이다.
4) **24-02** 장애인스포츠지도사의 역할이 아닌 것을 찾는 유형으로, '치료 서비스 제공'은 역할이 아니므로 오답 찾기의 정답이다.

나. 미국의 장애인교육향상법(IDEA)

1) IDEA의 이해

[용어] **IDEA** : Individuals with Disabilities Education Improvement Act, 미국의 장애인교육향상법

① IDEA의 개요
  ㉠ 미국의 장애인 교육 향상법을 말한다.
  ㉡ IDEA는 세계 많은 나라의 특수교육에 영향을 미치고 있고, 우리나라의 특수교육 관련 법도 이 법을 참고하였다.

② IDEA의 연혁
  ㉠ 1975년 미국에서 장애인교육법이 제정되었으며, 1990년 장애인교육향상법으로 개정되었고, 2004년 개정되었다.
  ㉡ 약칭으로 'IDEA 2004'로 불리고 있다.

③ IDEA의 주요 내용
  ㉠ 교육 현장에서 장애아동 배제·차별금지
  ㉡ 평가 절차상의 보호(비차별적 판별과 평가)
  ㉢ 무상의 적절한 공교육 제공
  ㉣ 최소로 제한된 교육환경에 배치
  ㉤ 적법절차에 따른 장애아동과 부모의 권리 보호
  ㉥ 교육프로그램 결정 시 부모의 참여로 공동 의사결정

2) IDEA에서 사용하는 용어의 정의

① 독특한 요구[1] : 장애인의 독특한 요구를 충족시키기 위해 고안된 체력과 운동 체력, 기본 운동 기술과 양식, 수중, 무용, 개인이나 집단 게임, 스포츠에서 기술의 발달을 위한 개별화된 프로그램을 말한다.

  [설명] **독특한 요구(unique needs)** : 장애인의 스포츠활동에 적합한 환경을 말하며, 이를 위한 활동 변형은 스포츠의 본질을 변형하는 것은 아니다.

② 통합교육[2] : 최소 제한 환경(LRE)에서의 교육

3. 특수체육의 분류

가. 특수체육의 접근방법

1) 특수체육 관련 용어

① 특수체육 관련 용어의 개념[3]
  ㉠ 재활 체육(rehabilitative physical education) : 장애인의 신체적, 정신적, 사회적, 직업적, 경제적 가용능력을 최대한으로 회복시키기 위한 신체활동 프로그램
  ㉡ 치료 체육(therapeutic physical education) : 장애인을 대상으로, 개인적으로 처방된 운동을 계획·실시하여 치료를 목적으로 하는 체육 프로그램
  ㉢ 의료 체육(remedical physical education) : 특정 운동을 수단으로 기능적 운동능력을 회복시키고, 신체적 발달 또는 운동능력을 발달시키는 체육 프로그램
  ㉣ 교정 체육(corrective physical education) : 장애인을 대상으로, 개인적으로 계획된 운동프로그램을 통하여 자세의 결함 또는 미세한 외과적 이상을 교정하는 프로그램
  ㉤ 특수교육을 위한 체육(special physical education) : 교정적·발달적·치료적·의료적 수정 활동으로, 특수한 사람의 특별한 욕구와 능력 발달을 목적으로 하는 프로그램

---

1) `21-11` 독특한 요구를 충족시키는 지도 방법에 대한 설명으로 잘못된 것을 찾는 유형으로, '변형을 위해 스포츠활동의 본질을 변형하는 것'이 오답 찾기의 정답이다.
2) `22-09` IDEA에서 통합교육의 의미를 묻는 유형으로, 최소 제한 환경(LRE)에서의 통합교육을 의미한다.
3) `18-12` 특수체육의 하위 영역 중 재활 체육의 개념을 보기로 제시하고 무엇이냐고 묻는 유형

ⓗ 적응 체육(adapted physical education) : 장애인에게 안전하고 성공적이며, 만족스러운 참여 기회를 제공하기 위한 전통적 신체활동 프로그램
ⓘ 발달 체육(developmental physical education) : 장애인의 능력을 일반인 수준까지 향상하기 위한 점진적인 건강 체력 프로그램

> [설명] **특수체육 관련 용어의 분류** : 위의 7가지 분류는 Jansma & Frebch의 특수체육 구분을 일부 변경하였다. 한편, 이 분류를 특수체육의 하위개념으로 설명되기도 한다.

② **특수체육 관련 용어의 변천**[1]
  ㉠ 의료 체조(medical gymnastics) : 장애인의 신체적 결함 교정을 위한 체조에서 시작되었다.
  ㉡ 교정 체육(corrective physical education) : 체조에서 발달하여 계획적 운동프로그램을 적용하였다.
  ㉢ 적응 체육(Adapted physical education) : 장애인의 생활이 안전하고, 만족스럽게 적응에 초점을 맞추었다.
  ㉣ 특수체육(APE, adapted physical education) : 교정적, 발달적, 치료적, 의료적 활동을 통해 회복과 교정을 목적으로 한다.
  ㉤ 특수체육(APA, adapted physical activity) : 최근 APE에서 교육 개념을 넘어 장애인 제반 활동을 관리한다는 의미로, 삶의 질을 향상시키는 목적이다.

> [암기] **특수체육 용어의 변천 과정**
> ❶ 의료 체조 → ❷ 교정체육 → ❸ 적응체육 → ❹ 특수체육(APE) → ❺ 특수체육(APA)

> [설명] **APE와 APA의 개념 비교**
> APE와 APA를 같이 특수체육으로 번역하지만, 내용은 아래와 같은 차이가 있다.
>
> | 구분 | 용어와 번역 | 범위 | 적용 시기 | 적용 공간 | 목적 |
> |---|---|---|---|---|---|
> | APE | adapted physical education, 특수체육 | 협의적 | 학령기(6~21세) | 교육기관 | 장애의 회복과 교정 |
> | APA | adapted physical activity, 특수체육 | 광의적 | 평생 | 모든 곳 | 장애인 삶의 질 향상 |

2) 특수체육에서의 적응 이론[2]
  ㉠ 장애인의 신체활동은 다양한 환경적·사회적·개인적 체계에 대한 적응이 필요하다.
  ㉡ 과제, 환경, 사람 등 변인 간 상호작용을 강조하는 생태학적 과제 분석과 관련이 있다.
  ㉢ 적응 과정은 지도자 주도의 직접 지도 과정이다.
  ㉣ 적응은 개인에 따라 다양한 변인을 조정·변경하는 것으로 개별화의 단계이다.

> [설명] **적응 이론의 개념**
> 1) 장애인에게 안전하고, 만족스러운 참여 기회를 제공하기 위한 전통적 신체활동 프로그램을 말한다.
> 2) 아울러 장애인체육은 환경에 대한 적응이 필요하며,
> 3) 개인에 따라 다양한 변인을 조정·변경하는 것으로, 개별화의 단계이다.

3) 특수체육의 접근방법
① **범주적 접근방법**[3]
  ㉠ 장애 유형에 따라 지적장애, 학습장애, 지체 장애 등 장애 조건에 따라 분류하는 방법이다.
  ㉡ 의학적 치료 목적을 강조한다.

> [설명] **특수체육의 범주적 접근방법** : 시각장애, 지적장애, 지체 장애 등 장애 유형에 따라 분류하여 지도하는 방법으로, 장애 유형별로 분류하여 접근하는 방법이다.

---

1) 21-05 특수체육에 대한 용어의 개념이 순서대로 바르게 연결된 것을 찾는 유형으로, 용어의 개념은 '의료 체육→교정 체육→적응 체육→특수체육'의 개념으로 변경되었다.
2) 16-07 적응 이론에 대한 설명으로 틀린 것을 찾는 유형
3) 17-01 범주적 접근방법 내용을 제시하고 무엇이냐고 묻는 유형

② 비범주적 접근방법
  ㉠ 운동학습 과정에서 나타나는 강점과 약점 중심으로 접근하여 체육 지도의 효율성을 강조한다.
  ㉡ 장애의 교육적 해결을 중시한다.

나. 장애의 분류

1) 법률에 따른 분류

① 장애인복지법에 따른 분류[1]

분류			내용
신체 장애	외부 신체 기능장애	지체 장애	외상이나 질환으로 인해 신경, 근육, 팔다리, 척추 등 신체의 일부에 영구적 기능장애(왜소증 포함)
		뇌 병변 장애	뇌 손상으로 인한 복합적 장애
		시각장애	시력장애, 시야 결손 장애
		청각장애	청력 장애, 평형기능 장애
		언어장애	언어장애, 음성 장애, 구어 장애
		안면 장애	얼굴의 추상, 함몰, 비후 등의 변형 장애
	내부 기관 장애	신장 장애	투석 치료 중이거나 신장을 이식받은 경우의 장애
		심장 장애	심장 기능 이상으로, 일상생활이 현저히 제한되는 장애
		간 장애	간 기능 이상으로, 일상생활이 현저히 제한되는 장애
		호흡기 장애	호흡 기능 이상으로, 일상생활이 현저히 제한되는 장애
		장루·요루 장애	배뇨·배변 장애로 일상생활이 현저히 제한되는 장애
		뇌전증 장애	만성·중증의 간질로, 일상생활이 현저히 제한되는 장애
정신 장애	발달 장애	지적장애	지능지수가 70 이하인 장애
		자폐성 장애	소아나 청소년의 자폐성 장애
	정신장애	정신장애	조현병, 분열정동장애, 양극성 정동장애, 반복성 우울장애

② 장애인 등에 대한 특수교육법에 따른 분류

특수교육 대상	선정 기준
시각장애	시각 기능 불능 또는 미흡으로 보조공학기기 사용으로 학업 성취 미흡
청각장애	보청기 착용·의사소통 난이·청각장애 등으로 학업 성취 미흡
지적장애	지적 기능과 적응 행동성 장애로, 학업 성취 미흡
지체 장애	기능·형태상 장애, 지체 움직임 곤란으로 학업 성취 미흡
정서 행동 장애	장기간 학습 곤란, 대인관계 미흡, 부적절 행동과 감정, 우울증 공포 등
자폐성 장애	사회적 상호작용과 의사소통 결함으로, 제한적·반복적 관심과 활동
의사소통 장애	언어 수용 및 표현능력, 조율 능력, 말 유창성, 기능적 음성 장애 부족
학습장애	학습기능의 장애로, 학업 성취가 미흡
건강 장애	만성 질환으로, 3개월 이상 장기 의료 지원이 필요한 장애
발달지체 장애	발달이 또래보다 현저하게 지체된 9세 미만 아동

2) 장애인 등급제

① **등급 구분** : 장애인 등급제는 의학적 상태에 따른 1~6급으로 구분하던 제도는 폐지되었고, 정부가 2019년 7월부터 장애 정도에 따라 중증 장애인(1~3급), 경증 장애인(4~6급)으로 바뀌었다.

---

1) **18-04** 발달 장애의 유형이 바르게 묶인 것을 찾는 유형으로, 발달 장애는 지적장애와 자폐성 장애로 구분한다.

[설명] **장애인 등급제** : 2019년부터 종전 1~6급의 6단계에서 중증·경증 장애인의 2단계로 구분하도록 바뀌었지만, 일부 종전 방식을 적용하여 혼용되기도 한다.

[설명] **장애인스포츠 등급제** : 장애인 등급제와는 별도로, 장애인스포츠 등급제가 운용되고 있다. 그러나 이는 장애인스포츠론에서 다루는 영역으로 특수체육에서는 다루지 않는 것이 일반적이다.

② **변경 이유** : 장애인 개인의 다양한 욕구를 반영한 서비스 지원 기반 마련과 수요자 중심의 접근성 높은 맞춤형 지원체계를 구축하기 위함이다.

3) 장애인 지원 정도에 따른 구분[1]
㉠ 간헐적 지원(intermittent support) : 일시적 단기간 지원
㉡ 제한적 지원(limited support) : 한정된 기간의 지원
㉢ 전반적 지원(pervasive support) : 지속해서 지원

다. ICF(국제 기능장애 분류)
1) ICF의 이해
[용어] **ICF** : international classification of functioning disability and health의 약어로, 국제 기능장애 분류

① **ICF의 개념**
㉠ 국제적으로 공통된 장애 개념을 정의하기 위해 세계보건기구(WHO)가 2001년에 제정하였다.
㉡ 국가 간 장애 분류 차이를 없애고, 기능과 장애와 관련된 건강 요소에 대해 세계적으로 일치된 모형을 만들기 위한 목적이다.
㉢ 기존 질병 및 장애 분류 기준이 단순히 의료적 진단·상황에만 의존하고 있어 개인의 기능적 상황을 고려하지 못하는 단점을 보완하였다.
㉣ 환경적 영향과 환경을 개선하여 개인의 운동수행 능력을 향상시키는 것을 목적으로 한다.

② **ICF에서 장애의 개념적 특징[2]**
㉠ 개인의 건강과 관련된 다양한 측면을 고려하여 종합적인 평가를 가능하게 하며,
㉡ 개인 중심의 접근을 촉진하여 장애와 기능 손실을 이해하고 지원하며,
㉢ 개인적 환경적 요인의 상호작용을 의미한다.

③ **ICF에서 장애의 분류**
㉠ 기능장애 : 개인 생활에 필요한 기능 수행 능력이 부족한 상태
㉡ 활동 제약 : 개인의 특정 활동을 수행에 어려움을 겪는 상태
㉢ 참여 제약 : 개인의 사회적 참여에 어려움을 겪는 상태

2) ICF 모형
① **ICF 모델[3]**
㉠ 신체기능과 구조 : 신체기능은 신체 계통의 생리적·심리적 기능이며, 구조는 신체의 각 기관과 해부학적 요소를 말한다.
㉡ 활동 : 개인의 행동 또는 과제 수행을 말한다.
㉢ 참여 : 사회활동의 참여를 의미한다.

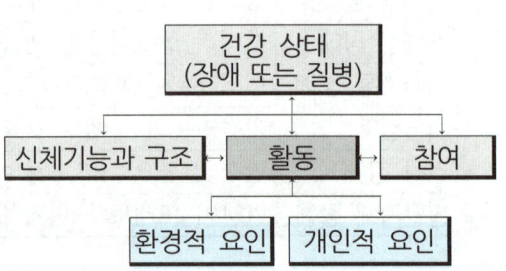

---

1) `21-13` 장애인 지원 정도에 따른 분류 방법이 아닌 것을 찾는 유형으로, 지원 정도는 간헐적 지원, 제한적 지원, 전반적 지원 등으로 구분한다. 확장적 지원은 오답 찾기의 정답이다.
2) `23-01` ICF의 개념적 특징 설명으로 잘못된 것을 찾는 유형
3) `21-02` ICF 모형의 요소별 개념에 대한 설명이 바르게 된 것을 찾는 유형
   `20-08` ICF 요소 3가지를 바르게 선택한 것을 찾는 유형으로, 요소는 신체기능과 구조, 활동, 참여 등이다.

② ICF 모델의 의미 : 장애는 신체기능과 구조, 활동, 참여의 3영역 모두 또는 어느 한 가지 영역에서 겪는 어려움으로 인해 발생하며, 개인적·환경적 요인에 의해서도 영향을 받는다.
③ ICF 모델의 요소별 개념
  ㉠ 신체기능과 구조 : 신체기능은 신체 계통의 생리적·심리적 기능이며, 구조는 신체의 각 기관과 해부학적 요소를 말한다.
  ㉡ 활동 : 개인의 행동 또는 과제 수행을 말한다.
  ㉢ 참여 : 사회활동의 참여를 의미한다.

4. 장애인 경기와 장애인 관련 조직

가. 장애인 국제경기

1) 장애인 국제경기대회의 개요
  ㉠ 신체적·감각적 장애가 있는 운동선수가 참가하는 국제경기대회를 말한다.
  ㉡ 패럴림픽, 스페셜올림픽, 데플림픽 등이 대표적이다.

2) 중요 국제경기대회
① 패럴림픽(Paralympics) 1)
  ㉠ 지체 장애, 뇌 병변 장애, 절단 장애, 시각장애, 지적장애 등의 10가지 종목으로 분류하며, 1960년 제1회 로마 하계 패럴림픽이 개최되었다.
  ㉡ 1988년 서울패럴림픽 이후부터 올림픽이 끝난 다음 같은 장소에서 4년마다 개최된다.
  ㉢ 장애 정도에 따른 등급 분류 과정을 거쳐야 참가할 수 있다.
② 스페셜올림픽(Special Olympics)
  ㉠ 국제스페셜올림픽위원회(SOI, Special Olympics International)가 주관하며, 지적장애·발달 장애인 선수의 참가 대회로, 미국 케네디재단이 창설·운영하고 있다.
  ㉡ 올림픽 용어 사용을 IOC로부터 인가받았으며, 만 8세 이상의 지적·자폐성 장애인 참여 대회이다.
  ㉢ 경쟁과 승패보다는 선수들의 도전과 노력에 의의를 두므로, 1~3위 입상자에 대한 메달 수여 외에 참가자 전원에게 리본을 달아준다.
  ㉣ 서로 다른 나이와 운동능력에 따른 디비전그룹으로 나누고, 때에 따라 종목별로 수십 명의 금메달리스트가 나올 수 있다.
  ㉤ 나이·성별·실력 등으로 디비전 경기를 거치고 본선에 진출하는데 디비전 경기의 실적이 전체 15% 이내가 아니면 실격 조치한다. 다만 15%는 참가자 현황, 감독자 회의 등을 통해 10% 또는 20%로 바꿀 수 있다.
③ 데플림픽 : 4년마다 개최되는 청각장애인의 국제경기대회로, 스포츠를 통한 심신을 단련하고, 세계 농아인의 친목 도모와 유대 강화를 목적으로 한다.
  설명 데플림픽(Deaflympics) : 청각장애인 대상 경기로, 농아인의 친목 도모와 유대 강화 목적
④ 아시안 패럴림픽(Asian Para Games)
  ㉠ 아시안게임이 끝난 후 아시안 패럴림픽이 개최된다.
  ㉡ 아시안패럴림픽위원회는 아랍에미리트 아부다비에 본부를 두고 있으며, 우리나라를 포함하여 44개국이 회원국이다.

---

1) 25-18 19-02 패럴림픽에 대한 설명으로 틀린 것(2025) 또는 적합한 것(2019)을 찾는 유형

요약 장애인 국제경기대회의 비교			
구분	패럴림픽	스페셜올림픽	데플림픽
참가 자격	지체장애, 지적장애, 뇌병변장애인	8세 이상의 지적·자폐성 장애인	청력손실 55db 이상인 청각장애인
개최 목적	신체적·정신적 장애가 있는 선수의 스포츠를 통한 경쟁 도모	지적·자폐성 장애인의 지속적 스포츠 참여 기회 제공	청각장애인 친선 도모와 스포츠를 통한 심신 단련, 유대 강화
개최 기간	동·하계 올림픽 개최 1개월 후 같은 장소에서 개최	4년 단위로 동·하계대회 개최	4년 단위로 동·하계대회 개최하되 올림픽 다음 해 개최
창시자	굳트만(Ludwig Guttmann, 영국 스토크맨더빌병원장)	케네디 슈라이버(Eunice Kennedy Shriver, 미국 케네디재단 회장)	루벤스 카이스(프랑스어 표기-뤼방 알케, 프랑스 청각장애인)
마크			

참고 각 대회의 창시자는 1급 장애인스포츠지도사 시험에서도 출제되고 있다.

3) 참가 종목과 대상

① 패럴림픽

분류		특징
지체 장애	근력 손상	하지·상지 마비, 근위축증, 회백수염(소아마비), 척추이분증
	관절 장애	수동 관절 가동 범위 손상
	사지 결손	절단 및 기형
	하지 차이	다리 길이의 차이
	짧은 키	왜소증, 연골무형성증
뇌 병변 장애	경직성, 운동실조증, 무정위운동증	뇌 병변의 일종
시각장애	시력 손실	시각장애
지적장애	지적 손실	지적장애

② 스페셜올림픽(Special Olympics) : 8세 이상의 지적장애인 대회
③ 데플림픽(Deaflympics) : 청각장애인으로, 청각이 최소 55dB 이상의 손실 장애인대회
   용어 dB(decibel, 데시벨) : 소리의 상대적 크기를 나타내는 단위

나. 국제장애인스포츠 중요 단체

① 국제장애인위원회(IPC, International Paralympics Committee) : 독일 본에 본부를 둔 국제 장애인스포츠 기구로, 1989. 9. 22에 설립되었고, 2021년 기준 181개국이 회원으로 가입되었다. 패럴림픽의 운영·개최 주관기관이다.
IPC 마크

② 미국 지적·발달장애협회(AAIDD) : 미국 등 세계 55개국이 가입하고 있으며, 지적장애와 발달 장애인을 위한 스포츠 기구이다.
AAIDD 마크
   용어 AAIDD : American Association on Intellectual and Developmental Disabilities 지적장애와 발달 장애인을 위한 스포츠 기구

③ 국제시각장애인경기연맹(IBSA, International Blind Sports Association) : 1981년 설립, 현재는 시각장애인 스포츠의 최고 권위를 자랑하는 기구이며, 국제장애인경기연맹(ISOD)과 패럴림픽 회원이다.
IBSA 마크

④ 국제농아인스포츠위원회(ICSD, International Committee of Sports for the Deaf)
ICSD 마크
   용어 농아(聾啞, deaf) : '聾(귀먹을 농, mutism)'은 듣지 못하는 사람, '啞(벙어리 아, deaf)'는 말하지 못하는 사람을 일컫는다. 듣지 못하는 사람은 말도 서투른 경우가 많다.
   ㉠ 설립과 본부 : 1924년, 스위스 로잔

- ⓒ 목적 : 농아인의 국제경기대회 개최로, 스포츠를 통해 심신 단련과 농아인의 친목 도모와 유대를 강화하며, 동·하계 데플림픽 주관
- ⓒ 경과 : IPC 결성 때 참여하였지만 1995년 탈퇴하고 독자적 운영과 대회 개최
- ⓔ 대회 개최 : 데플림픽(Deaflympics)은 하계와 동계로 나누어 각각 4년마다 개최

⑤ 월드어빌리티스포츠(WAS, World Ability Sports)

WAS 마크

- ㉠ 연혁 : 국제휠체어·절단장애인스포츠연맹(IWAS, International Wheelchair and Amputee Sports)과 국제뇌성마비스포츠레크리에이션협회(CPISRA, Cerebral Palsy Intenational Sports and Recreation Association)가 2022년 통합되어 운영되고 있다.
- ㉡ 운영 종목 : 육상, 수영, 역도, 배드민턴, 장애인 펜싱, 탁구, 양궁, CP 축구, 좌식 배구, 휠체어 테니스, 휠체어 농구, 사이클(육상 및 도로), 사격 등 광범위한 스포츠 프로그램 경기 개최를 운영하고 있다.

⑥ 국제스페셜올림픽위원회(SOI, Special Olympics International)

SOI 마크

- ㉠ 설립과 본부 : 1968년, 미국 워싱턴 DC
- ㉡ 목적 : 스포츠를 통한 지적장애인의 사회참여 증진
- ㉢ 대회 개최 : 4년마다 개최되는 동·하계 스페셜올림픽을 주관
- ㉣ 회원국 : 174개국

다. 우리나라 장애인 경기단체

1) 대한장애인체육회[1] (KPC, http//www.koreanpc.kr)

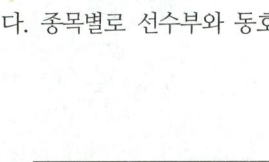

① 설립 : 2005년 11월(법적 근거 : 국민체육진흥법)
② 주요 기능
- ㉠ 장애인 경기단체의 사업과 활동에 대한 지도 및 지원
- ㉡ 장애인 체육대회 개최와 국제교류
- ㉢ 장애인 선수양성 및 경기력 향상 등 장애인 전문체육 진흥을 위한 사업
- ㉣ 장애인 생활체육의 육성 및 보급
- ㉤ 장애인 선수, 장애인 체육지도자와 장애인 체육계 유공자의 복지 향상

③ 산하 조직
- ㉠ 전국 광역지방자치단체별 16개 장애인체육회 운영
- ㉡ 종목별 경기단체 30개 가맹, 장애 유형별 가맹단체 3개 가입, 종목별 경기단체 12개 인정

④ 국제관계 : IPC 회원
⑤ 경기종목
- ㉠ 하계 종목 : 게이트볼, 골볼, 골프, 농구, 당구, 댄스스포츠, 휠체어 럭비, 론볼, 배구, 배드민턴, 보치아, 볼링, 사격, 사이클, 수영, 승마, 양궁, 역도, 요트, 유도, 육상, 조정, 축구, 탁구, 태권도, 테니스, 펜싱, 카누, 트라이애슬론, 쇼다운, 슐런(31개 종목)
- ㉡ 동계 종목 : 알파인스키, 스노보드, 크로스컨트리, 바이애슬론, 아이스하키, 컬링(6개 종목)

참고 경기종목 : 개최 때마다 종목 증감이 있으며, 위 종목은 최근 개최 때의 종목이다. 종목별로 선수부와 동호인부로 나누어 개최된다.

2) 스페셜올림픽코리아

① 영문 명칭 : Special Olympics Korea
② 설립 : 2015년 11월
③ 주요 기능 : 발달 장애인의 스포츠와 문화예술 대표기관
④ 국제관계 : 스페셜올림픽위원회(SOI)와 국제지적장애인스포츠연맹(VIRTUS) 회원

---

1) **16-01** 대한장애인체육회의 설립 근거가 되는 법령을 찾는 유형으로, 정답은 국민체육진흥법이다.

3) 한국농아인스포츠연맹
① 영문 명칭 : Korea DEAF Sports Federation
② 설립 : 1982년
③ 주요 기능 : 데플림픽 국가대표 선수단의 준비와 파견, 국내 농아인 관련 스포츠 정책수행 등

5. 특수체육의 사정과 평가

가. 사정

1) 사정(assessment, 査定)의 개요

① 장애인 사정의 개념1)
  ㉠ 장애인을 대상으로, 교육적 의사결정에 필요한 자료를 수집하고 평가하는 과정
  ㉡ 스포츠지도자는 장애인의 스포츠 욕구를 파악하여 적합한 프로그램을 계획하고, 실천할 수 있고, 장애에 대해 사정할 수 있어야 한다.
  [설명] **장애인 사정** : 장애인의 배치, 프로그램 계획 등에 관한 의사결정 목적의 자료 수집과 해석의 과정

② 사정과 관련된 용어의 개념2)
  ㉠ 진단 : 상태의 특성과 원인을 파악하는 과정
  ㉡ 평가 : 수집된 자료를 근거로 가치판단을 통해 의사결정을 내리는 과정
  ㉢ 측정 : 양적 자료를 수집하고, 검정하는 과정
  ㉣ 검사 : 운동 기술과 지식 등을 측정하기 위한 도구

2) 사정의 유형

① 공식 사정과 비공식 사정

구분	내용
공식 사정	특정 목적을 가지고 선택한 표준화된 검사
비공식 사정	행동 관찰 등을 포함하는 비표준화된 절차에 의한 검사

② 규준 지향 사정과 준거 지향 사정

구분	내용
규준 지향 사정	대상자의 점수를 규준에 의해 비교하는 것으로, 동일 집단 내에서 대상자의 상대적 위치를 알아보는데 유용하다.
준거 지향 사정	대상자의 점수를 준거에 비교하는 것으로, 특정 기술이나 체력 등의 수준을 알아보는 데 유용하다.

[설명] **규준 지향 사정과 준거 지향 사정** : 규준 지향 사정은 다음에 나오는 결과 중심 사정과 맥락을 같이하고, 준거 지향 사정은 과정 중심 사정에 해당한다. 다음에 나오는 평가에서도 적용된다.

[용어] **규준과 준거**
  1) 규준은 비교하고자 하는 집단의 검사 점수 분포로, 표준으로 생각하면 이해하기 쉽다.
  2) 준거는 사물의 정도나 성격 등을 알기 위한 근거나 기준

---

1) [16-04] 장애인 사정의 개념을 바르게 설명된 것을 찾는 유형
2) [24-04] 장애인 사정과 관련한 사정, 평가, 측정, 검사의 개념을 보기로 제시하면서 ( ) 속의 적정 용어를 찾는 유형

③ 결과 중심 사정과 과정 중심 사정

구분	내용
결과 중심 사정	검사 도구를 사용하여 그 결과를 동일 집단과 비교함으로써 교육 활동 등을 시작해야 하는 시점을 파악하는 사정
과정 중심 사정	대상자가 환경에 적응하는 과정을 관찰하여 자료를 수집하는 사정으로, 대상자의 능력이나 특수한 요구사항을 파악하기 위함

④ **생태학적 사정** : 기능적 접근방법으로, 사정 대상의 현재 또는 미래의 환경과 관련하여 가장 자연스러운 환경에서 실제로 필요로 하는 기술을 중심으로 사정하고 지도
⑤ **현장 중심적 사정** : 일상적 환경에서 과업에 참여하는 동안 이루어지는 구체적인 행동에 초점을 두어 관찰하여 사정하는 것으로, 타당도나 신뢰도가 낮은 단점을 갖고 있지만, 실제 생활 현장의 행동을 바탕으로 하는 장점이 있다.

나. 평가

1) 평가의 이해
① 평가의 목적[1]
   ㉠ 수행 프로그램에 대한 타당성 제공
   ㉡ 성장·발달·교과 지도 등에 관한 기록 생산
   ㉢ 실행 학습 내용과 이에 관한 보조자료 파악
② 평가 유의 사항
   ㉠ 여러 환경 상황을 고려해야 한다.
   ㉡ 검사 전 학습자와 검사자가 친숙해질 수 있는 시간이 필요하다.
   ㉢ 타당성과 신뢰성 높은 도구를 사용해야 한다.
   ㉣ 학습자 특성을 고려한 검사 도구를 선택해야 한다.
   ㉤ 지도자가 직접 관찰을 통해 자료를 수집해야 한다.
   ㉥ 검사 전 충분한 연습 시간이 부여되어야 한다.

2) 평가의 구분
① 평가의 영역별 분류
   ㉠ 평가는 인지적 영역, 정의적 영역, 생태적 영역으로 분류한다.
   ㉡ 교육학, 심리학 등에서는 진단 평가의 인지적·정의적 영역을 주로 다루지만, 체육학에서는 생태적 영역을 우선으로 한다.
   ㉢ 심동적 영역 : 신체 능력에 관한 인간 행동을 의미하며, 신체의 운동기능·신경 근육과 관련된 기능과 활동 등을 말한다.
   [설명] **심동적 영역** : 학자에 따라서는 생태적 영역이라고 표현하기도 한다.
② 평가의 영역별 내용

구분	내용
인지적 영역	지식, 이해력, 적응력, 분석적·종합적 평가
정의적 영역	수용, 반응, 가치화, 조직화, 특성화
심동적 영역	반사운동, 기초운동, 운동 지각 능력, 신체적 능력, 숙련된 운동기능, 동작적 의사소통

---

1) [17-03] 측정평가에 대한 설명으로 틀린 것을 찾는 유형
   [15-03] 측정평가의 목적과 거리가 먼 것을 찾는 유형

③ 평가 시기에 따른 분류

구분	내용
진단 평가	학습 또는 훈련 진행 전에 학습자와 훈련자의 위상 또는 수준을 구분하기 위한 평가
형성 평가	학습 또는 훈련 과정에 영향을 미치는 요인을 찾아내어, 보다 효율적으로 목표를 달성할 방안을 찾기 위한 평가
종합 평가	학습 또는 훈련 과정이 끝난 시점에 실시하는 평가로, 목표 달성 정도를 측정하기 위함이다. 총괄평가라고도 한다.

④ 평가 방법에 따른 구분[1)]

구분	내용
절대평가 (준거 지향 평가)	• 학습 또는 훈련의 성취도를 평가하기 위하여 절대적 기준에 따라 평가 • 스포츠지도사 필기시험은 평균 60점 이상을 득점하면 합격이다. • 상대평가보다 자신의 목표에 집중할 수 있도록 만든다.
상대평가 (규준 지향 평가)	• 서열로만 평가(기준이 없음) • 10명을 뽑을 때 성적 서열로 10등까지 합격시킨다. • 절대평가보다 피평가자의 경쟁심을 유발한다. • 검사의 결과를 같은 집단의 점수 분포에 근거한다.

[설명] **평가와 사정** : 앞의 사정 유형에서도 준거 지향 사정과 상대 지향 사정이 게재되었는데, 사정의 결과와 평가는 같은 맥락에서 이해할 수 있다.

[요약] **규준 지향 평가와 준거 지향 평가의 비교**

구분	내용
준거 지향 평가	• 대상자 점수를 준거에 따라 비교 • 특정 기술이나 체력 등의 수준을 알아보는데 유용하다. • 절대평가 방법(예 : 스포츠지도사 자격시험은 평균 60점 이상 합격)
규준 지향 평가	• 대상자 점수를 규준에 따라 비교 • 동일 집단 내에서 대상자의 상대적 위치를 알아보는 데 유용하다. • 상대평가 방법(예 : 대학 입학시험은 정원에 맞추어 성적순 합격)

[설명] 위에서 평가 방법은 절대평가와 상대평가로 구분되었지만, 이는 1급 스포츠지도사 시험과목인 체육측정평가론에서 다룰 때는 규준 지향과 준거 지향 평가로 구분한다. 사용 용어가 통상적으로 많이 사용하지 않고, 비슷하여 헷갈리기 쉬운 부분이다. 쉽게 설명하면 규준은 표준 또는 기준으로 생각하면 된다.

3) 평가 단위

① **원점수** : 획득 점수로, 피검자가 답한 문항에 부여된 배점을 단순히 합산한 점수(예 : 문항 배점이 4점인 검사에서 25개 문항 중 10개 문항에 정답을 보였다면 원점수는 40점이 된다.)
② **백분율 점수** : 총점에 대한 획득 점수의 비율(예 : 20개 문항으로 구성된 시험에서 10개 문항이 정답이었다면 백분율 점수는 50점)
③ **표준점수** : 사전 평균과 표준편차를 가지고 정규분포를 이루도록 변화된 점수의 총칭으로, 표준점수는 특정 원점수가 평균으로부터 그 이상(이하) 얼마나 떨어져 있는가를 나타낸다.
④ **구분 점수** : 서열을 매기기 위해 구분 점을 두어 판단한 점수로, 수행 범위로 표시되기에 표준점수보다 미흡하지만, 해석이 수월해 비전문가와 검사 결과에 대해 논의할 때 편리하다.

---

1) **25-11** 보기로 검사표를 제시하고, 검사 도구에 관한 설명으로 옳은 것은 찾는 유형으로, 보기의 검사표는 규준 지향 검사와 준거 지향검사를 모두 활용하는 방식이 정답이다.
 23-05 같은 장애 조건을 가진 사람 중 어느 정도인지를 파악하는 것은 무슨 평가인지 묻는 유형으로, '규준 지향 평가' 즉 상대평가가 정답이다.

다. 측정 도구

1) 우수한 측정 도구
① 측정 도구의 우수성 판단 기준 : 신뢰도와 타당도
② 신뢰도
  ㉠ 측정의 일관성을 나타낸다.
  ㉡ 같은 조건에서 2회 이상 측정하였을 때 같은 결과가 나와야 한다.
③ 타당도[1]
  ㉠ 측정 도구가 실제 정확하고, 적합한 측정이 시행되었는지를 판단하는 정도
  ㉡ 안정성, 일관성 등으로 표현되며, 측정치 오차와 관련된다.
④ 신뢰도 측정 방법
  ㉠ 내적 일관성 측정, 검사-재검사 신뢰도 측정, 복수 양식 측정법, 반분법 등이 있다.
  ㉡ 내적 일관성을 제외한 다른 신뢰도 측정 방법은 주로 측정 도구를 개발할 때 사용하며, 상당한 시간과 비용이 발생하므로, 실제 많이 사용하지 않는다.

2) 타당도의 분류
① 내용 타당도
  ㉠ 논리적 사고에 입각한 주관적인 타당도로서, 검사가 측정하고자 하는 분야의 전문가에 의해 이루어진다.
  ㉡ 단순히 내용 분석이나 논리적 사고를 통하여 평가하는 것으로, 수량적으로 표시되지 않는다.
② 준거 타당도[2]
  ㉠ 검사 도구에 의해 측정된 점수와 어떤 준거(사례 다른 검사 점수 등) 간 상관 정도를 나타낸다.
  ㉡ 두 검사 점수 간의 상관계수로 타당도를 추정할 수 있고, 타당성이 인정되는 검사 점수와 실제 측정치의 일치 정도이다.
  ㉢ 검사에서 측정된 점수로 미래의 준거 행동을 예측할 수 있다.
③ **구인 타당도** : 특정 검사가 조작적으로 정의된 구인을 어느 정도 측정하고 있느냐 하는 것으로, 구성 타당도라고도 한다.
  용어 **구인**(構因) : 특성의 발생 원인이나 증거

3) 객관도와 실용도, 양호도
① 객관도의 개념
  ㉠ 채점의 일관성 정도를 의미하며, 채점자 신뢰도라고도 한다.
  ㉡ 평가자 내 또는 평가자 간의 반복측정 결과에 대한 일치 정도이다.
② 실용도의 개념
  ㉠ 측정 도구의 실용적 가치 정도를 나타내며
  ㉡ 측정 도구가 경비와 시간을 적게 들여서 측정 목표를 충실히 달성하는지를 나타낸다.
③ **양호도의 개념** : 검정을 위해 측정하는 타당도·신뢰도·실용도의 성과를 합친 결과를 말한다.

---

1) 20-02 휠체어 농구 기술 수행 검사의 타당성에 대한 설명으로 옳은 것을 찾는 유형
2) 21-07 준거 타당도 내용을 보기로 제시하고 무엇이냐고 묻는 유형으로, 보기는 TGMD-2와 비교 검증하였으므로 준거 타당도를 말한다.

라. 과제 분석

1) 과제 분석(task analysis)의 개요[1]
㉠ 활동 과제에 대하여 지도 방법을 구체적으로 정하고,
㉡ 대상자의 수행 수준을 진단·평가할 수 있는 사정 도구를 준비하며,
㉢ 과제 분석으로 얻어진 세부 정보를 통해 목표를 구체화하여,
㉣ 지도할 내용을 세분화하여 단계적으로 지도한다.
㉤ 지도 과정 종료 후 평가 기준을 수립한다.

2) 과제 분석의 유형
① 과제 분석 목적에 따른 분류[2] **출제 다빈도 부분**

구분	내용
동작 중심의 과제 분석	• 동작이 질적 수행 능력 또는 움직임 기술 향상이 필요할 때 활용 • 기초적이고 단순한 움직임이나 단일한 과제 활동으로 선정
유사 활동 중심의 과제 분석	• 목표 달성을 위해 다양한 활동이 필요한 경우에 활용 • 유사성이 있는 과제들로 구성하여 선정한 목표를 달성
영역 중심의 과제 분석	• 생태적·정의적·인지적 영역에서 추구해야 할 내용과 지도 내용을 구체화하기 위해 활용

② 과제 분석 활동에 따른 분류[3]

구분	내용
근거 기반 과제 분석	과학적으로 검증된 프로그램을 사용하며, 효과 예측이 가능하고, 표준화의 기초
사례 기반 과제 분석	기존의 사례를 중심으로 한 과제 분석
과제 지향 과제 분석	목표 달성을 중심으로 한 과제 분석

③ 환경요인에 따른 분류[4]

구분	내용
생태학적 과제 분석	• 운동 기술 수행력과 개인의 특성, 선호도 등을 고려하여 활용 • 심동적·정의적·인지적 발달을 위해 환경적 요인을 다룰 때 활용 • 과제 분석의 3요소 : 수행자, 수행 환경, 수행 과제
생체역학적 과제 분석	• 이상적 동작을 수행하기 위해 생체역학적 요소를 발전시킬 때 활용 • 개인과 환경요소를 고려하여 생체역학적 유용성 향상을 위해 활용

설명 생태학적 과제 분석의 의미 : 인간과 환경 사이의 상호작용을 기반으로 하는 과제 분석
설명 생체역학적 과제 분석의 의미 : 인체 시스템의 역학적 원리를 기반으로 하는 과제 분석

④ 과제 분석의 절차[5]

❶ 과제 목표의 확인 → ❷ 변인 선택 → ❸ 관련 변인 조작 → ❹ 지도

---

1) [20-03] 지체 장애인 대상 휠체어 테니스 교실 과제 분석 내용을 제시하고 무엇이냐고 묻는 유형
  [16-05] 과제 분석에 대한 설명이 바르게 된 것을 찾는 유형
2) [20-04] 지적장애인의 사물함 찾기 사례를 제시하고, 평가 방법이 무엇인지 묻는 유형
  [19-12] 사례를 보기로 제시하고 과제 분석의 유형 중 어느 유형에 해당하는지 찾는 유형
  [18-18] 유사성이 있는 과제들을 보기로 들고, 과제 분석의 어느 유형에 해당하는지 찾는 유형으로, 유사성이 있는 과제를 선정하면 유사 활동 중심의 과제 분석이 정답이다.
3) [21-09] 과제 분석 활동에 대한 분류 중 근거 기반 프로그램 내용을 보기로 들고, 무엇인지를 묻는 유형
4) [21-04] 생태학적 과제 분석의 3요소에 포함되지 않는 것을 찾는 유형으로, '수행 평가자'가 오답 찾기의 정답이다.
5) [22-15] [17-09] 생태학적 과제 분석 절차가 바르게 연결된 것을 찾는 유형

6. 장애인 검사 도구

가. TGMD-3(대근운동 능력 검사)

1) TGMD-3의 이해

① TGMD-3의 개요[1]
  ㉠ 3~11세 아동의 대근운동 발달 수준을 검사 도구로, 기본 운동능력을 확인할 수 있고, 비장애인도 사용할 수 있다.(장애인만을 위한 검사 도구는 아니다.)
  ㉡ 1985년 미국 미시간대학의 Ulrich가 개발
  ㉢ 1985년 TGMD 발표 후 1999년 TGMD-Ⅱ, 2019년 TGMD-3으로 개정
  [용어] TGMD : test of gross motor development, 대근운동 능력 검사
  [용어] 대근운동 : large muscle activities, 골격근 중 동체·사지 등 대근육군을 사용하는 운동
  [설명] TGMD를 사정 도구로 가장 많이 사용하는 이유 : 대근운동이 신체활동의 중심 역할을 수행하기 때문이다.
  [참고] TGMD-3 영상 확인하기 : 검사 방법에 대해 아래 URL 또는 QR 코드로 접속하면 개발자의 유튜브 내용을 확인할 수 있다. https://vo.la/AGgeW

② TGMD-3의 장점
  ㉠ 규준 지향 및 준거 지향검사 모두 적용이 가능하다.
  ㉡ 질적·양적 분석이 모두 가능하다.(해석지향 검사 도구)
  ㉢ 모든 아동에게 사용할 수 있으며, 3~11세 연령이 대상이다.
  ㉣ 신뢰도와 타당도가 우수하다.

2) TGMD-3의 검사

① 검사 절차 : 설명과 시범 → 사전 연습 → 검사
② 검사 방법 : 과제마다 2회를 시행한 후 점수를 합산하여 적용
③ 검사 유의 사항
  ㉠ 장애 유형을 고려하여 적합한 방식을 선택해야 한다.
  ㉡ 동작 형태나 특징을 쉽게 인지할 수 있도록 시범을 보여야 한다.
  ㉢ 장애인의 개인적 특성에 따라 무리가 되지 않는 검사가 필요하다.

3) 대근운동 측정 종목

① 대근운동 측정 종목 분류

구분	검사 항목	내용
이동 기술(locomotor)	6	런, 갤럽, 홉, 스킵, 점프, 슬라이드
볼 스킬(ball skills) 능력	7	멈춘 공 치기, 튕겨진 공치기, 드리블, 종잡기, 오버핸드 공던지기, 언더핸드 공던지기

[용어] locomoter : 장소의 이동과 관련된 기술 또는 기술의 사용

② 이동 기술[2]
  ㉠ 런(run) : 달리는 동작
  ㉡ 갤럽(gallop) : 한쪽 발을 앞으로 움직인 후 다른 발을 재빨리 옮겨 이동하는 동작
  ㉢ 홉(hop) : 한쪽 발로 뛰어올랐다가, 그 발로 착지하는 동작

---

1) [24-03] TGMD-3을 바르게 설명한 것을 찾는 유형
   [18-14] TGMD-Ⅱ에 대한 설명으로 제시된 여러 개의 보기 중 옳은 것을 모두 고른 것을 찾는 유형
2) [16-06] 움직임 기술 중 갤러핑 내용을 보기로 제시하고, 무슨 기술인지 묻는 유형

          ㉣ 스킵(skip) : 한쪽 발로 스텝과 호핑을 교대로 하는 동작
          ㉤ 점프(horizontal jump) : 두 발을 동시에 지면에서 떼어 공중으로 뛰어오르는 동작
          ㉥ 슬라이드(slid) : 지면을 스치듯 발을 이동하는 동작
      ③ 물체 조작기술
          ㉠ two-hand strike : 플라스틱 배트로 멈춰 있는 공치기
          ㉡ one-hand forehand : 튕겨진 공을 플라스틱 패들로 치기
          ㉢ dribble : 발을 움직이지 않고 선호하는 손으로 농구공을 최소 4번 드리블
          ㉣ two-hand catch : 아래에서 던져준 공 잡기
          ㉤ kick : 정지된 공을 발로 차기
          ㉥ overhand throw : 오버핸드로 벽을 향해 공 던지기
          ㉦ underhand throw : 언더핸드로 벽에 공 던지기

  4) **대근운동의 발달 단계**[1]

구분	연령대	대근운동 발달 단계
1단계	신생아기	반사와 반응
2단계	학령 전과 초등 1~2학년기	기본 대근운동 기술과 양식
3단계	초등 3~4학년기	간이 게임(lead-up games)과 관련 기술
4단계	초등 고학년~청소년 시기	단체와 개인 레크리에이션 활동과 스포츠·댄스 기술

  참고 대근운동 발달 단계 : 1985년 TGMD를 발표하면서 Ulrich가 주장하였다.

나. BPFT(Brockport physical fitness test, 브락포트 체력검사)
  ① 브락포트 체력 검사(BPFT)의 개요[2]
      ㉠ 10~17세까지의 장애인은 물론 일반인도 적용할 수 있는 건강 관련 체력검사 방법
      ㉡ 장애 유형에 따른 검사 방법을 구분
      ㉢ 연령대별 건강 기준과 권장 기준 확인 가능

  설명 BPFT : 건강 체력 요소와 장애 유형별 특성을 고려하여 총 27가지 항목을 측정할 수 있고, 장애인은 물론 일반인도 활용할 수 있다. 1999년 뉴욕주립대 브락포트칼리지의 Winniek와 Short가 개발하였다.

  ② 브락포트 체력 검사(BPFT)의 검사 항목
      ㉠ 심폐지구력 : 16m 걷기, 20m 걷기, 1마일 달리기/걷기, 페이서, 목표 심박수 운동 검사
      ㉡ 근력 및 지구력 : 턱걸이, 벤치프레스, 팔 굽혀 매달리기, 등척성 팔굽혀펴기, 팔굽혀펴기, 악력, 앉아 윗몸 앞으로 굽히기
      ㉢ 유연성 : 어깨 신전, 좌전굴, 응용 좌전굴, 응용 토마스, 목표 신전
      ㉣ 신체 조성 : 피부 두께 측정, 신체 질량지수
  ③ 브락포트 체력 검사(BPFT)의 검사 절차

  ❶ 검사 전 프로파일 작성 → ❷ 검사 항목 선정 → ❸ 측정
  → ❹ 준거 점수와 비교 분석 → ❺ 결과에 대한 프로파일 작성 → ❻ 운동 계획 수립

---

1) 24-08 대근운동 발달 단계를 도형으로 나타내면서 초등 3~4학년 연령대를 ( )로 비워놓고, 적절한 내용을 찾는 유형으로 출제되었으나, 처음에는 lead-up game과 관련 기술을 정답으로 발표하였다. 그러나 도형상의 그림 중 단계가 1→4단계로 표현되어야 하지만, 4→1단계로 잘못 표시되어 모든 답을 정답으로 처리하였다.
2) 25-09 장애인 검사 도구에 대해 바르게 설명된 것을 찾는 유형으로, BPFT 외에는 모두 설명이 잘못되었다.
   17-05 BPFT의 설명으로 바르게 된 것을 찾는 유형

다. PAPS-D(장애 학생 건강평가)

① PAPS-D의 개요[1] 출제 다빈도 부분

용어 PAPS-D : physical activity promotion system for students with disabilities

㉠ 신뢰성과 타당도를 높이기 위해 고안된 장애 학생용 건강 체력 평가 방법이다.
㉡ 본래 학생 건강 체력 평가(PAPS)로 개발되었지만, 장애인 대상으로 보완된 것이다.
㉢ 장애인만을 대상으로 사용하는 유일한 검사 방법으로, 우리나라에서 개발되었다.
㉣ 검사 결과를 활용할 수 있는 방법이 다양화되어 있다.
㉤ 준거 지향 평가와 상대적인 체력 수준을 확인할 수 있는 규준 지향 평가를 모두 확인할 수 있다.

② PAPS-D의 주요 내용

㉠ 장애 학생 건강 체력 평가의 정의 및 평가 영역
㉡ 일반 학생 건강 체력 평가와의 차이 비교
㉢ 장애 학생 건강 체력 평가 검사유형 선택 방법
㉣ 측정 종목과 실시 방법 등

③ PAPS-D의 검사 항목

체력 요인	세부 검사 항목
심폐기능	폐활량, 휠체어 오래달리기, 6분 걷기, 페이서, 스텝 검사
근 기능	윗몸 말아 올리기, 악력, (무릎 대고) 팔굽혀펴기, 휠체어 경사로 오르기, 암컬
유연성	종합 유연성, 응용 유연성, 앉아 윗몸 앞으로 굽히기
순발력	제자리 공 멀리 던지기, 제자리 멀리 뛰기
신체 구성(비만도)	체질량 지수, 피부 두겹 검사, 허리-엉덩이둘레 비율
자세 평가	자세 평가
자기 신체 평가	자기 신체 평가

용어 페이서(PACER) : progressive aerobic cardiovascular endurance run의 약어로, 점증적 왕복 오래달리기 검사를 의미한다.

라. PDMS-Ⅱ(피바디 감각통합 평가도구)

① PDMS-Ⅱ의 개요

용어 PDMS : Peabody developmental motor scales, 미국 피바디 대학에서 개발한 도구로, 대근육과 소근육 기능을 평가하고 반사행동, 균형, 시각, 협응력, 손 압력과 손 기능 능력 등의 평가로, 취학 전 아동을 대상으로 한다.

㉠ 6세 미만(출생에서 5세까지) 아동의 운동 발달 능력을 평가하는 방법
㉡ 대근육 운동능력과 소근육 운동능력 간의 차이를 비교하기 위해 운동능력의 기능 증진을 관찰하기 위한 목적으로 사용한다.
㉢ 6개 검사 영역에서 249개 항목을 검사한다.

---

1) 21-08 평가도구와 목적을 바르게 설명한 것을 찾는 유형으로, PDMS-2, TGMD-2, BPFT, PAPS-D 등이 제시되었는데 이 중 PAPS-D가 장애 유형을 고려한 장애 학생 체력 평가 목적으로 바르게 설명되었다.
19-11 PAPS-D 검사 결과를 보기로 제시하고, 건강 기준과 비교하여 바르게 설명된 것을 찾는 유형
17-08 특수체육 검사 도구 중 측정 영역이 다른 것을 찾는 유형으로, PAPS-D는 다른 도구와 차이는 장애인만을 대상으로 개발된 것이 측정 영역이 다른 것이므로, 정답이다.
15-10 국내에서 개발된 장애인 검사 도구를 찾는 유형으로, 정답은 PAPS-D이다.

② PDMS-Ⅱ의 영역[1]

영역	내용
대근운동(4가지)	반사, 비이동 운동(정적 움직임), 이동 운동, 물체 조작 운동
소근운동(2가지)	움켜쥐기, 시각-운동 통합

마. BOT-2(브루이닝스-오세레츠키 운동능력 검사-2)

1) BOT-2의 이해
[용어] **BOT-2** : Bruininks-Oseretsky Test of Motor Proficiency-2
[인명] **브루이닝스(Brett D. Bruininks)** : 미국의 심리학 박사로, Concordia College 운동 과학 교수로 재직하였으며, 운동능력 평가와 발달 장애 연구에 이바지하였다.

① BOT-2의 개요
  ㉠ 미세 근육과 대근육 운동의 능력을 평가하는 표준화된 검사이다.
  ㉡ 4세부터 21세 11개월까지의 개인을 대상으로, 운동 기술의 발달 수준을 평가하고 운동장애를 진단에 사용하며, 8가지 하위 검사 항목으로 사용한다.
  ㉢ 평가 결과에 따라 운동능력을 판별하고, 지도 방법 연구에 활용된다.
  ㉣ 협응 장애, 자폐 스펙트럼 장애, 지적장애 등의 임상적 그룹에서 운동능력 차이 분석에 유용하다.
② BOT-2의 영역 : 미세 운동 조절 능력, 손 근육 조작 능력, 신체 협응력, 근력 및 민첩성

[요약] 장애인 검사 도구 비교

구분	TGMD-Ⅱ 대근운동 능력 검사	BPFT 브락포트 체력검사	PAPS-D 장애 학생 건강평가	PDMS-Ⅱ 피바디 평가도구	BOT-2
대상	3~11세 대근운동 발달 수준 검사	10~17세 건강 관련 체력검사	장애 학생 건강 관련 체력 평가	6세 미만 아동의 운동 발달 능력 평가	4세부터 21세 11개월까지의 개인
개발	미국 미시간대학의 Ulrich	미국 뉴욕주립대 브락포트칼리지	• 우리나라가 개발 • 장애인만을 대상	미국 피바디대학	브루이닝스와 오세레츠키
검사 항목	이동 능력 7가지 물체 조작 5가지	심폐지구력, 근력과 지구력, 유연성, 신체 조성	심폐기능, 근 기능, 유연성, 순발력, 신체 구성, 자세 평가 등	대근운동 4가지 소근운동 2가지	미세 운동 조절 능력 등 8가지 영역

---

[1] 23-06 PDMS-Ⅱ의 평가 영역을 보기로 제시하면서 일부 ( )로 비워놓고, 적합한 용어를 찾는 유형으로, 반사가 정답이다.

제2장 특수체육의 지도

1. 특수체육의 지도와 관리

가. 장애인을 위한 개별화 교육계획(IEP, individualized education plan)

1) IEP의 개요[1]

① IEP의 개념
  ㉠ 특수교육 대상자의 능력 개발을 위해 장애 유형과 특성에 적합한 교육목표·교육 방법·교육 내용·특수교육 관련 서비스 등이 포함된 계획을 수립하여 시행하는 교육
  ㉡ '장애인 등에 관한 교육법' 제22조(개별화 교육)에 명시된 교육 방법으로, 장애 학생 교육의 기초로 활용되고 있다.

② IEP의 특징 : IEP는 필요하면 수정·보완이 가능하며, 장애인 개인별 개별화한 교육계획을 수립하는 것을 목표로 하므로, 규준과는 비교하지는 않는다.

③ IEP의 목적
  ㉠ 장애인의 개인별 특성에 따른 교육 서비스 보장
  ㉡ 학교와 가정의 가교역할 확대와 상호 연대의 실현
  ㉢ 부모와 학교 간의 의사소통 수단

2) IEP의 기능

① IEP의 기능[2]

구분	내용
관리 기능	개별화된 학생에게 필요한 교육과 관련 서비스를 받도록 하는 관리 도구
점검 기능	서비스 제공의 효율성과 자원의 효과적 활용에 대한 점검 기능
평가 기능	계획된 목표와 실행의 정도를 확인하고 평가하는 역할
의사소통 기능	부모와 학교 사이의 의사소통 기능

② IEP의 구성요소[3]
  • 인적 사항 • 현재의 능력 수준 • 연간 지도 목표(장기목표) • 단기 지도 목표(단기 목표)
  • 관련 보조 서비스 • 전환에 대한 계획 • 시작과 종결 시기 • 평가 절차와 시간 계획
  • IEP 작성 시 고려 사항

③ IEP의 지원팀 구성
  ㉠ 필수 참여자 : 지도자(교사), 보호자, 지역대표, 심리치료사, 전환 서비스 대표
  ㉡ 선택 참여자 : 체육지도자, 센터장, 보조 지도자(자원봉사자), 물리치료사, 언어치료사, 레크리에이션 지도자, 간호사, 사회복지사 등

---

1) [19-09] [15-04] IEP에 대한 설명이 바르게 된 것을 찾는 유형
2) [23-09] IEP의 기능 중 '목표와 학생의 진도가 어느 정도 일치하고 있는가를 확인하기 위한 기능'이 무엇인지 묻는 유형으로 이는 평가 기능을 뜻한다.
3) [24-05] IEP의 구성요소가 아닌 것을 찾는 유형으로, '학생에게 정기적으로 통지하는 방법'은 포함되지 않으므로 오답 찾기의 정답이다.

3) IEP의 운영 체계
① IEP의 운영 체계[1]

❶ 프로그램 계획 → ❷ 진단·사정 → ❸ IEP 계획 → ❹ 지도·상담 → ❺ 평가

② IEP의 실행 순서

❶ 의뢰 → ❷ 진단 → ❸ 사정 → ❹ 통보 → ❺ 실행 → ❻ 평가

[설명] IEP의 전달 체계와 실행 순서 : 유사한 내용이지만 ①은 IEP의 전체적 운영 절차이고, ②는 개인에 대한 실행 절차를 나타낸다.

4) IEP의 목표 진술
① IEP 목표 진술의 개념
　㉠ 교육학에서 교육목표는 정확하게 설정되어야 한다는 이론이다.
　㉡ 목표는 구체적 행위 동사를 사용하여 명시적으로 진술되어야 하고, 교수자와 학습자의 상호작용으로 결과가 표현되어야 하며, 상황이나 조건이 제시되어야 한다는 이론이다.
② IEP 목표 진술의 3요소[2]
　㉠ 성취 행동 : 학습 후 나타나는 결과로, 객관적 관찰과 측정을 표기
　㉡ 조건 : 상황이나 조건 제시
　㉢ 달성 기준 : 목표 달성에 관한 판단 기준이 설정
　[암기] **목표 진술 3요소** : 성취 행동, 조건, 달성 기준 등으로, Mager의 이론이다.

5) 장애인을 위한 개별화 전환계획(ITP, individualized transition plan)
① 장애인을 위한 개별화 전환계획의 개요[3]
　㉠ IEP의 하부 계획으로, 장애인의 개별화 전환계획이라고 한다.
　㉡ 장애인이 사회생활에 효과적으로 적응할 수 있도록 특별히 중점을 두어야 할 일들에 대한 방향을 정하는 계획이다.
　㉢ 장애 학생이 16세가 되기 전 전환 서비스계획이 제시되고, 매년 개정되어야 한다.
② 장애인을 위한 개별화 전환계획의 내용
　㉠ 사회생활과 개인 생활 등을 포함한다.
　㉡ ITP는 개인의 선호도와 잠재력을 기초로 하여 분야별 결과 중심의 목표를 정하되 장애 학생이 개별화 전환계획 회의에 참여해 스스로 목표를 정하도록 하는 것이 좋다.
　㉢ 목표 달성을 위해 교육기관 이외에 성인 서비스 관련 기관의 대표들이 참가하는 것이 필요하다.

나. 활동 변형
1) 활동 변형의 이해
① **활동 변형의 개념**[4] : 장애인의 스포츠 지도를 위해 대상자의 신체적·정신적 발달 정도에 따라 스포츠활동 내용 또는 환경, 용기구, 규칙 등을 변형하거나 변경하는 활동
　[설명] **활동 변형** : 장애인 스포츠활동의 동기부여를 목적으로, 환경·용기구·규칙 등을 변형하여 장애인의 스포츠활동을 수월하게 진행될 수 있도록 방법 또는 용기구 등을 바꾸는 방법

---

1) [25-13] IEP의 전달 체계를 보기로 제시하면서 일부를 (　)로 비워놓고, 적합한 용어를 찾는 유형으로, IEP 전달 체계는 '1) 프로그램 계획 → 2) 진단·사정 → 3) IEP 계획 → 4) 지도·상담 → 5) 평가'이다.
2) [25-17] [22-18] '목표 진술 3원칙'에 포함되지 않는 것을 찾는 유형으로, 목표 진술 3원칙은 '성취 행동, 조건, 달성 기준'이다. 이 이외에 2025는 '언어', 2022는 '비용'이 각각의 오답 찾기 정답이다.
3) [23-04] ITP에 대한 설명으로 틀린 것을 찾는 유형으로, 'ITP는 과거 활동에 주안점을 둔다.'가 오답 찾기의 정답이다. ITP는 향후 방향을 정하는 데 목적이 있다.
4) [20-05] 장애인의 신체활동 변형에 대한 설명으로 틀린 것을 찾는 유형

② 활동 변형의 종류
- ㉠ 스포츠활동 변형 : 장애인의 개별적 목표를 충족할 수 있도록 스포츠활동의 유형과 방법을 변형
- ㉡ 환경 변형 : 장애인의 접근성, 안전성, 흥미, 효율성 등을 고려한 공간 환경의 변형
- ㉢ 용기구 변형 : 개인의 특성과 활동유형에 따라 대상자에게 적합한 용기구로 변형
- ㉣ 규칙 변형 : 장애인들의 스포츠 참여 확대를 위한 경기규칙의 변형

2) 활동 변형의 원칙
① 활동 변형의 원칙[1]
- ㉠ 장애인의 스포츠활동 참여를 유도하는 방향으로 변형한다.
- ㉡ 변형을 최소화하여 본래의 환경·규칙 등에 적응하도록 해야 한다.
- ㉢ 변형된 환경은 꾸준히 적용해야 한다.(자주 변형하면 적응에 곤란하다.)
- ㉣ 참여자가 소극적일 때에는 능동적 참여 방안을 마련해야 한다.

② 환경 변형 고려 사항
- ㉠ 접근성 : 시설의 지리적 위치와 교통의 편리성, 주차장 확보, 승강기나 경사로 등의 시설 확보 등을 법률적으로 보장
- ㉡ 안전성 : 상해나 사고 방지를 위해 신체활동을 방해하거나 활동 중에 발생할 수 있는 위험 요소에 대한 대비와 제거
- ㉢ 흥미성 : 지도 효과를 극대화하기 위해 흥미를 유발할 수 있는 환경 조성
- ㉣ 효율성 : 참가자의 주의 집중과 관심을 유발하도록 유도

③ 활동 변형의 방법
- ㉠ 용기구 변형 : 신체활동의 만족감을 가질 수 있게 용기구의 종류와 사용 용도를 미리 점검하고, 참여자의 장애 유형과 장애 상태, 체력, 운동기능 등에 따라 문제가 발생하지 않도록 하여 용기구의 무게, 크기, 길이 및 형태 등의 변형
- ㉡ 규칙 변형
  - 경기장 크기 조절 및 운동 장소의 변형과 경기 소요 시간의 변형
  - 참여 인원의 조정(상황에 맞추어 변형 가능)
  - 활동 유형의 조정(개인 운동, 대인 운동, 단체운동, 실내·외 운동 등)

④ 소프트볼 게임에서 장애인을 위한 활동 변형 사례[2]
- ㉠ 시각장애인을 위한 소리 나는 공과 베이스 사용
- ㉡ 지적장애인을 위해 활동에 필요한 규칙을 단순화하여 적용
- ㉢ 근력이 부족한 장애인을 위해 가벼운 배트나 공을 사용

3) 장애 유형별 활동 변형
① 지체 장애
- ㉠ 지체장애인의 환경 : 비장애인과 비교하면 활동의 제약과 축소가 많으므로, 보조기구나 장비들에 대한 기본 이해와 다루는 방법을 숙지해야 한다.

---

1) 25-19 18-03 장애인 활동 변형의 원칙 설명으로, 틀린 것(2025) 또는 옳은 것(2018)을 찾는 유형
2) 15-06 소프트볼 경기에서 장애인 활동 변형 사례로 틀린 것을 찾는 유형으로, 청각장애인에게 용기구 변형 사례는 오답 찾기의 정답이다. 소프트볼은 KPC의 가맹단체가 아니고, 인정단체에 해당한다.

ⓛ 변형 절차 : 신체활동에 대한 선택과 분석, 신체활동 시 예상되는 요인에 관한 확인, 변형에 대한 기준 설정, 도움이 되는 변형의 원리 선택 등으로 진행
　　ⓒ 변형 방법 : 장소와 시설의 크기 조절, 용·기구 조절, 팀 인원 조절, 경기규칙의 변형, 경기 시간 조절, 점수 조정 등

② **지적장애**[1]
　　㉠ 지적장애인의 환경 : 인지적 운동학습 능력 저하와 단기 기억과 주의 집중력 저하, 동기 부족 등의 어려움을 갖고 있어 다양한 지도법 또는 교수법 적용이 필요하다.
　　ⓛ 활동 변형 고려사항 : 의사소통 방법, 자기관리, 자기주장, 대인관계와 상호작용, 안전의식 같은 다양한 사회 적응 등을 고려해야 한다.
　　ⓒ 지적장애인 배구에서 비치볼을 사용하는 것은 용기구 활동 변형이다.

③ **자폐성 장애**
　　㉠ 자폐성 장애인의 환경 : 공격적 행동, 자기 자극 행동, 부적절한 언어 사용, 집중력 저하, 사회적 상호작용의 어려움, 인지적 문제 등은 운동 참여를 어렵게 한다.
　　ⓛ 자폐성 장애인의 활동 변형 고려 사항
　　　• 청각적 지도보다 시각적·촉각적 방법 활용
　　　• 경기규칙 단순화와 쉽게 익힐 수 있도록 변형
　　　• 예측 가능한 시설, 공간 환경, 일관성 있는 일정 및 분위기 유지
　　　• 경쟁적이거나 접촉이 많은 활동 회피
　　　• 보조 지도자, 자원봉사자 등의 충분한 확보
　　　• 칭찬과 토큰 등 다양한 강화 기법 활용
　　　• 모델링, 또래 교수, 협동 학습, 강화법 등 다양한 교수법 이용
　　　• 능력에 맞추어 계획하고, 단계를 세분화하며, 성공 경험 성취 기회 제공

④ **시각장애**[2]
　　㉠ 신체활동에 어려움을 느끼며, 잔존 시력 정도에 따라 운동능력과 활동에 차이가 크다.
　　ⓛ 시각장애인은 이동과 방위 구별에 어려움이 따르고, 청각적 단서나 촉각 정보가 스포츠활동에 주요 요인으로 작용한다.
　　ⓒ 장애인축구(전맹부)에서 볼과 골대에서 소리를 발생하여 위치를 인식시킨다.

⑤ **청각장애**
　　㉠ 청각장애인의 환경 : 체력 요인 중 평형성, 협응력, 방향감각 저하와 평형성 유지가 어려워 운동 기능 저하로 이어진다.
　　ⓛ 청각장애인의 활동 변형 고려사항
　　　• 언어적 지도보다 시범 지도가 필요하며, 지도자는 수화 등의 기본적 능력 구비
　　　• 도구 등을 이용하여 주의를 집중할 수 있도록 하기 위한 약속된 신호 활용
　　　• 기온 변화, 추위, 습기, 먼지 등으로 귀의 질병 감염에 대비
　　　• 고공 운동이나 기압 차가 큰 운동, 순간적으로 힘을 많이 요구하는 운동은 지양
　　　• 수중 활동 시 다이빙, 잠수, 수영 등은 각별한 주의나 변형이 필요하고, 보청기는 수분에 취약하므로 착용하지 않도록 해야 한다.

---

[1] **21-03** 지적장애인의 스포츠활동 변형의 사례로 옳은 것을 찾는 유형
[2] **19-14** 시각장애인 축구에서 활동 변형 사례로 적합한 것을 찾는 유형

다. 지도

1) 역할에 따른 구분
① **지도자 중심 지도** : 지도 결정권이 지도자나 관리기관에 있는 방식으로, 지도 내용·방법·진도 등을 직접 결정하고, 관리기관은 시간, 장소, 지도자 선정 등을 결정한다.
② **참여자 중심 지도** : 참여자의 욕구와 흥미가 전제되며 모든 과정에서 참여자를 고려하여 개인에게 맞는 진도와 일정, 사정을 고려하고, 개인차에 따른 지도가 필요하다.

2) 지도 방식에 따른 구분[1]
① **대그룹 방식** : 한꺼번에 많은(통상적으로 10명 이상) 학습자가 참여하는 방식으로, 한 학급당 한 명 이상의 지도자나 보조 지도자로 지도
② **소그룹 방식** : 2~10명의 학습자를 대상으로 진행하는 방식으로, 한 명의 지도자 또는 보조 지도자로 지도
③ **1:1 방식** : 학습자 1명과 교수 1명의 개별화 지도 방식으로, 지적장애인, 자폐성 장애인, 중증 장애인 등에 유용
④ **혼합 방식** : 참여자의 특성이 다양하거나, 참여 목적이 다를 경우 같은 수업 시간에 학습 내용이 다양하게 전개되는 방식
⑤ **협동 학습 방식** : 학습 범위가 전체의 일부분으로 제한되지만, 평가 대상은 과제 전체가 되므로, 이를 위해서는 다른 학습자의 도움을 받아(=협동) 학습하는 방식으로, 조별 분담 학습 방법이다.
⑥ **또래 교수(동료 교수) 방식**[2] : 같은 또래의 학습자가 다른 학습자를 지도하는 방식(선후배나 우수한 또래가 멘토 역할)
⑦ **스테이션 방식**[3] : 학습자를 모둠(스테이션)으로 나눈 후 부분별로 학습하고, 한 스테이션이 끝나면 다음 스테이션으로 이동하여 지도하는 방식
⑧ **독립 지도 방식** : 학습자의 인지 수준에 맞게 학습자 개인별 목표를 정하여 이에 따라 학습하는 방식(=단독 지도 방식)

3) 지도 형태에 따른 구분
① **명령형 지도**[4] : 동작을 설명하고 시범을 보인 후 연습하는 주입식 교육으로, 지도자가 결과를 예측하고 결과를 얻기 위해 언어적 지시로 지도하는 형태(=지시형 스타일)
② **과제형 지도** : 연습은 자유롭게 하지만 책임감을 느끼게 하고, 통제보다는 목표를 달성하도록 지도하는 방식(=연습형 지도)
③ **문제 해결형 지도** : 참여자들이 스스로 문제해결을 할 수 있도록 돕는 형태로, 많은 시간이 소요되더라도 탐색과 연습을 통해 문제를 해결하는 방법(=상호 학습형 스타일)
④ **유도 발견형 지도** : 참여자가 발생하는 문제에 대해 스스로 해결 방안을 찾아낼 수 있도록 유도하는 형태의 지도 방식
⑤ **자기 설계형 지도** : 지도자는 목표 또는 과제를 정하고, 참여자가 스스로 달성하도록 유도하는 지도하는 형태

[설명] **지도 형태에 따른 구분** : 모스톤과 애쉬워스(M. Mosston & S. Ashworth)의 교수 스타일을 인용하였다.

---

1) 25-03 특수체육 수업 방식이 아닌 것을 찾는 유형으로, 교수와 학생의 역할을 바꾸는 '역 주류화 방식'이 오답 찾기의 정답이다.
2) 20-07 경험 많은 참여자가 보조 지도자로서 참여하는 교수 방식을 무엇이라고 하는지 묻는 유형으로, 정답은 '또래 교수 방식'이다.
3) 24-07 18-13 스테이션 교수 방식을 보기로 제시하고 무슨 지도 방식인지 묻는 유형
4) 22-11 모스톤과 애쉬워스의 교수 스타일 중 지시형 지도 방법을 보기로 제시하고 무슨 지도 방법인지 묻는 유형

4) 접근 방식에 따른 구분[1]
① **기능적 접근법** : 어려운 동작(기술)에 대해 먼저 가르치고, 다음 세부 사항을 지도하는 방법
② **발달적 접근법** : 기초 기술을 먼저 가르치고, 전체 동작이나 기술을 가르치는 방법
③ **촉지각 이용법** : 점자를 읽듯이 지도자가 몸을 만져서 동작을 익히는 방법
④ **움직임 안내 지도법** : 손이나 팔을 잡고 함께 동작을 연습하는 방법

5) 장애인스포츠에 적용되는 효과적 교수 기법
① **증거 기반 교수법**[2] : 특수체육 지도의 효과를 상승시키기 위해 검증된 프로그램이나 지도 방법을 적용하는 교수 방법
② **보편적 교수 설계법** : 학습자 모두에게 접근성을 부여하여 학습에 몰입하게 하는 유연한 자료와 방법을 제공하는 교수 방법
③ **교류식 교수법** : 전체 내용을 숙지시킨 후 요약, 질문, 명료화, 예측 등을 가르치는 방법

라. 행동 관리
1) 행동 관리의 개념
① 행동 관리의 개요
  ㉠ 문제가 있는 행동을 수정하여 적절한 행동으로 전환하기 위한 관여 활동
  ㉡ 특수체육은 일반 체육보다 더욱 치밀한 행동 관리가 필요
② **문제행동** : 행동이 상황에 맞지 않거나, 자신 또는 타인에게 위협이 되는 행동

2) 행동 관리의 주요 이론

구분	내용
조작적 조건형성이론	인간의 행동을 학습에 의한 결과로 보는 행동주의 이론으로, 자발적 학습은 관리할 수 있다고 판단한다.
A-B-C 모델	자극-행동-결과의 순서로 행동이 발생하며, 결과의 보상에 따라 행동이 발생하므로 결과를 통제하여 행동을 변화시킬 수 있다.
교육 심리적 접근법	참여자의 자아존중감과 지도자와의 관계 강화를 중시
정신 역학적 접근법	심리적 기능장애의 원인 파악과 이를 이용한 해결
생태학적 접근법	스포츠 환경의 부조화가 장애인의 문제행동을 야기
생물 기원적 접근법	신경생리학적 기능의 이상에 초점을 두는 이론

[용어] **A-B-C 모델** : A(antecedent stimulus, 선행 자극)-B(behavior, 행동)-C(consequence, 결과)

3) 문제행동에 대한 관찰과 기록
① **빈도 기록법** : 일정 시간 동안 발생한 문제행동의 빈도를 측정(손 물어뜯기, 발 떨기 등)
② **지속 시간 기록법** : 문제행동이 발생할 때의 지속 시간을 기록
③ **등간 기록법** : 같은 단위시간을 간격별로 나누어 문제행동의 발생 상황 기록
④ **시간 표집법** : 단위시간 중 정해진 시간에 짧게 관찰하여 문제행동 발생 여부를 기록

---

1) 18-16 발달적 지도 방법의 내용을 보기로 들고 무엇이라고 하는지 묻는 유형
2) 18-02 증거 기반 교수법 내용을 보기로 들고 무엇이라고 하는지 묻는 유형

마. 강화

1) 강화의 이해
① 강화의 개념 : 새로운 행동을 유지·증가 또는 감소·제거를 위해 사용하는 필수적 행동 관리 요소
② 정적 강화와 부적 강화 방법

구분	내용
정적 강화	보상, 칭찬 등 긍정적 강화물 제시로 행동 변화를 유도하는 방법
부적 강화	부정적 자극을 주거나, 긍정적 자극을 제거하여 행동 변화를 유도하는 방법

③ 정적 강화와 부적 강화의 매트릭스[1]

목적	자극 제시	자극 제거
행동 증가	정적 강화(예 : 간식을 줌)	부적 강화(예 : 보충수업 면제)
행동 감소	정적 처벌(예 : 야단을 침)	부적 처벌(예 : 컴퓨터 게임 금지)

2) 강화 기법
① 정적 강화 기법[2] 출제 다빈도 부분

구분	내용
칭찬	격려와 지지를 표현하는 방법('슈팅력이 좋아!' 등 구체적 칭찬이 효과적)
토큰 강화	보상으로 토큰을 주고, 이를 많이 수집하면 다른 강화물과 교환하는 방법
프리맥 원리	빈도가 높은 행동으로 빈도가 낮은 행동을 강화해 주는 방법(예 : 공부를 30분 하면 게임을 10분간 할 수 있도록 허락한다.)
행동 계약	특정 행동을 서로 약속하고 이를 계약으로 명시하는 방법
용암법	도움을 점진적 또는 체계적으로 줄여나가는 방법(예 : 자전거를 탈 때 뒤에서 잡아주고 어느 정도 익숙해지면 팔을 놓아 혼자 타게 한다.)

참고 **프리맥 원리** : David Premack의 이론으로, 상대적으로 잘 일어나지 않는 행동을 강화하기 위하여 높은 확률로 일어나는 행동을 강화물로 활용하는 방법으로, 주창자의 이름에서 유래되었다.(=할머니의 규칙)

용어 **용암법(溶暗法, fading)** : 흔히 용암(鎔巖, lava)이란 화산의 마그마를 연상하지만, 여기에서 용암은 TV 화면이 밝은 상태에서 어두워지는 현상을 나타내는 용어로, 도움을 점차 줄여나가는 상태를 의미한다.

② 부적 강화 기법[3] 출제 다빈도 부분

구분	내용
타임아웃	제외·고립·차단 등으로 문제행동을 관리하는 것으로, 1) 재미있어 자리를 떠나기 싫어하거나 2) 격리 장소에 즐길 수 있는 강화물이 없어야 한다.
소거	문제행동의 강화 원인을 파악한 후 이를 제거하는 방법(예 : 장난치기를 좋아하는 아이에 대해 무반응으로 스스로 장난치기를 멈추도록 한다.)
벌	야단이나 체벌로 고통을 주어 참여자가 못 하게 하는 방법으로, 벌은 단시간에 강하며 부분적으로 사용하는 것이 효과적이다.

---

1) [22-16] 정적 강화와 부적 강화의 매트릭스 내용을 ( )로 비워놓고 바르게 선택한 것을 찾는 유형
2) [25-10] 용암법의 사례를 그림으로 제시하고, 강화 기법 중 무엇에 해당하는지 찾는 유형
　[17-07] 용암법 내용을 보기로 제시하고 무엇이라고 하는지 묻는 유형
　[16-10] 강화 기법 중 프리맥 원리를 보기로 제시하고 무엇이라고 하는지 묻는 유형
3) [24-11] 부적 강화기업을 보기로 제시하면서, 일부 ( )로 비워놓고, 적절한 용어를 찾는 유형
　[21-15] 보기에 제시된 행동수정 기법을 바르게 설명한 것을 찾는 유형으로, 보기는 수업을 방해할 때마다 강제적, 반복적으로 행동을 수정시키는 방법은 '과잉 교정'이다.
　[18-10] 보기로 과잉 교정 내용을 제시하고 무엇이라고 하는지 묻는 유형
　[15-05] 타임아웃의 사례를 보기로 제시하고 무엇이라고 하는지 묻는 유형

반응 대가	문제행동을 했을 때 대가로 소유 또는 권한을 박탈 또는 제거하여 행동 변화를 주는 방법
과잉 교정	문제행동을 했을 때 강제적으로 반복해서 통제하는 방법
포화	문제행동을 반복하게 하여 스스로 문제를 인식하도록 하여 문제행동을 줄이는 방법
체계적 둔감법	대상에 대한 공포나 불안을 점차 감소시켜 문제행동을 감소시키는 방법

2. 장애인의 운동발달과 체력 강화

가. 운동발달과 인지발달

1) 운동발달의 개요

① **운동발달의 개념** : 출생 이후 영아기 때 머리 가누기부터 걷기, 계단 오르내리기, 달리기 등에 이르기까지 인간의 신체적 능력이 지속해서 발달하는 과정을 말한다.

② **운동발달의 특성**
   ㉠ 전 생애에 걸쳐 진행되는 연속적 과정으로, 개인에 따라 차이가 존재한다.
   ㉡ 민감기 또는 결정적 시기가 있으며, 환경적 맥락의 영향을 받는다.

③ **운동발달의 원리**[1]
   ㉠ 상호 작용성 : 개인의 발달은 유전인자와 환경적 요인의 상호작용으로 일어난다.
   ㉡ 순서와 방향성 : 발달은 일정한 순서와 방향에 따라 이루어지는데, 두(頭, 머리)→미(尾, 꼬리)의 방향, 중심→말초 방향, 전체 운동→특수운동 방향으로 진행
   ㉢ 분화와 통합 : 처음 모든 행동이 분화되며, 전체 반응이 특수적·부분적 반응으로 분화되고, 동시에 몇 개의 반응이 통합되어 새로운 체제가 형성
   ㉣ 연속성과 주기성 : 개체의 일생은 변화의 연속이고, 변화는 주기성을 갖고 있다.
   ㉤ 개인차와 항상성 : 개인의 발달에는 개인차가 있고, 모든 특성은 어릴 때부터 성숙할 때까지 항상성을 갖고 있다.

   [용어] **항상성** : 생물체가 환경 변화에도 불구하고, 형태적·생리적 안정 상태를 유지하려는 성질

④ **운동발달의 단계**[2]

형태	단계	나이	비고
1. 반사 운동단계	정보 유입 단계	태아~4개월	[설명] **갤라휴의 운동 발달 단계 모형** 유아체육론에서 주로 다루어지는 내용으로, 갤라휴는 운동 발달 단계를 아래 모형으로 제시하였다.
	정보 유출 단계	4개월~1세	
2. 기초 운동단계	반사 억제 단계	출생~1세	
	통제 이전 단계	1~2세	
3. 기본 운동단계	초기 단계	2~3세	
	기본 단계	4~5세	
	성숙단계	6~7세	
4. 전문화 운동단계	전이단계	7~10세	
	응용 단계	11~13세	
	평생 활용 단계	14세 이상	

[인명] **갤라휴**(Gallahue) : 발달심리학과 체육교육 분야의 학자로, 미국 인디애나대학교 교육학과 교수이다.

---

[1] 15-07 운동 발달의 원리로 틀린 것을 찾는 유형

[2] 23-07 갤라휴의 운동 발달 단계에 해당하지 않는 것을 찾는 유형으로, 지각운동이 오답 찾기의 정답이었고, 초보 운동단계는 기초 운동단계로 표시되었다. 기초나 초보나 같은 의미이다.
   16-08 운동 발달 단계 : 운동 발달 단계는 여러 학자에 따라 여러 이론이 존재한다. 실제 시험에서는 반사/반응 행동→감각 운동 반응→운동 양식→운동 기술로 보는 단계가 출제되어 바르게 연결된 것을 찾는 유형으로 출제되기도 했다.

2) 운동발달의 구분

① 안정성 운동

㉠ 안정성 운동의 개념 : 정지 상태에서 안정을 유지하거나, 움직이면서 무게 중심의 이동으로 균형적인 요소를 강조하는 운동으로, 정적 안정성과 동적 안정성 운동으로 구분한다.

㉡ 안정성 운동의 구분
- 축성 안정성 운동 : 몸의 어느 한 부위를 중심축으로 하여 움직이는 운동으로, 굽히기, 늘리기, 비틀기, 돌기, 흔들기 등
- 정적 안정성 운동 : 무게 중심이 고정되어 있을 때 평형을 유지하는 능력으로, 직립 균형, 물구나무서기 등
- 동적 안정성 운동 : 무게 중심이 이동할 때 평형을 유지하는 능력으로, 구르기, 시작하기, 멈추기, 재빨리 피하기, 돌기, 흔들기 등

② 이동성 운동[1]

㉠ 이동성 운동의 개념 : 신체를 이용하여 공간을 이동하는 운동으로, 단일 요소를 사용하는 이동성 운동과 복합 요소를 사용하는 이동성 운동으로 구분한다.

㉡ 이동성 운동의 구분
- 단일 기술 이동 운동 : 걷기, 달리기, 도약, 호핑, 점핑
- 복합 기술 이동 운동 : 기어오르기, 갤로핑, 슬라이딩, 스키핑, 번갈아 뛰기

㉢ 이동성 운동의 종류
- 걷기 : 지지 면과 접촉면을 유지하면서 한 발은 바닥에 대고, 다른 발은 앞으로 옮기는 동작을 사용하여 이동
- 달리기 : 지지 면을 짧은 순간 접촉하지 않으면서 달리는 동작을 사용하여 이동
- 도약 : 멀리 뛰거나, 높이 뛰거나, 뛰어내리기 등으로 한 발 또는 두 발로 뛰어올라 착지하는 동작을 사용하여 이동
- 호핑(hopping) : 한쪽 발만 사용하여 뛰어올랐다가 같은 발로 착지하는 동작으로 이동
- 갤로핑(galloping) : 한쪽 발로 걷거나 뛰어오르면 뒷발이 따라오는 형태의 동작을 사용하여 이동
- 스키핑(skipping) : 한 박자 사이에 오른발을 앞에 내고 가볍게 뛰면서 왼쪽 무릎을 굽혀 앞으로 올리는 형태의 동작을 사용하여 이동

③ 조작 운동

㉠ 조작 운동의 개념 : 도구를 사용하며 움직이는 운동으로, 추진 조작 운동, 흡수 조작 운동과 대근 조작 운동, 소근 조작 운동으로 구분한다.

㉡ 조작 운동의 구분
- 추진 조작 운동 : 물체가 신체로부터 멀어지도록 만드는 움직임의 운동으로, 굴리기, 던지기, 차기, 치기, 튀기기, 맞추기, 되받아치기 등
- 흡수 조작 운동 : 움직이는 물체를 정지시키거나, 진행을 바꿀 목적으로 신체 부위를 사용하는 운동으로, 잡기, 받기, 볼 멈추기 등
- 대근육 조작 운동 : 골격근 중 동체·사지 등의 대근육군을 사용하는 운동으로, 던지기, 차기, 치기
- 소근육 조작 운동 : 손기술 등 작은 근육을 사용하는 운동으로, 쓰기, 그리기, 자르기

---

[1] 25-14 한쪽 발을 먼저 움직이고, 다른 발이 따라 오는 형태의 이동 기술을 그림과 설명으로 제시하고, 어떤 기술인지 묻는 유형으로 정답은 갤로핑이다.

3) 운동발달과 반사
① 반사(reflex)의 개념
  ㉠ 출생 후 나타나는 기본적 움직임으로, 의지와 상관없이 일어나는 불수의적 운동이다.
  ㉡ 반사는 특정 발현 시기에 나타났다가 일정 시간이 지나면 자연적으로 없어진다.
  ㉢ 반사의 출현과 소멸에 대해서는 전문가의 별도 진단이 필요하며, 특히 중추신경계의 이상 유무 진단은 숙달된 전문가가 진단해야 한다.
  ㉣ 반사는 원시 반사, 자세 반사, 운동 반사로 구분한다.
  [용어] 불수의적 : 본인의 의지와 관련 없이 일어나는 동작
② 반사의 역할
  ㉠ 운동발달의 기초가 된다.
  ㉡ 신생아의 생존을 돕는 임무를 수행한다.
  ㉢ 미래 움직임에 대한 예측 역할을 한다.
  ㉣ 영아의 중추신경계 장애를 진단할 수 있다.
③ 원시 반사[1]
  ㉠ 모로반사 : 큰소리 또는 갑작스러운 위치 변화에 팔다리와 손가락을 펴서 안으려는 자세를 취한다. 이 반사가 나타나지 않으면 중추신경계의 이상으로 진단하고 있다.
  ㉡ 놀람 반사 : 갑작스러운 큰 소리에 팔꿈치를 굽혀 팔을 벌리는 자세를 취한다.
  ㉢ 포유 반사(=찾기 반사) : 입 주위를 건드리면 입을 벌리면서 고개를 돌려, 젖을 빨려는 자세를 취한다.
  ㉣ 흡입 반사(=빨기 반사) : 입에 손가락을 대면 젖을 빨려는 자세를 취한다.
  ㉤ 눈 깜박임 반사 : 불빛을 비추면 두 눈을 깜박인다.
  ㉥ 손바닥 파악 반사 : 손바닥 또는 손가락이 자극을 받으면 잡으려는 자세를 취한다.
  ㉦ 하악 반사 : 입을 열고 하악에 자극을 주면 입을 닫으려는 자세를 취한다.
  ㉧ 발바닥 파악 반사 : 발가락이나 발바닥에 자극을 받으면 발가락을 오므린다.
  ㉨ 바빈스키반사 : 발바닥이 자극을 받으면 다리를 움츠리고, 발가락을 펼치는 자세를 취한다.
  ㉩ 비대칭성 목 경직 반사 : 얼굴을 한쪽으로 돌려 눕히면 얼굴을 향하는 쪽 팔을 뻗고, 반대편 팔을 움츠려 펜싱 선수 모습을 취한다. 눈·손의 협응과 좌·우측 인식의 발달 수준을 추측할 수 있다. 뇌성마비 장애인은 성장 후에도 남아 있다.
  ㉪ 대칭성 목 경직 반사 : 비대칭성 목 경직 반사와 같지만, 펜싱 선수의 모습이 아니고 대칭형으로 바뀐다.
  [용어] 모로반사와 바빈스키반사 : 처음 주창한 독일의 소아과 의사인 '에른스트 모로'와 프랑스 신경학자 '조제프 프랑수아 펠릭스 바빈스키'의 이름에서 각각 비롯되었다.
④ 자세 반사
  ㉠ 직립 반사 : 몸을 여러 방향으로 움직였을 때 머리를 직립으로 유지하려는 자세를 취한다.
  ㉡ 시각 바로잡기 반사 : 시각을 통해 목과 팔다리로 균형을 잡아 머리를 바로 유지하려는 자세를 취한다.
  ㉢ 당김 반사 : 앉은 상태에서 손을 잡으면 팔을 구부려 일어서려는 자세를 취한다.
  ㉣ 낙하산 반사(=중력 반사) : 뒤에서 안아 상체를 아래로 내리면 손을 뻗고, 손바닥으로 몸을 보호하려 한다.
  ㉤ 지지 반사 : 몸통을 잡고 좌우로 움직이면 원래 자세를 유지하려는 자세를 취한다.
  ㉥ 목 자세 반사, 몸통 지지 반사 : 눕거나 엎드린 자세에서 머리를 한쪽으로 돌리면 목 아랫부분을 같은 방향으로 움직이려는 자세를 취한다.

---

[1] **24-06** '뇌성마비 장애인은 반사가 사라지지 않고, 남아 있는 등'의 보기를 제시하면서 어떤 반사인지 묻는 유형으로, 정답은 비대칭 반사이다.

⑤ 운동반사
  ㉠ 기기 반사 : 엎드린 상태에서 발바닥에 자극을 주면 기어 앞으로 가려는 자세를 취한다.
  ㉡ 걷기 반사 : 겨드랑이를 잡고 바닥에 발이 닿으면 발을 움직여 걷는 자세를 취하며, 이 반사 검사를 통해 수의적 운동 행동의 발달을 추측할 수 있다.
  ㉢ 수영 반사 : 물속에 넣으면 수영하는 것처럼 팔을 젓고 발로 물을 차는 자세를 취한다.

4) 장애와 인지발달

① 인지발달의 개념
  ㉠ 인지발달은 표현력, 사고력, 창의력, 종합력 등 인간 두뇌 기능의 발달을 뜻한다.
  ㉡ 눈에 보이는 사물이나 현상을 자기 경험을 기준으로 생각하는 단계를 지나, 추상적이거나 미래 가능성 등을 연상해 내는 능력이다.

② 인지발달 이론의 개념
  ㉠ 사물을 인지하고, 지식을 동원하여 문제를 해결하며, 현상을 이해하는 과정을 설명한다.
  ㉡ 환경과 상호작용을 통해 지속적이고 확실한 방식인 도식(scheme)의 결과로 나타난다.
  ㉢ 경험을 토대로 동화, 조절, 평형화의 과정을 통해 도식이 발달하며, 조직화와 적응을 강조한다.

③ 피아제의 인지발달 이론[1]
  ㉠ 인지발달의 형성 과정
    • 동화 : 새로운 정보나 자극이 유입되면 기존 도식(scheme)을 사용 해석한다.
    • 조절 : 기존 도식으로 새로운 현상을 이해할 수 없을 때 새로운 현상에 적합하도록 도식을 바꾼다.
    • 평형화 : 인지기능에 따라 새롭게 형성된 인지구조로 새로운 환경을 이해할 수 있는 사고의 균형 상태
    • 조직화 : 사물이나 사건에 대한 정보를 재구성하여 도식의 새로운 결합을 의미한다.

  [암기] 인지발달 과정
  ❶ 동화   ❸ 평형화
  ❷ 조절   ❹ 조직화

  [인명] 피아제(Jean Piaget, 1896~1980) : 스위스 심리학자로, 인지발달 연구의 선구자이다.

  ㉡ 피아제의 인지발달 이론 단계

나이	단계	놀이유형	특징
출생~2세	감각운동기	연습 놀이 의식화 놀이	• 환경을 탐색하고 환경을 이해하기 위해 영아기에는 감각 운동능력을 사용하기 시작한다. • 출생 시 영아들은 세상에 적응하기 위한 선천적 반사만 갖고 있다.
2~7세	전조작기	상징 놀이	• 지각운동 시기로, 사물과 사건의 관계를 인식하는 사고능력이 발달하기 시작하지만 자기중심적이다. • 게임을 할 때 일반적 규칙이나 전략을 사용할 수 있지만 완전하지 못하다.
7~11세	구체적 조작기	규칙적 놀이	• 인지 조작(논리적 사고의 구성요소인 정신적 활동)을 사용한다.
11세 이상	형식적 조작기	전략·전술	• 청소년기의 인지 조작은 조작에 대한 조작을 허용하는 방식으로 재조직화된다. • 사고는 체계적이고 추상적이다. • 일부의 경우 형식적 조작기를 거치지 않기도 한다.

---

[1] 23-14 피아제의 인지발달 단계에 따른 지도 목표를 보기로 제시하고, 단계별 설명이 바르게 된 것을 찾는 유형

나. 장애인 체력 강화

1) 체력과 건강의 개념
① 체력의 정의 : 육체적 활동을 할 수 있는 몸의 힘, 질병이나 환경 변화에 대한 몸의 저항 또는 외부로부터 신체를 보호하고, 지키는 능력을 말한다.
② 건강의 정의 : 신체적 병이 없고, 허약하지 않으며, 신체적·정신적·사회적으로 안녕한 상태이다.

2) 체력의 구분
① 건강 체력과 경기 체력의 구분
  ㉠ 건강 체력 : 환경 변화나 질병을 일으키는 원인에 잘 대항하고, 이를 극복하는 능력
  ㉡ 경기 체력 : 운동기능을 잘 수행할 수 있는 능력
② 행동 체력과 방위 체력의 구분[1]
  ㉠ 행동 체력 : 형태계(근육량, 체지방률, 신장, 가슴둘레 등), 근력계(근력, 근파워 등), 신경계(민첩성, 협응력, 유연성, 순발력), 호흡 순환계(심장, 폐, 혈관) 등과 관련된 체력
  ㉡ 방위 체력 : 물리적, 화학적, 생물학적 스트레스 등에 대한 내성 등과 관련된 체력으로, 신체 유지 기능 수행

3) 체력 측정
① 체력 측정의 원칙
  ㉠ 가능성의 측정 : 장애인 체력 측정은 신체적 가능성을 찾아내어 이를 지원하여, 신체활동의 성공적 참여를 돕기 위한 목적이어야 한다.
  ㉡ 다양한 분야의 측정 : 장애 유형과 정도에 따라 다양한 운동능력의 차이가 있으므로 측정은 다양하게 시행되어야 한다.
  ㉢ 0점 없는 측정(Zero rejection) : 장애 유형과 정도에 상관없이 적절한 프로그램에 참여할 수 있어야 하고 이를 위해 0점 없이 측정하여 가능성을 찾아야 한다.
  [설명] Zero rejection : 무의미한 측정을 대책 없이 실행하지 않고, 측정 방법과 규정·종류 등을 다르게 사용하거나 변형시켜 0점 없는 측정이 이루어져야 한다는 의미이다.
② 체력 측정 유의 사항
  ㉠ 측정 방법의 신뢰성과 타당성 확보
  ㉡ 측정에 대한 지식과 경험이 있는 사람이 측정
  ㉢ 측정에 적절한 장소의 선택과 필요한 시 수행 보조자, 수화 통역사 등의 배치
  ㉣ 요인별 측정 방법을 다양하게 준비

4) 체력 강화
① 체력 강화의 원칙[2]
  ㉠ 개인의 능력에 맞게 적용(=일률적 적용 회피)
  ㉡ 운동강도·운동 횟수를 개인의 능력에 맞게 서서히 올린다.(=점진적 가중)
  ㉢ 지속적 수행
  ㉣ 흥미를 잃지 않도록 해야 한다.

---

[1] 19-18 순발력이 운동수행의 주요 요인이 아닌 종목을 찾는 유형으로, 마라톤이 정답이다.
[2] 18-17 체력 강화의 원칙으로 잘못된 것을 찾는 유형

② 체력 강화의 원리[1]

구분	내용
다양성의 원리	다양한 운동 종목과 방법을 통해 효과적 운동 방법을 선택해야 한다.
과부하의 원리	적절한 부하로 운동해야 발달이 이루어진다.
점진적 부하의 원리	단계적 부하나 점진적 자극으로 운동해야 한다.
특이성의 원리	운동 형태, 트레이닝 방법 등에 따라 효과가 다르게 나타난다.
개별성의 원리	개인의 체력, 유전, 장애 특성 등에 따라 효과가 다르다.
가역성의 원리	과부하가 적절하지 않거나, 운동을 중단하면 능력이 빠르게 감소

[용어] **가역성** : 운동 진행이 지속적이지 않으면 원상태로 돌아갈 수 있다. 즉 진행되어 온 결과가 원래로 돌아가는 현상을 말한다.

다. 운동 시작 전 건강검진

① 운동 시작 전 건강검진(preparticipation health screening)의 이해
  ㉠ 개념 : 운동을 시작 전 증상이나 건강 상태를 확인하여 운동 적합성을 파악하는 활동
  ㉡ 방법 : 건강관리 전문가의 판단을 받거나, 개인 진단법 활용
② ACSM의 운동 시작 전 건강검진 알고리즘[2]
  ㉠ 현재 규칙적 운동 시행 여부
  ㉡ 심혈관, 대사성, 신장 질환 또는 심장, 뇌혈관 질환, 당뇨, 신장 질환 증상 유무
  ㉢ 의심 질환에 대한 의학적 검사
  ㉣ 희망 운동 강도
  [용어] **ACSM** : American College of Sports Medicine, 미국스포츠의학회
  [용어] **알고리즘** : 어떤 문제를 해결하기 위한 절차, 방법, 명령 등을 의미한다.
③ 개인 진단법 : ACSM은 운동 시작 전 개인 진단표를 PAR-Q와 AHA/ACSM health/fitness facility preparticipation screening questionnaire를 기준으로 하였지만, 2022년부터 '2022 PAR-Q+'를 기준으로 하고 있다.
  [용어] **PAR-Q+** : physical activity readiness questionnaire plus, 신체활동 준비상태 질문서
  [용어] **AHA** : American Heart Association, 미국심장협회
  [설명] **PAR-Q+ 양식 내려받기** : 시험에 출제되지 않으므로 게재하지 않고, 필요한 사람은 URL 또는 QR 코드로 내려받을 수 있다. http://cafe.daum.net/sports31/Sing/6

3. 장애인 운동의 응급처치

가. 장애인 운동 응급처치의 이해

1) 응급처치의 이해

① 응급처치(emergency treatment)의 개요
  ㉠ 예상치 못한 시간이나 장소에서 일어난 외상 또는 질병에 대해 긴급히 발생 장소에서 행하는 간단한 치료를 말한다.
  ㉡ 응급치료 후 필요하면 전문의의 진찰을 받아야 한다.
  ㉢ 응급처치의 범위는 심장 장애·실신·질식·호흡곤란·중독·토혈·각혈·하혈 등과 각종 외상을 포함한다.
  ㉣ 응급상황 발생 시 최우선으로 시행해야 할 응급처치는 심혈관계 기능과 신경계 기능을 유지하는 것이다.
  ㉤ 심혈관계 질환은 생명을 위협할 수 있다.

---
1) [25-08] 보기로 제시된 체력 강화의 원리가 무엇인지 묻는 유형으로, 다양성의 원리가 보기로 제시되었다.
2) [22-10] ACSM의 '운동 참여 전 건강검진 알고리즘'에 의한 의학적 검사가 필요치 않은 장애 유형을 찾는 유형

② 응급처치의 대상 파악
  ㉠ 응급상황의 형태
  ㉡ 손상 부위
  ㉢ 환자의 현재 상태
  ㉣ 응급조치 형태
  ㉤ 현재 응급상황이 발생한 정확한 위치
③ 장애인 운동 응급처치의 목적 : 장애인은 비장애인보다 사고, 상해 등의 위험성이 높으므로 운동 지도 시 응급처치에 대한 개념을 이해하고, 실천할 수 있어야 한다.

2) 운동 중 손상의 개념
① 운동 중 손상 발생 시 조치 : 안정과 휴식 → 손상 부위에 대한 압박 → 냉찜질
② 운동 중 응급상황 발생 시의 우선 응급조치 : 손상자의 심혈관계 기능 유지
③ 의식 유무의 확인

구분	내용
의식 없는 환자	먼저 목뼈 부위를 안정시키고, 심폐소생술 후 응급조치를 요청
의식 있는 환자	활력 징후 체크, 근골격계 손상평가, 경기 지속 여부 결정

④ 의식 없는 환자에 대한 조치
  ㉠ 의식 상태와 무반응의 정도를 확인한다.
  ㉡ 목뼈 상태 확인과 기도개방·호흡·순환이 원활하도록 즉각 조치가 필요하다.
  ㉢ 목과 척추의 손상 가능성을 파악해야 한다.
  ㉣ 헬멧 등 보호장구를 착용했으면 손상 상태가 명확해질 때까지 탈착시키지 않는다.

3) 응급처치 절차와 방법
① 응급처치 절차

❶ 상황에 대한 인식 → ❷ 응급처치 여부 결정 → ❸ 119 호출 → ❹ 응급처치 시행

② 응급처치 방법

구분	의식이 없는 경우	의식이 있는 경우
조치	· 즉시 119 신고, 구조 요청 · 출혈, 신체 손상 등의 확인 · 출혈이 없으면 가슴 압박 시행 · 기도 확보 후 호흡 확인	· 환자와 대화를 통한 상황 파악 · 외상, 출혈, 골절 등의 상태 확인 · 신분을 밝히고, 환자의 동의를 얻어 간단한 질문 · 꼭 필요하지 않으면 이동하지 않는 것이 좋다.

나. 응급처치의 실제

1) PRICE법
① PRICE법의 개요 : 상해시 대처하는 방법으로, protection(보호), rest(휴식), icing(냉각 처치), compression(압박), elevation(거상)이 필요하다.
  설명 RICE법 : PRICE법은 때에 따라 protection(보호)을 빼고, **RICE법**이라고도 한다.
② PRICE법의 내용[1]
  ㉠ Protection(보호) : 통증 유발 자세와 움직임은 48시간 동안 금지하고, 손상 부위 주변을 보조기나 부목 등을 이용하여 움직이지 않게 한다.
  ㉡ Rest(휴식) : 손상 부위에 외부 스트레스가 가해지지 않도록 하며, 재활프로그램을 시행하기 위해 48~72시간 정도 안정이 필요하다.

[암기] PRICE 기법
P protection
R rest
I ice
C compression
E elevation

ⓒ Icing(냉각 처치) : 급성 손상의 초기 냉각 처치는 대사율과 조직의 산소요구량을 낮추고 손상 범위를 제한하며 혈종이 커지는 것을 방지할 수 있다.
ⓔ Compression(압박) : 냉각 처치 후 또는 냉각 처치와 동시에 탄력 붕대를 이용한 압박은 냉각 치료 효과를 증가시킬 수 있다.
ⓜ Elevation(거상, 올림) : 손상 부위를 심장보다 높게 들어 올리면 부종 감소 등에 효과적이다.

2) 기도 폐쇄 응급처치법
ⓐ 의식을 잃으면 기도를 개방하고 호흡을 시도한다.
ⓑ 복장뼈의 칼 돌기 바로 아래를 후상방으로 빠르고 강하게 압박한다.
ⓒ 의식이 있고 기도가 막힌 사람은 기절하기 전에 서서 하임리히 수기법 시행
ⓓ 이물질이 입 또는 목젖에 걸린 것이 보이면 손가락을 이용하여 제거

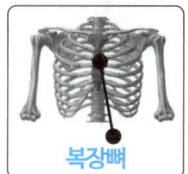
복장뼈

설명 이물질이 목젖에 걸린 것이 보이면 : 손가락을 사용하여 제거해야 한다.

3) 하임리히 수기법(Heimlich maneuver)
ⓐ 기도에 이물질이 걸려 막혔을 때 시행하는 이물질 제거 응급처치법이다.
ⓑ 환자의 뒤에서 오른손을 왼손으로 감싸고 명치 아래에 순간적 압박을 가해 입으로 뱉어 나오게 하는 방법으로, 기도를 막고 있는 이물질을 제거할 때 사용한다.

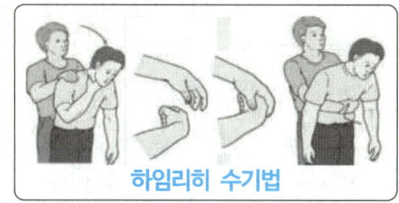
하임리히 수기법

인명 하임리히(Henry Heimlich) : 미국의 코넬 의과대학을 졸업하고, 흉부외과 의사가 되었다. 이물질 제거 응급처치법으로 그의 이름을 따 사용하고 있다.

4) 심폐소생술
① 심폐소생술(CPR, cardiopulmonary resuscitation)의 개념
ⓐ 정지된 심장을 대신해 심장과 뇌에 산소가 포함된 혈액을 공급해 주는 응급처치를 말한다.
ⓑ 심폐소생술은 흉부 압박을 주로 사용한다.
② 심정지와 뇌 손상
ⓐ 심정지 발생 후 4~6분이 지나면 뇌에 혈액 공급이 끊기면서 급격한 뇌 손상이 진행된다.
ⓑ 혈액 공급이 차단되는 시간이 길어질수록 뇌 손상은 점점 심각해져 사망에 이르거나, 살아나도 대부분이 의식을 회복하지 못하고 지속적인 치료를 받아야 하거나 타인에게 의존적인 삶을 살게 되는 경우가 많다.

심폐소생술

③ 목격자 심폐소생술
ⓐ 심정지 후 6분 안에 응급조치를 받으면 생존율이 3배까지 높아진다.
ⓑ 주변 목격자가 심폐소생술을 시행해야 한다.
ⓒ 심폐소생술에 대해 미리 숙지하고 응급상황 발생 시 적절히 대처해야 한다.

5) 제세동기 사용
ⓐ 심실세동이나 심실 빈맥으로 심정지가 되어있는 환자에게 전기충격을 가해 심장의 정상 리듬을 가져오게 해주는 도구이다.
ⓑ 의학 지식이 부족한 일반인도 쉽게 사용할 수 있도록 만들어져 있다.

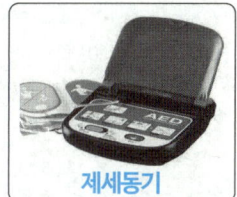
제세동기

---

1) **22-01** RICE 절차와 내용의 연결이 잘못된 것을 찾는 유형으로, '올림(elevation)을 부상 부위를 잡아당겨서 고정한다.'가 오답 찾기의 정답이다. elevation은 손상 부위를 심장보다 높게 들어 올려 과다 출혈과 부종 감소 효과를 얻는 활동이다.

4. 장애인의 운동프로그램 개발

가. 장애인 운동프로그램의 개념
① **장애인 운동프로그램의 목적** : 장애인의 신체활동을 통해 신체적·인지적·정서적·사회적 발달과 자립을 통한 삶의 질을 향상하기 위한 활동
② **장애인 운동프로그램의 효과**
　㉠ 건강과 체력 증진은 물론 장애 치료의 효과적 수단
　㉡ 신체기능 증진, 운동기능 발달의 수단
　㉢ 심리적 안정과 스트레스 해소의 수단
　㉣ 대인관계 형성과 사회 경험의 수단
　㉤ 건전한 여가 활동의 수단

나. 장애인 운동프로그램의 구성
1) 장애인 운동프로그램의 구성 개요
① **운동프로그램 구성요소**
　㉠ 운동 빈도, 운동강도, 운동 시간, 운동유형 등이다.
　㉡ 구성요소는 건강 상태, 신체 능력, 나이 등을 고려하여 결정
② **운동프로그램 구성요소별 내용**[1]
　㉠ frequency(운동 빈도) : 얼마나 자주 할 것인가를 결정(예 : 1주당 3일)
　㉡ intensity(운동강도) : 운동의 강도(고강도, 중강도, 저강도) 결정
　㉢ time(운동 시간) : 운동 시간을 결정하며, 일반적으로 운동을 분 단위로 표현
　㉣ type(운동 형태) : 운동 종류(저항성 운동, 유산소성 운동, 근력운동 등)의 결정

> **설명 FITT 원리**
> 1) 모든 운동 요소를 개인에 적합하게 설명할 수 있다.
> 2) 운동 빈도×운동강도×운동 시간은 운동의 양(v)을 나타낸다.

③ **장애인 운동프로그램의 기본 조건**
　㉠ 인적 구성 : 참여자(장애인), 지도자, 보조 지도자와 자원봉사자
　㉡ 물적 구성 : 체육시설, 운동 용기구
　㉢ 장애인 운동프로그램 개발 절차

　❶ 준비단계 → ❷ 계획단계 → ❸ 실행단계 → ❹ 평가단계

2) 장애인 운동프로그램의 진행
① **장애인 운동프로그램 진행 순서**[2]

　설명 장애인 운동프로그램의 진행 : 쉐릴(C. Sherrill)은 위 절차를 장애인스포츠 프로그램 서비스 전달 체계라고 설명하였다.

---

[1] 23-18 보기로 제시된 FITT 요소 중 설명이 잘못된 것을 찾는 유형
[2] 22-05 장애인스포츠 프로그램 서비스 전달 단계가 바르게 엮인 것을 찾는 유형

② 장애인 운동프로그램의 단계별 내용[1]
  ㉠ 프로그램 계획 : 개인적 욕구와 학교와 사회에서 적절한 체육활동 목적과 목표 설정
  ㉡ 사정 : 개인과 환경에 대한 검사, 측정, 평가로 구성되는 과정
  ㉢ IEP : 개인의 발달에 적합한 교육프로그램을 계획하고 시행하는 단계
  ㉣ 지도(교수·코칭·상담) : 최적의 운동수행을 위한 심리적, 신체적 요소의 변화 과정
  ㉤ 평가 : 프로그램의 효과성과 만족도 등을 평가하는 단계

3) 장애인 운동프로그램의 유형
① 감각 운동 : 시각, 청각, 촉각 등 감각 기관 발달을 위한 프로그램
② 이완 운동 : 근육 등의 점진적 이완을 위한 프로그램
③ 근육 기본 운동 : 근육 발달에 중점을 둔 프로그램
④ 체력 증진 운동 : 근력, 지구력, 심폐지구력, 유연성 등 기본 체력 요소 향상 프로그램
⑤ 비만 관리 운동 : 식이요법, 행동수정 요법 등으로 비만 방지 효과를 위한 프로그램
⑥ 수중운동 : 체력, 신체 발달, 상해 예방 등의 효과를 위해 수중 부력을 이용한 프로그램
⑦ 야외 운동 : 등산, 인라인 등으로 사회 경험과 적응력 향상 등의 효과를 위한 프로그램
⑧ 놀이 및 게임 : 쉽고, 즐겁게 참여할 수 있는 다양한 놀이와 게임을 제공하는 프로그램
⑨ 중증 장애인 운동프로그램 : 수중 체험, 휠체어 경기 등 경험과 신체활동 경험프로그램

다. 장애인 스포츠활동 보조기기
1) 장애인 스포츠활동의 보조기기 활용
  ㉠ 장애인 개인 특성과 장애별 특성에 대한 충분한 이해
  ㉡ 행동 보조보다는 활동 과제에 집중하도록 유도
  ㉢ 언어 보조, 시각 보조, 신체 보조의 적절한 연계

2) 장애인 보조기기
① 장애인 보조기기의 개념 : 장애인의 신체적·정신적 기능을 향상·보완하고, 일상 활동의 편의를 돕기 위하여 사용하는 각종 기계·기구·장비 등
② 장애인 보조기기의 필요성
  ㉠ 장애의 완화로 스포츠활동에 참여토록 하는 신체적·심리적 재활 지원
  ㉡ 장애인 체육활동에 참여할 수 있게 하여 다른 사람과의 커뮤니케이션 강화 역할
  ㉢ 장애인 가족, 서비스 제공자 등 지원 인력의 신체적, 정신적 부담 경감

> [설명] 출제 가능성 있는 휠체어 경기의 종목별 특성[2]
> 1) 휠체어 농구 : 트래블링은 볼을 소유한 채 3회 이상 휠체어를 밀고 가면 바이얼레이션(반칙)이 주어진다.
> 2) 휠체어 럭비 : 경추 손상으로 인한 사지 마비 장애인을 위한 스포츠이다. 남녀 혼성으로, 팀당 4명이 경기를 진행한다.
> 3) 휠체어 컬링 : 투구 선수 뒤에는 동료 선수가 붙어서 휠체어를 잡아주어 스톤을 굴릴 방향을 정확하게 결정할 수 있도록 돕는다.
> 4) 휠체어 테니스 : 투 바운드가 허용되고, 두 번째 바운드가 코트의 바깥이어도 무방하다.

1) [23-08] 쉐릴의 특수체육 서비스 전달 체계 요소에 대한 설명으로 틀린 것을 찾는 유형으로, 평가가 비연속 활동으로 설명되어 있고, 이는 오답 찾기의 정답이다.
2) [25-07] 휠체어 관련 종목에 대한 설명으로 바르게 된 것을 찾는 유형으로, 정답은 휠체어 럭비로, '한 팀은 남녀 구분 없이 4명이 경기 출전'이 바른 설명이었다.

제3장 장애 유형별 스포츠 지도

1. 지적장애인의 지도

가. 지적장애인의 이해

1) 지적장애(intellectual disability)의 개념

① 지적장애의 정의
- ㉠ 일반적 정의 : 청년기(18세) 이전에 시작되는 발달 장애로, 지능을 포함한 지적·인지 능력 부족과 심리적·사회적 적응력이 모자라 독립적 일상생활이 어려운 상태의 장애
- ㉡ 장애인복지법의 정의 : 정신 발육이 항구적으로 지체되어 지적 능력 발달이 불충분하거나 불완전하고, 자신에 대한 일 처리와 사회생활 적응이 상당히 곤란한 사람
- ㉢ 장애인 등에 대한 특수교육법의 정의 : 지적 기능과 적응 행동상의 어려움이 함께 존재하여 교육적 성취에 어려움이 있는 사람
- [설명] **지적장애의 용어 변천** : 과거 '정신박약', '정신지체' 등으로 사용되었으나 현재는 '지적장애'로 표현하고 있다. 정신박약과 정신지체는 비하의 개념이 포함된 것으로 인식되어 사용하지 않는다.

② AAIDD의 지적장애 정의[1] [출제 다빈도 부분]
- ㉠ 지적 기능과 개념적·사회적·실제적 적응 기술로 표현되는 적응 행동의 두 영역에서 현저한 제한을 보이는 장애
- ㉡ 22세 이전에 시작되는 장애
- ㉢ 지능지수(IQ) 평균이 -2 표준편차(2SD)인 70 미만이어야 한다.
- [용어] **AAIDD** : American Association on Intellectual and Developmental Disabilities, 미국 지적장애 및 발달장애협회
- [설명] **AAIDD의 지적장애 대상 연령** : 제19차 개정까지는 20세 이전에 시작되는 장애이었지만, 2021년 제11차 개정에서 22세 이전으로 바뀌었다. 2022년도 기출문제에 바뀌기 전의 기준이 적용되어 출제되었다가 최종 정답에서 수정되는 상황을 겪은 문제이다.

2) 지적장애인의 등급 분류

① 지적장애인 등급 분류 기준[2] : 지능지수(IQ)와 사회성 지수에 따라 분류
② 지적장애인의 등급 분류
- ㉠ 지능지수 분류 기준

분류	교육 가능급(EMR)	훈련 가능급(TMR)	완전 의존급(CMR)
지능지수	51~75(우둔)	25~50(치우)	25 이하(백치)

- ㉡ 사회성 지수 분류 기준

분류	1급	2급	3급
사회성 지수	지능지수와 사회성 지수 34 이하	지능지수와 사회성 지수 35 이상 49 이하	지능지수와 사회성 지수 50 이상 70 이하

---

1) [24-12] [22-14] [20-09] AAIDD의 지적장애에 대한 정의로 ( ) 속에 적합한 용어를 찾는 유형(24년), 틀린 것을 찾는 유형(22년), 바르게 설명(21년)된 것을 찾는 유형으로 각각 출제되었다.
2) [15-11] 지적장애의 등급 분류 기준으로 적합한 것을 찾는 유형으로, 정답은 지능지수와 사회성 지수이다.

3) 지적장애의 분류와 발생 원인
① 지적장애의 발현 시기에 따른 분류

구분	출산 전	출산 시	출산 후	기타
발현 원인	1) 염색체 이상 2) 수두증, 소두증 3) 대사 이상 4) 산모의 질병과 중독 5) 부모의 혈액형 부적합	1) 미숙·조숙아 2) 저체중아 3) 난산	1) 질병 2) 발달상의 지체, 환경 박탈 3) 중독 4) 대사장애	1) 사고 2) 대뇌 산소 결핍 3) 종양 4) 매독 5) 특발성 증상

② 지적장애의 발생 원인
  ㉠ 염색체 이상 : 다운증후군, 터너증후군, 윌리엄스증후군
  ㉡ 유전자 오류 : 약체X증후군, 프레드-윌리증후군
  [용어] **터너증후군** : 여성에게 나타나는 질환으로, 성염색체인 X염색체 부족으로 인하여 난소 형성 부전과 함께 저신장증을 포함한 다양한 신체 변화가 함께 나타나는 유전 질환

4) 지적장애인의 특성
① 일반적 특성
  ㉠ 우호적 또는 적대적 환경에 높은 감수성을 나타낸다.
  ㉡ 지적 활동이나 운동 반응이 늦고, 주의 집중 시간이 짧다.
  ㉢ 언어 사용의 제약, 계획성 결여, 상상력의 한계, 흥미 범위의 협소, 경계 의식이 약하고, 선악 구별이 미약하다.
  ㉣ 정서적 안정성이 취약하고, 고집이 세다.
② 인지적 특성[1]
  ㉠ 지체된 발달과 과제 수행을 하지 못하여 주위 사람들이 어려움을 겪는다.
  ㉡ 비능률적 학습자에 해당한다.
  ㉢ 어휘가 한정되어 있고 간단한 단어만 사용한다.
  ㉣ 지도할 때 시범을 자주 보여야 한다.
③ 신체적 특성
  ㉠ 키, 몸무게는 정상이지만 운동능력은 또래와 비교하여 1년~4년 정도 늦은 편이다.
  ㉡ 단순한 운동능력보다 복잡한 운동능력이 또래와 비교하여 많은 차이가 난다.
  ㉢ 어릴 때부터 지능적 제약에 따른 적응 기술과 관련된 제한성을 갖고 있다.
④ 촉각적 추구 성향 지적장애인의 특성[2]
  ㉠ 부드럽고 편안한 촉각적 경험을 좋아한다.
  ㉡ 손톱을 물어뜯거나 극단적으로 매운 음식을 찾는다.
  ㉢ 허리띠나 넥타이를 꽉 조여 맨다.
  ㉣ 촉각적 칭찬을 좋아하는 경향을 나타낸다.

5) 다운증후군 장애인
① 다운증후군의 일반적 특성[3]
  ㉠ 지적장애에 포함되지만, 다른 지적장애와 구분되는 신체적 특징을 갖고 있다.
  ㉡ 염색체 이상 질환 중 가장 흔한 질환으로, 정상인에게는 2개만 있는 21번 염색체가 1개가 더 있어 발생한다.(=삼 염색체, trisomy 21)

다운증후군 장애

---
1) **16-13** 지적장애인의 인지적 특성을 고려한 체육 지도 방법이 아닌 것을 찾는 유형
2) **17-06** 촉각적 추구 성향 발달 장애인의 특성으로 잘못된 것을 찾는 유형
3) **18-15** 다운증후군 장애인의 체력 프로그램으로 적절하지 않은 것을 찾는 유형

ⓒ 지적장애, 신체 기형, 전신 기능 이상, 성장 장애 등을 일으키는 유전 질환이다.
ⓓ 다운증후군 증상은 다양하고, 장애 정도에 따라 차이가 크다.
ⓔ 근육 기능 저하로 앉거나 서는 행동이 어렵고, 시력과 청력 장애를 동반한다.
ⓕ 특징적 얼굴과 신체 구조가 나타나게 되며, 지능 장애이다.
[용어] **다운증후군의 명명** : 영국 의사 존 랭던 다운((John Langdon Down)이 처음 언급하여 다운증후군이라 한다.

② 다운증후군의 신체적 특성
  ⓐ 얼굴이 특이하고, 키, 사지, 손가락, 발가락이 짧거나 바로 펴지지 않는다.
  ⓑ 새가슴이나 내반족이 나타난다.
  ⓒ 환축추 불안정으로 척추가 휘어 있거나 고관절 탈구가 많이 발생한다.
  [용어] **새가슴** : 선천적으로 앞가슴뼈가 과도하게 솟아 앞으로 돌출된 가슴 형태
  [용어] **내반족** : 발바닥이 안쪽을 향해 굳어 버린 상태의 질병
  [용어] **환축추 불안정** : 두개골 바로 아래 1번 경추(환추)와 2번 경추(축추) 사이가 많이 흔들리는 질환

③ 다운증후군 장애인의 스포츠지도 유의 사항[1]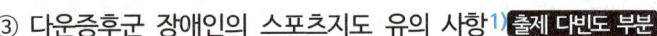
  ⓐ 머리와 목 근육에 충격을 줄 수 있는 운동을 피해야 한다.
  ⓑ 고관절의 과신전에 의한 부상을 주의해야 한다.
  [용어] **신전과 과신전** : 신전이란 관절을 펴는 운동으로, 관절 각도가 0도에서 180도까지 움직이는 것이며, 과신전은 관절 각이 180도를 넘은 상태를 말한다.

나. 지적장애인의 스포츠지도

1) 신체활동 프로그램

① 지적장애인의 신체활동 일반사항
  ⓐ 음악·무용·리듬 등의 활동을 좋아하므로, 이를 목표 달성을 위한 매개로 사용하면 효과적이다.
  ⓑ 한 번에 한 가지 기술만 지도하는 것이 좋지만, 시간이 오래 걸리는 단점이 있다.
  ⓒ 촉각, 시각, 청각 등 감각적 단서를 제공하거나 활용해야 한다.
  ⓓ 체육활동은 나이, 장애 정도, 기능 수준을 고려해야 하고, 흥미 수준에 맞는 활동 선택과 놀이 장비의 다양성 등이 필요하다.
  ⓔ 주의 집중 시간이 짧아 시범과 언어적 지도를 이용하며, 언어적 지도 시 간단하고 짧게 끝내면서 반복 학습이 효과적이다.
  ⓕ 기술적 발전이나 성장이 있을 때 칭찬을 많이 한다.
  ⓖ 껴안거나 신체적 접촉은 친밀감을 느끼도록 한다.
  ⓗ 지도 중에는 주변 환경이 산만해지지 않도록 해야 한다.
  ⓘ 중요한 역할에 따른 책임의 중압감을 느끼지 않도록 해야 한다.

② 지적장애인의 수준에 따른 구분[2]
  ⓐ 경도(輕度)와 중도(中度) : 대근을 이용한 신체 각 조직의 협응력 향상에 주력한다.
  ⓑ 중도(重度) : 중도 지적장애인은 기본적으로 심동적 영역의 활동이 요구된다. 걷기, 달리기, 점프 같은 일반적인 운동 기술과 유형의 발달은 여러 가지 자세, 반사, 하위 운동구조가 형성되어야 가능하다.
  ⓒ 중도(重度)와 최중도 : 과격한 신체활동을 삼가야 한다.
  [설명] **경도(輕度)와 중도(中度)와 중도(重度)** : 輕度는 가벼운 정도, 中度는 중간 정도, 重度는 무거운 정도

---

1) [24-13] 보기로 다운증후군 장애인의 증상을 제시하고, 스포츠지도 유의 사항이 아닌 것을 찾는 유형
   [20-16] [18-15] [17-20] 다운증후군 장애인의 스포츠지도 시 유의 사항을 바르게 설명된 것을 찾는 유형
2) [22-20] 중도 지적장애인을 위한 지도 전략으로 틀린 것을 찾는 유형

2) 지적장애인의 스포츠지도
① 지적장애인의 스포츠지도 유의 사항[1] 출제 다빈도 부분
  ㉠ 먼저 시범을 보이고, 따라 하도록 지도한다.
  ㉡ 언어적 지도는 간단명료하게 한다.
  ㉢ 학습 과제를 자주 바꾸지 않고, 정해진 과제에 대해 반복 학습이 효과적이다.
  ㉣ 다양한 감각적 단서를 제공하며 지도한다.
② 지적장애인을 위한 활동 변형[2]
  ㉠ 배구 : 네트 높이를 낮춘다.
  ㉡ 수영 : 레인의 폭을 넓힌다.
  ㉢ 소프트볼 : 티 위에 공을 올려놓고 친다.
  ㉣ 줄넘기 : 양손에 각각 짧은 줄을 잡고 돌리며 점프한다.

2. 정서·행동 장애인의 지도

가. 정서·행동 장애의 이해
1) 정서·행동 장애(emotional and behavioral disorder)의 개념
① **정서·행동 장애의 정의** : 정서 또는 행동이 또래 집단의 규준에서 심각하게 일탈하여, 학업 및 일상생활 등에서 자신과 주변 사람을 곤란하게 하는 상태의 장애
② **정서·행동 장애인의 기준**
  ㉠ 지적·감각적·건강상의 이유로 설명하기 어려운 학습상의 장애를 느끼는 사람
  ㉡ 또래나 교사와의 대인관계가 원활하지 못하여 학습에 어려움을 겪는 사람
  ㉢ 일반적 상황에서 부적절한 행동이나 감정을 잘 나타내어 학습에 어려움을 겪는 사람
  ㉣ 불행감 또는 우울증을 자주 나타내어 학습에 어려움을 겪는 사람
  ㉤ 학교나 개인 문제에 관련된 신체적인 통증이나 공포가 있어 학습에 어려움을 겪는 사람
③ **정서·행동 장애의 발생 원인**
  ㉠ 유전성 장애 : 유전적 요인과 기질 또는 건강 상태 등과 관련된 요인
  ㉡ 사회 문화적 장애 : 사회적, 문화적, 물리적 환경 등과 관련된 요인
④ **정서·행동 장애의 구분**[3] : 주의력 결핍·과잉행동 장애와 자폐성 장애와 아스퍼거 장애 등으로 구분한다.

나. 주의력 결핍·과잉행동 장애
1) 주의력 결핍·과잉행동 장애(ADHD, attention deficit/hyperactivity disorder)의 개요
① **ADHD(주의력 결핍·과잉행동 장애)의 특성**[4]
  ㉠ 주의 집중이 부족하거나, 과잉행동·충동성 행동 등이 자주 나타난다.
  ㉡ 또래보다 주의력이 매우 부족하다.
  ㉢ 공격적 행동, 대인관계 등으로 인해 다른 문제를 많이 일으킨다.

---

1) `25-02` `20-17` `19-15` `18-01` `17-11` `15-08` 지적장애인의 스포츠지도 유의 사항으로 틀린 것 또는 옳은 것을 찾는 유형으로, 출제 다빈도 부분이므로 꼭 숙지해야 한다.
2) `25-16` 지적장애인의 스포츠지도 활동 변형으로 틀린 것을 찾는 유형으로, '수영에서 레인의 폭을 줄인다'가 오답 찾기의 정답이다.
3) `15-12` '정서 장애인'이 아닌 것을 찾는 유형으로, 언어장애인은 정서 장애인이 아니므로, 오답 찾기의 정답이다.
4) `23-15` ADHD 장애가 있는 동호회 야구선수의 관찰기록을 보기로 제시하고, 어떤 장애인지 묻는 유형
   `18-11` ADHD의 특성으로 옳지 않은 것을 찾는 유형

ⓔ 일을 성급하게 충동적으로 결정하고, 사소한 일로 다투기도 하며, 지도자의 허락 없이 자리에서 이탈하거나 실내에서 뛰어다니는 등 과잉행동이 나타난다.
ⓜ 정확한 운동 조절과 적절한 시간적 행동이 서투르다.
ⓑ 뇌 전두엽 이상으로, 억제력·기억력 등에 어려움을 동반한다.
ⓢ 주의력 결핍, 과잉행동 또는 충동성 등의 증상이 12세 이전에 나타난다.

주의력 결핍·과잉행동 장애

② ADHD(주의력 결핍·과잉행동 장애)의 진단
㉠ 정확한 진단은 초등학교 입학이 가까운 시기이다.
㉡ 영유아기에는 특별한 징후를 찾기 어려운 상태이거나, 산만한 정도로 나타난다.
㉢ ADHD 아동의 70~80%가 4세 이전에 과잉행동이 나타내지만, 증상이 12세 이전에 있어야 한다.

2) 자폐성 장애의 이해
① 자폐성 장애의 개념[1)]
㉠ 자폐성 장애는 3세 이전부터 언어 표현과 이해, 사람들과의 놀이에 관심이 없거나 저조한 현상을 나타낸다.
㉡ 3세 이후에는 또래에 관한 관심이 현저하게 부족하거나, 상동 행동, 놀이에 대한 심한 위축, 인지발달 저하가 나타나며, 또래보다 전반적 발달이 늦어진다.

[용어] **자폐성 장애** : 내면세계에 칩거 또는 집착하여 외부 환경에 무관심한 증상을 나타내는 장애

[용어] **상동 행동(常同 行動)** : 무의미한 동작을 계속해서 반복하는 행동

자폐성 장애

② 자폐성 장애인의 특성[2)]
㉠ 언어 발달이 지연되고, 감정 교류에 어려움을 나타낸다.
㉡ 변화에 대한 거부감과 감각자극에 대한 특별한 반응을 나타낸다.
㉢ 의미 없는 행동(=상동행동) 혹은 강박적 행동(자해 행위, 공격 성향)이 나타난다.
㉣ 특정 사물에 대한 집착성이 강하다.
㉤ 사회적·상징적 놀이에 대해 어려움을 나타낸다.

3) 아스퍼거 장애
① 아스퍼거 장애(Asperger disorder)의 개념 : 사회적 상호작용이 제한되는 반복적 행동을 나타내며, 관심과 활동 분야가 제한되어 대인관계에 어려움을 겪는다.

[용어] **아스퍼거 장애** : 처음 발견한 오스트리아 의사 한스 아스페르거의 이름에서 유래

아스퍼거 장애

② 아스퍼거 장애인의 특성[3)]
㉠ 또래보다 어른과 어울리거나 홀로 지내는 것을 선호하며, 또래와의 관계 형성이 어렵다.
㉡ 경직된 사고방식으로, 다른 사람을 이해하지 못하는 경향이 강하다.
㉢ 언어 발달과 지적 능력이 일반인과 큰 차이가 없어, 청소년기나 성인기까지 진단되지 않기도 한다.

다. 정서·행동 장애인의 스포츠지도
1) 정서·행동 장애인의 체력과 운동능력
① 정서·행동 장애인의 체력
㉠ 정서·행동 장애인의 체력 수준은 정상 이하이며, 자아개념도 빈약하다.

---

1) [16-18] 자폐성 장애인의 습관적으로 반복하는 행동을 무엇인지 묻는 유형으로, 정답은 상동 행동이다.
2) [23-11] 자폐성 장애의 특성을 보기로 제시하고, 무슨 장애인지 묻는 유형
3) [22-04] 아스퍼거 장애의 특성을 보기로 제시하고 무슨 장애인지 묻는 유형

ⓒ 체력을 향상하면 아울러 자아개념이 향상된다.
　　ⓒ 긍정적 사회 경험을 제공하는 게임이나 스포츠에 참여할 수 있다.
② 정서·행동 장애인의 운동능력
　　㉠ 신체 발육은 정상적이지만, 정의적 영역 발달이 늦고, 정서 장애 정도가 심할수록 지각 능력과 체력 수준이 낮다.
　　ⓒ 정서·행동 장애인은 운동기능과 건강 체력 수준에서 개인별로 차이가 크므로 운동프로그램을 개별화 지도가 필요하다.
　　ⓒ 산만하거나 공격 성향 또는 위축 행동 등이 운동학습과 체력 향상의 저해 요인이 되므로 행동 관리와 친밀감 형성이 중요하다.

2) 정서·행동 장애인의 스포츠지도
① 신체·운동적 영역[1]
　　㉠ 체력을 강화할 수 있는 프로그램이 필요하다.
　　ⓒ 정서적 발달을 도모할 수 있는 신체활동을 주로 활용한다.
　　ⓒ 신경정신과 전문의 등 정신건강을 담당하는 사람을 활용하며, 신체적 강화가 가능한 운동을 찾고, 체력·운동·놀이 및 사교 기술을 발달시키는 활동이 필요하다.
　　ⓔ 스포츠와 게임을 강조한다. 학업·생업 등을 희생하면서 신체적 능력을 추구하지 않도록 이해시켜야 한다.
　　ⓜ 스포츠나 신체활동 참여를 싫어하면 강요하지 않아야 한다.
　　ⓗ 처음에는 관망을 중심으로 하고, 일정 기간 후 비경쟁적 스포츠활동에 참여하도록 유도한다.
② 인지적 영역
　　㉠ 적절한 방법을 사용하여 관심사를 이야기하도록 유도한다.
　　ⓒ 교사와 학생이 지켜야 하는 규칙을 정하고, 안전교육을 시행해야 한다.
　　ⓒ 주의 집중 시간이 짧으므로 활동을 계획적·체계적으로 시행해야 한다.
　　ⓔ 눈과 몸짓을 정확하게 관찰한다.
③ 사회·정서적 영역
　　㉠ 이질적 정서가 많으므로 행동 특성을 잘 파악해야 한다.
　　ⓒ 개별화된 프로그램을 지속해서 계획·지도해야 한다.
　　ⓒ 신체적 접촉에 민감하므로 운동을 하기 전에 친밀감 형성이 필요하다.
　　ⓔ 적절한 자극을 강조하고, 산만한 환경을 줄이거나 제거해야 한다.
　　ⓜ 지시는 간단명료해야 한다.
　　ⓗ 쉽게 동요하거나 흥분하는 경우가 많으므로 흥분을 자제시킬 수 있는 노력이 필요하고, 인내심을 갖도록 지도해야 한다.

3) 자폐성 장애인과 아스퍼거 장애인의 스포츠 지도 전략[2] 출제 다빈도 부분
　　㉠ 의사소통이 어려우므로 언어적 단서보다는 그림, 카드 등을 활용하는 단서를 제공한다.

---
[1] `25-04` 정서·행동 장애 학생의 체육활동 지도 전략으로 틀린 것을 찾는 유형으로, '뉴스포츠와 경쟁 활동 배제'가 오답 찾기의 정답이다. 경쟁 활동 배제가 꼭 필요한 것은 아니다.
　　`17-19` 정서 장애인의 스포츠 지도에 대한 설명으로 옳은 것을 찾는 유형
[2] `24-16` 자폐성 장애인의 특성을 보기로 제시하고, 지도 전략으로 틀린 것을 묻는 유형으로, 문제에 오류가 있어 모든 답을 정답으로 처리하였다.
　　`21-16` `20-10` `17-12` 자폐성 장애인의 스포츠 지도 전략으로 적절한 것을 찾거나, 바르게 묶인 것을 찾는 유형
　　`18-09` 자폐성 장애인의 특성을 보기로 제시하고, 스포츠지도 시 유의 사항이 아닌 것을 찾는 유형

ⓒ 언어적 지도와 비언어적 지도를 병행한다.
   ⓒ 지도자가 학습자의 행동을 말로 표현하여 이해시킨다.
   ⓔ 사회적 관계 형성이 필요한 상태로, 이를 익히도록 지도한다.

3. 시각장애인의 지도

가. 시각장애의 이해

1) 시각장애인의 개념

① **시각장애인의 정의** : 보이지 않거나, 보이는 상태가 미약하여, 신체적·감각적·정신적으로 일상생활과 사회생활에 상당한 제약을 받는 사람

② **시각장애와 관련된 용어의 정의**[1]
   ㉠ 시각(視覺, vision) : 눈을 통해 빛의 자극을 받아들이는 감각 작용
   ㉡ 시력(視力, visual acuity) : 물체의 존재나 형상을 인식하는 눈의 능력
   ㉢ 약시(弱視, amblyopia) : 의학적으로 이상이 없지만, 정상적 시력이 나오지 않는 상태
   ㉣ 맹(盲, blindness) : 시력 결여 또는 부족한 상태로, 법적으로는 시각적 예민성이 교정시력의 20/100 이하이다.

③ **시각장애의 발생 원인**
   ㉠ 출생 전 : 백색증, 망막아세포종, 미숙아 망막증 등
   ㉡ 출생 후 : 백내장, 녹내장, 대뇌피질 손상, 황반변성, 망막 색소변성 등

설명 시각장애 발생 원인별 증상[2]

구분		증상
출생 전	백색증	피부 색소 부족 증상으로 피부색이 희지만, 그렇지 않기도 한다. 시력 저하, 광선 공포증, 굴절 오류, 난시, 안구진탕증(무의식적·반복적 안구 움직임), 중심 암점(시야에 보이지 않거나, 부분적으로 안 보이기도 함), 사시 등이 나타난다.
	망막아세포종	유아기 망막에 생성되는 악성종양으로, 제거 수술이 필요하다.
	미숙아 망막증	미숙아에게 발생하며, 시력 손상 또는 완전 상실이 될 수 있다. 혈관이 망막 전체에 비정상적으로 생성, 확장되어 나타난다.
출생 후	백내장	양 눈에 발생하며, 수정체가 빛을 통과시키지 못하며, 시력 감소와 색상 분별력이 떨어지고, 광선 공포증, 가끔 안구진탕(초점을 맞추기 어려운 상태(=안진))가 나타난다. 시력이 빛의 상태에 따라 일정하지 못하다.
	녹내장	안압 상승으로, 시신경이 방해받거나, 혈액 공급 장애로 인해 발생하며, 시야가 좁아져 상황 인지가 어려운 상태가 된다. 두통·구토 등을 동반한다.
	대뇌피질성 시각장애	시력이 하루 중에도 시시각각 변화한다. 양 눈의 시력이 차이가 날 수 있다. 원근감이 제한적이며, 시야도 제한이다. 사물 지각에 어려움을 느낀다.
	황반변성	황반의 진행성 퇴화로, 황반은 중심 시력을 관장하므로 황반의 변성은 중심 시력에 치명적 영향을 미쳐 광선 공포증을 유발하고 심한 착각을 일으킨다.
	망막 색소변성	유전적 결함으로 빛을 감지하는 망막의 능력이 저하된다. 주변 시력 상실을 일으키는 진행성 질병으로 야맹증, 시야 협착증, 시력 감퇴, 원근감 감퇴, 망막의 흉터에 의한 흐릿한 시상, 광선 공포증 등을 유발한다.

---

1) 20-18 시각장애 관련 용어의 설명이 바르게 된 것을 찾는 유형
2) 23-16 녹내장으로 인한 시각장애인의 발생 원인을 보기로 제시하고, 발생 원인을 찾는 유형

2) 시각장애인의 분류[1]

분류 목적	구분		기능적 능력
특수교육	맹		점자를 이용하여 읽기를 배워야 하는 장애인
	약시		안경 등 광학기기나 큰 활자로 된 책을 사용하면 글을 읽을 수 있다.
안 과학	맹		보통 1/3m 이상에서 안전 지수를 판별하지 못하는 경우
	준맹		양안 교정시력이 0.02 이상 0.04 미만인 경우
	약시	고도	교정시력 0.04~0.1
		중등도	교정시력 0.1~0.3
		경도	교정시력 0.3~0.8
스포츠 활동	B1		빛을 전혀 감지할 수 없거나 감지하더라도 방향을 알지 못하거나, 짧은 거리인 손의 형태를 감지할 수 없는 경우
	B2		손의 상태를 인지할 수 있는 단계에서부터 2/60m 또는 시야가 5도 이하인 장애인
	B3		시력 2/60m~6/60m, 시야가 5도 이상 20도 이하인 경우
의학	법정 맹		정상적 눈으로 60m(200feet)에서 볼 수 있는 것을 6m(20feet)에서 식별하는 경우
	이동 시력		정상적 눈으로 60m(200feet)에서 볼 수 있는 것을 1.5~3m (5~10feet)에서 식별하는 경우
	움직임 지각		정상적 눈으로 60m(200feet)에서 볼 수 있는 것을 0.9~1.5m (3~5feet)에서 식별하는 경우
	광선 지각		강한 빛은 볼 수 있으나 0.9m(3feet)에서 손 움직임을 식별 불가능
	전맹		눈으로 직접 비추는 강한 빛을 인식하지 못함

3) 시각장애인의 특성

① **인지적 능력**
  ㉠ 청각을 활용하여 거리와 방향감각을 보완하지만 미숙하거나 부정확하다.
  ㉡ 크기·형태·공간의 개념을 촉각으로 인식하는 경우가 많다.

② **심동적 영역**[2]
  ㉠ 일반인보다 대체로 키가 작은 편이며, 뚱뚱하거나 야윈 경우가 많고, 정상적 성장 발달을 위해 조기교육을 통한 보완이 필요하다.
  ㉡ 상황이 수시로 변하는 운동 과제의 수행에 어려움을 나타낸다.
  ㉢ 발을 땅에 끌며 걷거나 구부정하고 경직된 자세를 나타낸다.
  ㉣ 활동 중 불필요한 동작으로 인해 더 많은 에너지를 소비하게 된다.

③ **정서적 능력** : 스스로 제한성을 가진 존재라는 사실을 받아들이는 데 어려움이 있으며, 아동기와 청소년기에 현실적 자아 개념의 발달을 위한 훈련이 필요하다.

4) 시각장애인의 운동 특성[3]

① **시각장애인의 운동 특성의 이해**
  ㉠ 신체활동에 어려움을 많이 느끼며, 잔존 시력 정도에 따라 운동능력과 활동에 차이가 크다.
  ㉡ 비장애인보다 운동 감각이 현저히 낮으며, 협응력이 떨어진다.

---

1) **15-13** 시각장애인의 스포츠활동 등급에 대한 문제가 출제될 수 있다. 특히 스포츠활동을 기준으로 한 구체적 수치까지 기억해야 한다.
2) **18-06** 시각장애인의 심동적 영역 특성을 바르게 설명한 것을 찾는 유형
3) **17-13** **15-14** 시각장애인의 운동 특성으로 다른 것을 찾는 유형

ⓒ 비정상적 자세를 가지고 있는 경우가 많다.
ⓓ 상동행동이 나타날 수 있다.
ⓔ 비장애인보다 보폭이 짧다.

② 시각장애인의 체력
ⓐ 이동 능력 부족으로 인해 다양한 운동 기술 발현이 어렵다.
ⓑ 중추신경의 정보처리 과정에 한계가 있다.

나. 시각장애인의 스포츠지도

1) 시각장애인 경기의 종목별 특징[1])

① **육상** : 트랙경기는 중간과 골인 지점에 음향 기구 설치
② **수영**
   ⓐ 수영은 국제시각장애인스포츠연맹(IBSA, International Blind Sports Association)의 규정에 의거 B1(전맹), B2, B3 등 3단계로 구분한다.
   ⓑ B1은 모든 선수가 앞을 완벽하게 차단하는 고글을 착용하고 경기한다.
③ **축구**[2])
   ⓐ B1 등급(전맹부)과 B2와 B3의 통합 등급(저시력부)의 2단계로 구분한다.
   ⓑ B1 등급은 골대 위치 등의 파악을 위해 소리가 나는 방향정위를 사용한다.
   【용어】 **방향정위**(orientation) : 축구, 골볼 등에서 사용하는 공에 방울을 넣어 소리가 나도록 하여 시각장애인이 주위 환경과 자신의 현재 위치를 파악하는 활동이다.(=지남력·방위 측정력)
④ **레슬링** : 서로 떨어지지 않고 상대 선수를 붙잡은 상태로 경기한다.
⑤ **볼링** : 비장애인 경기장에서 핸드 가이드 레일을 이용한다.
⑥ **자전거** : 2인용 자전거로, 시각장애인이 뒷자리, 비장애인이 앞자리에 앉아 방향 조정을 돕는다. 이를 텐덤사이클이라고 한다.

탠덤 사이클

   【용어】 **탠덤**(tandem) : 자전거 경주, 서핑 등에서 2명이 한 팀이 되어 겨루는 경기
⑦ **양궁** : 음향 신호, 점자 방향 지시기, 발 위치 표시기 등을 사용한다.
⑧ **유도** : 패럴림픽에서 시각장애인만을 위한 유도
⑨ **골볼** : 패럴림픽에서 시각장애인만을 위한 종목으로, 소리가 나는 공을 상대 팀 골대에 넣어 득점하는 경기이다.
⑩ **쇼다운**[3]) : 공을 배트로 쳐서 테이블 벽면에 부딪힌 다음 테이블 중앙에 설치된 센터 스크린 밑을 통과하여 상대편 포켓에 공을 넣는 경기방식이다. 시각장애인 경기이지만, 비장애인도 눈을 가리고 할 수 있다.

골볼
골볼 종목 자세히 알기

2) 시각장애인의 신체활동과 스포츠지도
① 시각장애인의 신체활동 지도 유의 사항
   ⓐ 과제의 전체 동작과 부분 동작을 순서대로 시범 보인다.
   ⓑ 신체적 가이던스(physical guidance) 강도를 점진적으로 줄인다.
   ⓒ 독립성을 기르기 위해 청각 및 촉각을 활용하도록 습관화하여야 한다.

쇼다운
쇼다운 종목 자세히 알기

---
1) 19-03 시각장애인을 위한 경기가 아닌 것을 찾는 유형으로, 보체는 뇌성마비 장애인 경기이다.
   16-14 시각장애인의 체육활동으로 잘못 설명된 것을 찾는 유형
2) 23-12 골볼의 수업 목표를 보기로 들면서 추구하는 지각운동 영역이 무엇인지 묻는 유형으로, '방향 정위'의 답을 요구하는 보기가 제시되었다.
   15-09 방향 정위의 개념을 바르게 설명한 것을 찾는 유형
3) 25-05 '청각과 촉각 활용 등'의 보기를 제시하고, 시각장애인 스포츠 종목을 찾는 유형으로, 정답은 '쇼다운'이다.

ⓔ 동작의 확인을 돕기 위해 브레일 방법을 사용한다.
　　　[용어] **브레일(braille)** : 만져서 사물이나 글자를 확인하는 점자법
② 시각장애인의 스포츠지도 유의 사항[1] `출제 다빈도 부분`
　　ⓐ 사용 용기구를 바닥, 천장, 벽면 등 주변 색깔과 구분되도록 한다.
　　ⓑ 경기전에 경기장, 장비의 모양, 크기, 재질 등을 미리 알 수 있도록 한다.
　　ⓒ 시각적 자료는 명확하고, 크게 볼 수 있도록 확대하고, 촉각 자료도 활용한다.
　　ⓓ 방향정위를 위해 목소리, 음향 신호(=방울, 경보기) 혹은 자동 감지기 등을 사용한다.
　　ⓔ 높이뛰기, 멀리뛰기와 같은 도약 경기는 선수에게 걸음걸이를 미리 세어보도록 한다.
　　ⓕ 전맹 장애인은 동작에 대한 이해도를 높이기 위해 관철이 굽어지는 인체 모형을 사용할 수 있다.
③ 시각장애인의 질환별 스포츠지도 유의 사항
　　ⓐ 녹내장이 있는 시각장애인에게 역도와 같은 폭발적 파워 운동은 삼가한다.
　　ⓑ 망막박리가 있는 시각장애인에게 충돌이 발생하거나 접촉성 운동은 위험하다.
　　[용어] **망막박리** : 망막이 안구 내벽에서 떨어져 들떠있는 질병
④ **시각장애인의 스포츠지도 전 파악해야 할 사항**[2] : 시력 상실 원인, 시력 상실 시기, 잔존 시력 정도

4. 청각과 평형감각 장애인의 지도

가. 청각과 평형감각 장애의 이해
1) 청각과 평형감각 장애의 개념
① **청각장애** : 청력의 결여 또는 결손으로 소리를 듣거나, 이해하지 못하여 소통의 어려움을 겪는 장애
② **평형감각 장애** : 평형감각은 귀속의 달팽이관에 붙어있는 전정기관과 시각 · 고유수용감각에 의해 자세 및 방향성을 유지하는 능력을 말하며. 이 기능이 장애인 경우이다.
　　[설명] **평형감각 장애** : 평형감각 장애는 서 있거나 걸을 때 평형기능의 유지가 필요하며, 이 기능을 담당하는 달팽이관이 귀속에 있어 청각장애와 함께 다루어진다.

2) 청각장애인의 특성과 유형
① 청각장애의 발생 원인
　　ⓐ 선천적 요인 : 유전, 모자 혈액형 불일치, 이경화증, 선천성 외이 기형, 전염병, 상해
　　ⓑ 후천적 요인 : 바이러스 감염, 중이염, 뇌막염, 소음, 외상, 약물 중독 등

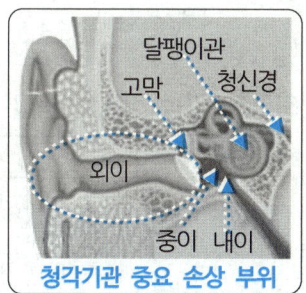
청각기관 중요 손상 부위

② 청각장애인의 특성
　　ⓐ 인지적 특성 : 언어 전달 능력이나 사물을 구별하거나 인지하는 능력이 떨어지고, 스포츠활동은 장애 정도에 따라 다르지만, 간편한 의사 전달이 대부분 가능하다.
　　ⓑ 신체 운동적 특성 : 청각장애가 신체 발달이나 활동에 미치는 영향은 적은 편이다.

---

1) 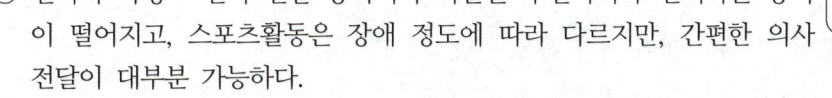 시각장애인의 지도 유의 사항으로 틀린 것을 찾는 유형으로, '모든 동작을 직접 보조한다(2025)' '개인 종목만 지도(2024)'가 오답 찾기의 정답이다.
　　`21-14` 보기에 제시된 내용 중 시각장애인 스포츠 지도 시 유의 사항이 모두 묶인 것을 찾는 유형
　　`20-06` 시각장애인의 신체활동 지도 방법으로, 틀린 것을 찾는 유형
　　`19-08` 시각장애인의 스포츠지도 전략으로 잘못된 것을 찾는 유형
2) `21-17` 시각장애인 스포츠지도 시 사전에 파악해야 할 사항이 아닌 것을 찾는 유형으로, 시각장애인 스포츠지도 시 사항 파악 사항은 시력 상실의 원인과 시기, 잔존 시력 정도 등이며, 오답 찾기의 정답은 주거환경이다.

3) 청각장애의 유형과 등급 분류
① 청각장애의 유형[1]

구분	내용
전음성 장애	• 소리의 왜곡은 없지만 희미하게 들을 수 있다. • 후천성인 경우가 많아 수화보다는 구화나 보청기 사용 • 소리를 외이에서 내이로 전달하는 과정에서 난청이 주로 발생
감음 신경성 장애	• 내이 질환 또는 기능 저하로 발생 • 저주파수 대역보다 고주파수 대역 청력손실이 큼
혼합성 장애	• 전음성과 감음 신경성이 혼합되어 나타나는 유형

② 청각장애의 등급 분류[2]

장애 등급		장애 정도
중증	2급	두 귀의 청력손실이 각각 90dB 이상인 사람
	3급	두 귀의 청력손실이 각각 80dB 이상인 사람
경증	4급 1호	두 귀의 청력손실이 각각 70dB 이상인 사람
	4급 2호	두 귀에 들리는 보통 말소리의 최대 명료도가 50% 이하인 사람
	5급	두 귀의 청력손실이 각각 60dB 이상인 사람
	6급	한 귀의 청력손실이 80dB 이상, 다른 귀의 손실이 40dB 이상인 사람

4) 청각장애인의 보장구[3]
① 보청기 : 소리를 증폭하여 청력을 보조하는 기구로, 보청기는 수분에 취약하므로 입수 시와 땀이 많이 나는 환경에서 착용 금지
② 인공와우
　㉠ 난청 장애인이 보청기 착용에도 청력 개선이 부족하면 전극을 이용하는 인공와우를 이식하는 방법
　㉡ 전류가 흘러 정전기 발생 위험이 있고, 이식한 후 레슬링, 유도 등 과격한 운동은 피해야 한다.

인공와우 착용

5) 평형기능 장애의 등급 분류

장애 등급		장애 정도
중증	3급	양측 평형기능 소실로, 두 눈을 뜬 상태에서 직선으로 10m 이상을 지속해서 걸을 수 없는 사람
경증	4급	양측 평형기능의 소실 또는 감소로, 두 눈을 뜬 상태에서 직선으로 10m를 걸으려면 중간에 균형을 잡기 위해 멈춰 서야 하는 사람
	5급	양측 평형기능의 감소로, 두 눈을 뜬 상태에서 직선으로 10m를 걸을 때 중앙에서 60cm 이상 벗어나며, 복합적 신체 운동이 어려운 사람

---

1) `23-13` `18-05` 청각장애의 유형 중 전음성 장애 내용을 보기로 제시하고, 무엇이냐고 묻는 유형
2) `17-10` 청각장애의 판정 기준에 대한 설명으로 잘못된 것을 찾는 유형이므로 청각 기능 등급 기준의 장애 정도에 대한 구체적 수치까지 암기해야 한다.
3) `19-06` 장애인의 스포츠 지도 전략으로 틀린 것을 찾는 유형으로, 보청기는 수분에 취약하므로 입수 시 착용하면 안 된다.

나. 청각장애인의 스포츠 지도

① 청각장애인의 인지적 특성과 스포츠 지도[1] 출제 다빈도 부분
  ㉠ 청각장애인은 스포츠 지도에 특별한 제약은 없거나, 약하다.
  ㉡ 독순술, 독화술, 말하기 훈련, 청각훈련, 수화, 읽기, 쓰기는 청각장애인이 사용 또는 훈련하는 의사소통 방법이다.
  ㉢ 수화나 몸짓과 같은 시각적 언어를 사용하고, 환경적 단서를 판독한다.
  ㉣ 손들기·발 구르기·원격 조절기·전등·깃발 등을 사용하여 주의 집중할 수 있도록 하며, 중요한 정보는 강조하고, 산만해지지 않도록 한다.
  ㉤ 중요 지시 사항은 운동을 시작하기 전에 전달하거나 동료를 통해 이해시키며, 활동 중인 사람에게 지시하지 않아야 한다.
  [용어] 독순술 : 말하는 입술의 모양을 파악하여 상대의 말을 이해하는 방법으로, 구화라고도 한다.

② 청각장애인의 신체 운동적 특성과 스포츠지도[2] 출제 다빈도 부분
  ㉠ 청각 이외의 다른 감각을 많이 사용한다. 영상은 자막 처리, OHP, 거울 및 시범과 같은 시각적 보조물을 사용하여 지도하고, 수화 사용을 유도한다.
  ㉡ 기온 변화가 심하거나, 습기(예 : 수영 등)와 먼지가 많은 환경에서 활동을 삼가한다.
  ㉢ 귀울림 현상이 나타날 수 있으므로 체육관, 운동장의 과도한 소음을 줄인다.
  ㉣ 청 움직임 교육이나 구조화된 자유 놀이 등 대근운동을 통하여 공간 감각을 익히게 한다. 이는 초등학교 저학년일 때 적합하다.
  ㉤ 정적·동적 자세를 바르게 하여 모델 역할을 하고, 거울 등을 사용하여 시각적 피드백으로 바른 자세를 강화한다.
  ㉥ 대화는 시선을 맞추어야 하며, 필요한 경우 필기구를 사용한다.
  ㉦ 통역을 사용할 때 시선은 통역사에게 맞추는 것이 아니고, 장애인에게 맞추어야 한다.
  ㉧ 청각장애인에게 스포츠 용기구의 변형은 필요치 않다.

③ 청각장애인의 사회·정서적 발달과 스포츠지도
  ㉠ 주변 사람들이 수화 등을 통해 청각장애인과 의사소통할 수 있어야 한다.
  ㉡ 선천성 청각장애인은 어릴 때 놀이 기회 등을 제공하고, 일반 아동들과 청각장애인이 함께 활동할 수 있도록 환경을 조성하며, 상호작용을 강조하여 지도한다.
  ㉢ 다른 사람들과 함께할 수 있는 다양하고 광범위한 체육활동을 제공한다.
  ㉣ 사전에 시설이나 기구를 충분히 익히도록 해야 하며, 활동 전에 필요 사항 전달을 위해 시각 및 촉각 신호를 사용한다.
  ㉤ 후천적 청력 장애인의 경우 우울증 증상이 나타나는 경우가 있으므로 스포츠 지도를 재미있게 구성하도록 해야 한다.

---

[1] 25-15 21-18 20-19 청각장애인의 스포츠지도 시 유의 사항을 보기에서 모두 고른 것을 찾거나(2025), 잘못 설명된 것을 찾는 유형(2021, 2019)
15-15 청각장애인의 운동수행력에 대한 설명으로 틀린 것을 찾는 유형

[2] 18-20 장애인의 스포츠 참여 촉진 방법 중 틀린 것을 찾는 유형으로, 청각장애인에게 탠덤 자전거 사용이 오답 찾기의 정답이다. 탠덤 사이클은 시각장애인의 스포츠이다.
16-15 청각장애인의 스포츠 지도 시 대화에 대한 설명으로 잘못된 것을 찾는 유형으로, 대화 시 통역사를 바라본다는 것이 오답 찾기의 정답이다.
15-06 청각장애인 스포츠 지도와 관련하여 잘못된 것을 찾는 유형으로, 청각장애인에게 용기구 변형은 의미가 없으므로, 오답 찾기의 정답이다.
15-17 청각장애인의 스포츠 지도 유의 사항으로 틀린 것을 찾는 유형으로, '지도자는 햇빛을 등지고 지도해야 한다.'라는 것이 오답 찾기의 정답이다.

5. 언어장애인의 지도

가. 언어장애의 이해

1) 언어장애의 개념
① **언어장애인의 정의** : 신체적 원인 또는 뇌 기능장애, 심리적 원인으로 언어의 발달 속도가 느리거나, 언어 관련 기능의 장애가 있거나, 이에 따라 다른 사람과 의사소통에 장애가 있는 사람을 말한다.
  - [설명] **언어장애인** : '장애인복지법'에서는 언어장애인이고, '장애인 등에 대한 특수교육법'에서는 의사소통 장애이다.
② 언어장애 관련 용어의 개념
  ㉠ 의사소통(communication) : 뇌에서 다른 사람에게 전달하고자 하는 뜻이 생기고, 이를 표현하는 낱말과 소리가 선택되면 특정 기관에서 소리가 만들어져 의사를 소리로 전달하는 과정
  ㉡ 의사소통의 광의적 개념 : 문서, 영상 등을 포함한 의사소통을 말한다.
  ㉢ 언어(language) : 의사소통 과정에서 뇌 조직이 관장하는 부분
  ㉣ 말(speech) : 신체 기관을 통해 소리로 표현되는 부분

2) 소리의 형성
① **생성** : 의사소통을 위해 호흡계, 후두, 구강 등이 소리를 구성하는 과정
② **발성** : 격막과 늑간근, 복근, 흉쇄유돌근 등이 서로 작용하는 호흡 과정과 후두에서 소리를 만드는 과정
③ **조음** : 혀와 턱 인두근의 움직임에 따라 소리로 나타나는 과정

3) 언어장애의 유형
① **구강 장애** : 입 부분과 발음 또는 청력 관련 장애로, 구순구개열 장애가 포함된다.
  - [용어] **구순구개열**(cleft lip and cleft palate) : 소위 '언청이'라고 하는데, 이는 비하의 의미가 내포되어 있어 사용하지 않는 것이 좋다.

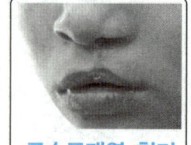
구순구개열 환자

② **청각 관련 장애** : 소리를 들을 수 없거나 청력이 약한 것이 원인이다.
③ **뇌 관련 장애**
  ㉠ 뇌 병변 장애 : 뇌 병변 장애에 의해 언어장애가 오는 경우이다. 즉 뇌출혈, 치매, 파킨슨병 등 다양한 질환으로 인해 언어장애가 발생한다.
  ㉡ 발달지체 관련 장애(지적장애, 자폐성 장애, 학습장애 등) : 뇌 발달이 늦어 뇌 기능장애로 인해 발생한다.
④ **기타**
  ㉠ 심리적 원인으로, 말더듬증 또는 유사 증세로 발생한다.
  ㉡ 언어장애의 원인은 다양하므로 신체적 장애 또는 정신적 장애인지 구분하기 힘든 경우가 많다.

4) 언어장애의 등급 기준

장애 등급			장애 정도
중증	3급	1호	발성할 수 없거나 특수한 방법(식도발성, 인공후두기)으로 간단한 대화가 가능한 음성 장애
		2호	말 흐름이 97% 이상 방해받는 말더듬증
		3호	자음 정확도가 30% 미만인 조음 장애
		4호	의미 있는 말을 거의 못 하는 표현 언어 지수가 25 미만으로, 지적장애·자폐성 장애로 판정되지 아니한 경우
		5호	간단한 말이나 질문도 거의 이해하지 못하는 수용 언어 지수가 25 미만으로, 지적장애·자폐성 장애로 판정되지 아니한 경우

경증	4급	1호	발성(음도, 강도, 음질)이 부분적으로 가능한 음성 장애
		2호	말 흐름이 어려운 말더듬증(언어장애인 중 아동 41~96%, 성인 24~96% 해당)
		3호	자음 정확도 30~75% 정도의 부정확한 말을 사용하는 조음장애
		4호	매우 제한된 표현만을 할 수 있는 표현 언어 지수가 25~65인 경우로, 지적장애·자폐성 장애로 판정되지 아니한 경우
		5호	매우 제한된 이해만을 할 수 있는 수용 언어 지수가 25~65인 경우로, 지적장애·자폐성 장애로 판정되지 아니한 경우

5) 언어장애의 진단검사 : 어음 청력검사, 한국어 발음검사, 그림 어휘력 검사, 문장 이해력 검사, 언어이해·인지력 검사, 한국 표준 어음 검사 등

나. 언어장애인을 위한 수화

① **수화의 개념** : 손 움직임을 포함한 신체적 신호를 이용하여 의사소통하는 시각 언어로, 손가락이나 팔로 형태나 모습을 그리거나, 위치나 이동, 표정이나 입술의 움직임 등을 고려하여 행한다.

② 시험에 출제될 수 있는 관련 수화[1] 출제 다빈도 부분

운동, 스포츠, 체육	운동 경기	축구	볼링	야구
팔을 들어 올리는 동작	두 주먹을 어깨 위로 동시에 두 번 올렸다 내린 다음 5지를 펴서 세운 두 주먹을 전후로 엇갈리게 두 번 움직인다.	발로 차는 것을 나타내는 동작	1·4지를 편 오른 주먹을 밖으로 내밀며 편다.	오른 주먹의 1지를 펴서 끝이 위로 향하게 세우고 왼손으로 오른 팔꿈치를 받치고 오른손으로 반원을 그리며 안으로 돈다.

달리기	탁구	농구	수영	스케이트
주먹을 쥔 두 팔을 양쪽 가슴 옆에서 번갈아 두 번 올렸다 내린다.	손가락 끝을 모아 끝이 위로 향하게 쥔 왼손을 오른 손바닥으로 쳐내는 동작을 한다.	왼손을 구부려 손끝이 오른쪽으로 향하게 하여 가슴 앞에 두고, 손등이 밖으로 향하게 쥔 오른 주먹을 왼손의 사이로 내린다.	검지와 중지를 교대로 움직이며 손등 방향으로 움직인다.	검지와 중지를 펴서 화살표와 같이 교대로 내민다.

안녕하세요?	반갑습니다.	고맙습니다.	시작합니다.	끝입니다.
오른 손바닥으로 주먹을 쥔 왼팔을 쓸어내린 다음, 두 주먹을 쥐고 바닥이 아래로 향하게 하여 가슴 앞에서 아래로 내린다.	두 손을 약간 구부려 손끝을 양쪽 가슴에 대고 상하로 엇갈리게 두 번 움직인다.	손끝이 밖으로 향하게 펴서 모로 세운 오른손의 4지 옆면을 손바닥이 아래로 향하게 편 왼손등에 두 번 댄다.	손끝이 밖으로, 손등이 옆으로 향하게 편 두 손의 손바닥을 맞댔다가 양옆으로 벌린다.	손끝이 밖으로 향하게 펴서 모로 세운 왼 손바닥에 오른손 끝을 가져다 대며 약간 올린다.

---

1) 24-20 23-17 22-12 19-10 수화 동작을 설명하고, 바르게 설명된 내용을 찾는 유형으로, 24년은 '운동', '수영', '스케이트'의 수화 그림과 설명이 제시되었으며, 23년은 '반갑습니다', '농구', '고맙습니다'의 수화 형태를 바르게 연결한 것, 22년은 축구 수화 동작을 그림과 설명으로 나타내고, 무슨 수화인지 묻는 내용, 19년은 '체육(운동)', '달리기', '볼링'을 그림과 설명으로 제시하고 바르게 연결된 것을 찾는 문제이었다.

[설명] **수화의 특징** : 스포츠 지도와 관련된 수화는 대부분 스포츠 종목의 동작 형태를 나타내고 있어 객관식 시험에서는 주어진 지문을 연상하면서 종목의 동작 특성을 생각하면 대부분 답을 찾을 수 있는 수준으로 출제될 것이 예상된다.

[설명] **간단한 수화 영상으로 보기** : http://sldict.korean.go.kr(국립국어원 한국수어사전)

6. 지체장애인의 지도

가. 지체 장애의 이해

1) 지체 장애의 개념

① 장애인복지법상의 정의
  ㉠ 한쪽 팔, 한 다리 또는 몸통의 유지 기능에 영속적인 장애가 있는 사람
  ㉡ 한 손의 엄지손가락을 지골 관절 이상의 부위에서 잃은 사람 또는 한 손의 둘째 손가락을 포함한 두 개 이상의 손가락을 모두 제1 지골 관절 이상의 부위에서 잃은 사람
  ㉢ 한 다리를 리스프랑관절(발목뼈 관절) 이상의 부위에서 잃은 사람
  ㉣ 두 발의 발가락을 모두 잃은 사람
  ㉤ 한 손의 엄지손가락 기능을 모두 잃은 사람 또는 한 손의 둘째 손가락을 포함한 손가락 두 개 이상의 기능을 잃은 사람
  ㉥ 왜소증으로 키가 심하게 작거나 척추의 현저한 변형 또는 기형이 있는 사람
  ㉦ 지체에 위 각 항의 어느 하나에 해당하는 이상의 장애가 있다고 인정되는 사람

  [설명] **지체(the limbs, 肢體)** : 지체의 본래 의미는 팔, 다리(=사지)를 말하지만, 여기서는 몸통 유지를 위한 척추도 포함한다.
  [용어] **지골(digital phalanx)** : 손가락·발가락을 형성하는 뼈를 말하며, 엄지손가락과 발가락은 2개의 지골이 있고, 나머지는 3개의 지골로 이루어진다.
  [용어] **리스프랑(lisfrance)관절** : 발의 중족골과 족근골의 관절(=발목뼈 관절)
  [설명] **왜소증 기준** : 키가 남자는 145cm 이하, 여자는 140cm 이하

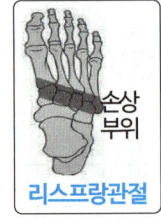

② 장애인 등에 대한 특수교육법의 정의 : 기능·형태상 장애를 갖고 있거나, 몸통의 지탱·팔다리의 움직임 등에 어려움을 겪는 신체적 조건이나 상태로 인해 교육적 성취에 어려움을 겪는 사람
③ 지체 장애의 특징 : 지체 장애는 장애 형태와 유형이 매우 다양하고 광범위하다.

2) 지체 장애의 구분

① 절단 장애 : 외상에 의한 결손, 선천적 결손 등
② 관절 장애 : 관절 강직, 근력 약화, 관절의 불안정 등
  [설명] **관절 강직** : 관절이 완전히 고정된 완전 강직과 운동 범위가 약화한 부분 강직으로 나눈다.
③ 지체 기능장애 : 팔, 다리의 장애와 척추 장애
④ 변형 등의 장애
  ㉠ 다리 한쪽이 다른 쪽에 비해 5cm 이상 길거나, 1/15 이상 짧은 경우
  ㉡ 척추측만증이 있으며 만곡 각도가 40도 이상인 경우이거나, 척추후만증으로 만곡 각도가 60도 이상인 경우
  ㉢ 왜소증으로, 성장을 멈춘 18세 이상 남성(여성)의 키가 145(140) cm 이하인 경우
  ㉣ 연골무형성증으로 왜소증 증상이 뚜렷한 경우(만 2세 이상에서 적용)

3) 지체 장애의 발현 유형[1] 출제 다빈도 부분
① 절단 장애[2]
　㉠ 사지의 일부 혹은 전체가 상실된 상태로, 선천성과 후천성으로 구분한다.

구분		원인
선천성	선천성 절단	태어날 때부터 신체 일부 손실
후천성	질병으로 인한 절단	악성종양, 당뇨, 심혈관 질환 등의 질병으로 인해 신체 일부 절단
	사고로 인한 절단	산업재해, 교통사고 등으로 인해 신체 일부 절단

　㉡ 현재 법정 장애 유형 중 지체 장애가 가장 많고, 그중에서도 절단 장애가 가장 많다.
　㉢ 절단 장애인의 환상 통증 : 궤양과 같은 고통을 느끼거나, 절단 후 남은 부위에서 경련이 일어나거나, 절단 부위가 남아 있는 것처럼 생각하고 그 부위에서 통증을 느낀다. 보조기를 착용해도 통증을 느낀다.
　[용어] 환상 통증 : 신체 부위 또는 장기가 물리적으로 없지만, 있는 것처럼 통증을 느끼는 증상(=상상 통증)
② 다발성경화증 : 여러 곳에 동시에 염증이 생기며, 근육 경직과 무력감이 나타나는 증상
③ 근이영양증(MD, muscular dystrophy, 근위축증, 근디스트로피)[3]
　㉠ 근이영양증의 증상 : 단백질 결손으로, 여러 근육군의 퇴화가 서서히 진행되는 유전성 질환이다. 호흡 장애와 심장질환 등의 합병증을 유발하며, 환자 대부분 지능이 85 정도로, 경계선 이하에 속해 있다.
　㉡ 근이영양증의 구분 : 뒤센 MD와 베커 MD로 구분한다. 뒤센형의 발병률이 높고, 어릴 때 증상이 나타나지만, 베커형은 20세 전후에 증상이 나타난다.

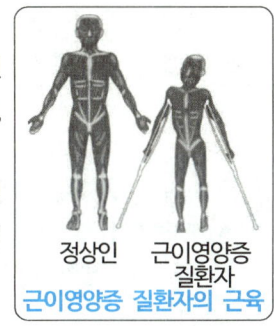
정상인　근이영양증 질환자
근이영양증 질환자의 근육

④ 회백수염
　㉠ 폴리오바이러스에 의한 신경계 감염으로 발생한다. 통상 소아마비라고 한다.
　㉡ 수의 운동 세포에 영향을 미쳐 뼈의 변형으로 인해 보행의 어려움을 느낀다.

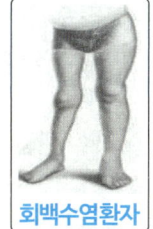
회백수염환자

4) 자율신경 반사 이상(AD, autonomic dysreflexia)[4]
① 자율신경 반사 이상의 개요 : 흉추 T6 이상의 척수손상 환자에서 손상된 척수보다 아래 부위의 유해 자극에 대한 대량의 교감신경 반응으로 발생하는 급성 임상 증후군이다.
② AD의 증상 : 배뇨, 배변 기능 이상을 느끼며, 혈압 상승, 두통, 심박수 감소, 땀 분비 증가 등의 증상으로 인해 스포츠활동에 애로를 겪게 된다.
③ AD 질환자의 운동 지도 유의 사항 : 운동 전 배뇨와 배변을 통해 방광과 장을 비우고, 증상이 심하면 운동을 중단한다.

---

1) `21-06` `20-12` 뇌성마비의 특성과 근이영양증, 회백수염, 다발성경화증 등의 증상이 보기로 제시되고, 바르게 연결된 것을 찾는 유형으로, 21년에는 뇌성마비와 근이영양증, 20년에는 회백수염, 다발성경화증, 근이영양증 증상이 보기로 제시되었다.
　`18-19` 지체 장애의 발현 유형 설명으로 틀린 것을 찾는 유형
2) `22-02` 환상 통증에 관한 설명으로 틀린 것을 찾는 유형으로, 환상 통증은 신체 부위나 장기가 물리적으로 없지만 있는 것처럼 통증을 느끼는 증상으로 상상 통증이라고도 한다.
　`18-19` 지체 장애의 발현 유형 설명으로 틀린 것을 찾는 유형
3) `24-19` 근이영양증에 대한 설명으로 틀린 것을 찾는 유형,
4) `24-17` 척수장애인의 운동 유의 사항으로 틀린 것을 찾는 유형으로, 'AD 발생 시 고강도 운동으로 전환한다.'가 오답 찾기의 정답이다.
　`21-12` 척수손상 장애인의 자율신경 반사 이상(AD)에 관한 설명이 잘못된 것을 찾는 유형으로, '자율신경 반사 이상은 예방할 수 없다'가 오답 찾기의 정답이다. 운동 전 배변·배뇨로 방광과 장을 비워 예방할 수 있다.

5) 지체 장애인의 스포츠지도
① 지체 장애인의 스포츠지도 유의 사항[1] <출제 다빈도 부분>
㉠ 양팔과 양다리의 균형적 발달을 위한 운동이 필요하다.
㉡ 다리나 팔의 한쪽만 지체 장애인은 그 반대편 근육을 강화해야 한다.
㉢ 비만 가능성이 크므로, 이를 예방하기 위한 규칙적 운동이 필요하다.
㉣ 근력과 근지구력이 약하므로 경기 시 선수 교체를 자주 하여 휴식 시간을 갖도록 한다.
㉤ 기립성 저혈압 증상이 있는 지체 장애인은 서 있는 상태가 오래가지 않도록 해야 한다.
㉥ 욕창 예방을 위해 운동 후 휠체어 좌석에서 엉덩이를 들어 올려 피부 압박을 줄여준다.
㉦ 지체 장애가 발생한 후 조속히 보조기구를 사용하는 데 익숙하도록 훈련해야 한다.

② 절단 장애인의 신체활동 지도 시 고려 사항[2]
㉠ 염증이나 감염을 방지하기 위해 절단 부위를 관리한다.
㉡ 신체활동 강도에 따라 휴식 시간을 조절하여 피로 발생을 완화한다.
㉢ 운동 역학적 효율성을 고려하여 무게 중심 이동에 적응하도록 한다.
㉣ 보행 보조기구를 일찍 사용하여 익숙해지도록 해야 한다.

③ 하지 절단 장애인의 신체 균형 유지를 위한 보조기[3]
㉠ 축구 : 클러치(clutch)를 사용하여 체중을 안정적으로 지탱
㉡ 스키 : 아웃리거를 사용
㉢ 탁구 : 탁구대에 몸을 지지

[용어] 아웃리거(outriggers) : 배, 스키 등에서 전복 또는 넘어짐 방지를 위한 안전 장비로, 배는 바깥에 설치하고, 스키는 폴 하단에 플레이트를 붙여 넘어짐을 방지한다.

스키 아웃리거
배 아웃리거
아웃리거

나. 척수 장애
1) 척수 장애(spinal cord injuries)의 개념[4]
[설명] 척수 장애 : 척수 장애는 지체 장애이지만, 지체 장애와 판정 기준이 달라 별도 척수 장애로 구분한다.

① 척수 관련 용어
㉠ 척수(spinal cord, 脊髓) : 척추 내에 위치하는 중추신경 일부분으로, 뇌와 말초신경 연결 역할
㉡ 척주(vertebral column, 脊柱) : 신체의 축을 이루는 뼈와 연골 기둥
㉢ 척추(vertebra, 脊椎) : 척주를 형성하는 뼈 구조물

② 척수 장애의 특성
㉠ 척수는 여러 신경세포와 대뇌·소뇌에 연결되는 많은 신경로를 포함하고 있다.
㉡ 척수가 손상되면 그 척수 이하는 움직일 수 없고, 감각마비가 오며, 방광과 항문도 마비가 된다.
㉢ 척수손상은 과격한 충격 또는 과격한 굴곡·신전 등에 의해 발생하며, 척추골절 및 탈구 손상으로, 하반신마비나 사지 마비를 초래한다.
㉣ 척수 장애는 주로 상해 부위에 따라 분류한다. 척추 상해는 의학적으로 척추 분절과 상해가 발생한 부위 및 척추 번호에 따라 분류한다.

---

1) [25-06] 지체 장애인의 스포츠 지도 유의 사항으로 틀린 것을 찾는 유형으로, '척추 손상 장애인이 기립성 저혈압이 발생하면 고강도 운동을 시행한다'가 오답 찾기의 정답이다.
[20-13] [18-08] 지체장애인의 스포츠지도 시 고려 사항을 틀리게 설명한 것을 찾는 유형
[17-17] 근지구력이 약한 휠체어 농구선수의 스포츠지도 방법으로 틀린 것을 찾는 유형
2) [17-14] 좌측 발목 절단 장애인을 위한 스포츠 지도 전략으로 틀린 것을 찾는 유형
3) [22-06] 아웃리거에 대한 설명과 그림을 보기로 제시하고 무엇이라고 하는지 묻는 유형으로, 아웃리거는 배, 스키 등에서 전복 또는 넘어짐 방지를 위한 안전 장비를 말한다.
[19-05] 하지 절단 장애인의 균형 유지를 위한 보조 방법이 아닌 것을 찾는 유형
4) [22-17] 척수 장애 정도가 가장 심한 것을 찾는 유형으로, 척주가 위에 위치할수록 장애 정도가 심하다.

ⓜ 척추는 경추(목뼈), 흉추(등뼈), 요추(허리뼈), 천추(엉치뼈)로 나눈다.
ⓑ 상해 부위에 따라서 3경추(C-3) 이상 척추 신경 상해는 사망, 부분적 장애는 전신을 약화하며, 2흉추(T-2) 이상 상해는 사지 마비, 2흉추(T-2) 이하 상해는 하지마비의 원인이 된다.
ⓒ 위쪽 손상일수록 장애 정도가 심하다.

2) 척추의 구성

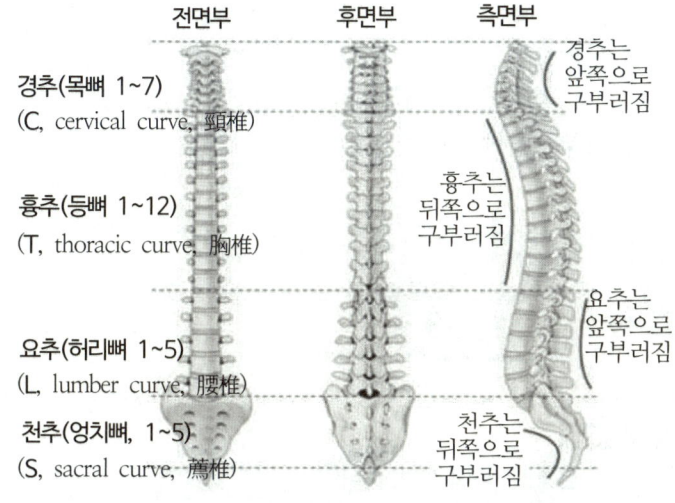

[암기] 척추 암기 사항
- 척추는 위에서 목·등·허리·엉치뼈 순이다. 이는 **경흉요천**이고, **CTLS**이다.
- 경추(C-3) 이상 상해는 사망 또는 전신불수, 흉추(T-2) 이상 상해는 사지 마비, 2흉추(T-2) 이하 상해는 하지마비의 원인이 된다.

[설명] **등뼈 번호** : 등뼈 이름 옆의 숫자는 뼈 번호를 나타내고, 제일 위의 뼈가 1번이다. 등뼈는 전체 27개로 이어져 있다.

3) 척추의 손상과 기능 수준의 정도¹⁾ [출제 다빈도 부분]

손상 수준	기능 수준
경추 4번 (C-4)	목과 횡격막을 사용할 수 있으며, 휠체어를 오르내릴 때 보조가 필요
경추 5번 (C-5)	어깨의 삼각근과 팔의 이두근 사용이 가능하고, 팔운동을 수행할 수 있으나 손목과 손의 기능이 불가능하여 휠체어를 움직이려면 손목과 손에 보조 장치를 하고 휠체어 바퀴에도 돌출부가 필요
경추 6번 (C-6)	팔꿈치의 굴곡과 손목의 신전, 어깨의 굴곡과 외전은 가능하다. 크고 가벼운 물건은 쥘 수 있고 휠체어를 밀 수 있다.
7번 경추 (C-7)	주관절 신전 및 손가락 신전과 굴곡이 가능하며, 독립적으로 휠체어를 추진시킬 수 있다. 휠체어 오르내리기가 약간 가능하며, 보조 장치가 있는 자동차 운전 가능
흉추 상부 (T1~9)	상지는 움직일 수 있기만 하지는 마비된다. 스스로 이동할 수 있으며, 휠체어를 혼자서 움직일 수 있고, 볼링이나 양궁 같은 운동 가능
흉추 하부 (T10~12)	등, 복부, 늑간근을 완전히 제어할 수 있으므로 스스로 생활할 수 있다. 긴 하지 브레이스를 사용하면 보행도 가능하다. 신체를 가눌 수 있으므로 수영이나 웨이트 트레이닝 가능
요추부 (L1~5)	고관절 조정이 가능하며 보행할 수 있고, 스스로 일상생활이 가능하다. 휠체어를 타고 하는 육상, 농구, 테니스 등이 가능
천추부 (S1~5)	방광과 장의 기능뿐만 아니라 성 기능도 장애가 된다. 배변 훈련하기 전 도뇨관을 사용한다. 다른 척수장애인보다 운동기능이 좋은 편이다.

[용어] **브레이스** : 사지나 체간 외부에 착용하여 교정 자세로 신체의 움직임을 유지하고 지탱해 주는 정형외과적 장치, 척수장애인이 사용하지만 수영할 때는 사용하지 못한다.

---

1) (앞 페이지의 2번) **24-10** T6(흉추 6번) 이상의 손상이 있는 선수의 체력 운동 시 고려 사항으로 틀린 것을 찾는 유형으로, '교감신경 손상이 있는 경우 심박수를 운동 과정과 회복 과정 그리고 운동 처방에 사용한다.'가 오답 찾기의 정답이다. 교감신경은 긴장 상황에서 활성화되는 신경으로, 흉추 손상과 연관이 없기 때문이다.
23-19 흉추 손상 장애인의 휠체어 농구 참여 가능 여부를 묻는 유형으로, 흉추 손상은 상지는 움직일 수 있고, 하지가 마비되므로, 흉추 손상은 휠체어 농구에 참여할 수 있는 것을 기억하면 답을 찾을 수 있다.

4) 척수장애인의 스포츠지도

① 척수장애인의 특성과 운동[1]
  ㉠ 척수장애인은 방광과 소화기관, 비정상적 근수축, 골다공증, 비뇨기 감염, 배변, 욕창, 근육 경직, 근육 경련, 낮은 에너지 소비로 인한 비만 등에 유의해야 한다.
  ㉡ 심혈관계 발달을 위해 에르고미터를 사용하는 운동을 하거나, 휠체어를 끌고 다닐 수 있도록 하는 훈련이 필요하다.
  ㉢ 척수장애인은 근육이 줄어 일반인보다 산소소비량이 적다.
  ㉣ 척수장애인의 운동프로그램 계획 시 여러 특성을 고려해야 한다. 연한 조직의 손상, 물집, 찰과상, 열상, 욕창성 궤양, 창상 등의 발생 가능성이 크며, 체온 유지를 고려해야 한다.

② 척수장애인의 심폐지구력 향상 장비 : 핸드 사이클, 암 에르고미터, 휠체어 트레드밀

설명 척수장애인 심폐지구력 향상 장비
핸드 사이클   암 에르고미터   휠체어 트레드밀

③ 척수장애인의 스포츠지도 유의 사항[2] 출제 다빈도 부분
  ㉠ 근육의 기능과 길이를 유지할 수 있도록 유연성 운동이 필요하다.
  ㉡ 자세 결함은 척추측만증이 나타날 수 있고, 이때 약화한 근육군을 강하게 하고 경직된 근육군을 신전시키는 운동이 필요하다.
  ㉢ 신체적 활동 제한 또는 부족으로 척수가 손상되었으면 과체중이나 비만이 되기 쉬우므로 스포츠지도는 지속적이며 활발한 활동과 식이요법을 병행해야 한다.
  ㉣ 척추측만증 등 자세 결함을 교정하기 위해 근력운동이나 스트레칭 운동을 한다.
  ㉤ 제6번 등뼈(흉추 : T6) 이상의 손상자는 자율신경반사 부전증 발생 가능성이 커 운동 전에 장과 방광, 혈압 상태를 점검해야 한다.
  ㉥ 브레이스를 착용하여 교정 자세로, 신체의 움직임을 유지하고 지탱해 주는 것이 좋다.

5) 자율신경 반사 이상[3] (AD, autonomic dysreflexia)

① 자율신경 반사 이상의 개요 : 흉추 T6 이상의 척수손상 환자에서 손상된 척수보다 아래 부위의 유해 자극에 대한 대량의 교감신경 반응으로 발생하는 급성 임상 증후군이다.
② 자율신경 반사 이상의 증상 : 배뇨, 배변 기능 이상을 느끼며, 혈압 상승, 두통, 심박수 감소, 땀 분비 증가 등의 증상으로 인해 스포츠활동에 애로를 겪게 된다.
③ 자율신경 반사 이상의 운동 지도 유의 사항 : 운동 전 배뇨와 배변을 통해 방광과 장을 비우고, 자율신경 이상이 심하면 운동을 중단한다.

17-16 흉추 6번 손상 지체장애인의 스포츠 참여 방법을 찾는 유형
1) 17-15 척수장애인이 산소소비량이 적은 것은 근육이 줄어들었기 때문이다.
2) 22-03 20-20 16-17 척수장애인 신체활동 지도 시 고려 사항으로 바르게 설명된 것 또는 잘못 설명된 것을 찾는 유형
   19-04 척수장애인의 심폐지구력 향상 장비가 아닌 것을 찾는 유형으로, 벤치프레스는 척수장애인에게 적합하지 않은 운동이다.
3) 24-17 척수장애인의 운동 유의 사항으로 틀린 것을 찾는 유형으로, 'AD 발생 시 고강도 운동으로 전환한다.'가 오답 찾기의 정답이다.
   21-12 척수손상 장애인의 자율신경 반사 이상(AD)에 관한 설명이 잘못된 것을 찾는 유형으로, '자율신경 반사 이상은 예방할 수 없다'가 오답 찾기의 정답이다. 운동 전 배변·배뇨로 방광과 장을 비워 예방할 수 있다.

7. 뇌병변장애인의 지도

가. 뇌병변장애의 이해

1) 뇌병변장애(brain injury)의 개념[1]

① 뇌병변장애의 정의
- ㉠ 뇌의 기질적 손상으로 인해 신체적·정신적 장애가 발생하여 보행 또는 일상생활 동작 등에 현저한 제약을 받는 중추신경 장애
- ㉡ 뇌성마비, 외상성 뇌 손상, 뇌졸중, 경련 등 뇌의 기질적 병변에 기인한 장애의 총칭이다.
- ㉢ 대부분 보행 또는 일상생활에 제약을 받는다.
   - [용어] **병변** : 질병으로 인해 일어난 육체적 또는 생리적 변화

② 뇌병변장애의 분류 : 뇌성마비, 외상성 뇌 손상, 뇌졸중과 경련으로 구분

③ 뇌병변장애의 발생 시기별 원인

발생 시기	원인
출생 전	두뇌 기형, 유전적 증후군, 선천적 감염 등
출생 중	질식, 감염 등
출생 후	수막염, 독소, 무산소증, 교통사고, 아동학대 등

뇌성마비 장애인

2) 뇌병변장애인의 특성

① 뇌병변장애인의 특성
- ㉠ 외상으로 인한 뇌 손상 장애인은 몸의 균형 및 조직 간 협응이 어렵다.
- ㉡ 뇌성마비 장애인은 원시 반사로 인해 효율적인 움직임이 어렵다.
- ㉢ 뇌졸중 장애인은 감각 및 운동기능 손상, 시야 결손, 의사소통의 어려움 등이 있다.
- ㉣ 뇌 병변 장애인은 보행 어려움으로 인해 부력을 이용하는 수중운동을 권장한다.

② 원시 반사[2]
- ㉠ 비장애인에게도 일정 기간 존재하고, 대뇌피질이 발달하면 통합되어 억제된다.
- ㉡ 적절한 시기에 나타나지 않거나 통합되지 않으면 뇌의 발달에 문제가 있음을 의미한다.
- ㉢ 뇌성마비 장애인에게는 이 반사가 평생 남아 있을 수 있다.

나. 뇌성마비

1) 뇌성마비의 특성[3] 출제 다빈도 부분

- ㉠ 뇌성마비는 질병이 아니고, 비슷한 임상 특징을 가진 증후군의 통칭이다.
- ㉡ 뇌 손상이 주된 원인이며, 손상된 뇌를 다시 회복시킬 치료법은 현재 개발되지 않은 상태이다.
- ㉢ 발육 중인 뇌(생후 4주까지의 신생아기)에 비진행성 병변이 발생하고, 그 결과 영속적인 중추성 운동장애 즉 자세 및 운동 이상을 초래하는 증상이 나타난다.
- ㉣ 지능 저하, 간질, 경련, 발작, 언어장애, 감각 장애 등을 수반한다.
- ㉤ 원시 반사는 뇌 발달이 미숙한 시기에 증상이 나타나고, 성장하면서 대부분 소멸하지만, 일부 평생 질환이 되기도 한다.

---

1) `19-07` `15-19` 뇌 병변 장애에 대한 설명으로 잘못된 것을 찾는 유형
2) `16-11` 원시 반사의 내용을 보기로 제시하고, 무슨 반사인지 묻는 유형
3) `25-12` 뇌성마비 장애인의 증상을 보기로 제시하고, 이에 대한 설명으로 적합한 것을 찾는 유형
   `22-13` CPISRA의 등급 분류 체계에 관한 설명으로 틀린 것을 찾는 유형
   `21-06` 뇌성마비의 특성과 근이영양증 질환자의 특성을 바르게 설명한 것을 찾는 유형

ⓑ 중추성 운동장애로 경직형 뇌성마비(과긴장 또는 저긴장), 원시 자세 반사 등의 운동 발달에 이상이 있다.
ⓢ 뇌성마비는 완치되는 질병은 아니지만, 재활 치료를 통해 보행할 수 있으며, 교육을 받을 수 있고, 직업을 갖고 독립적 삶을 유지할 수 있다.
ⓞ CPISRA의 뇌성마비 장애인에 대한 스포츠 등급 분류는 8단계로 나누며, 1~4등급은 휠체어 사용 등급이고, 5~8등급은 휠체어 미사용 등급이다.

[용어] **CPISRA** : 국제뇌성마비스포츠레크리에이션협회(Cerebral Palsy International Sports and Recreation Association), 2022년에 WAS(World Abilitysports)에 통합되었다.

2) 뇌성마비의 유형

① 경직성 뇌성마비
  ㉠ 전두엽의 운동 피질과 척수 전달 경로인 추 체계 손상으로 발생한다.
  ㉡ 걸을 때 근육 긴장으로 인해 다리가 뻣뻣해지는 현상이 나타난다.
  ㉢ 뇌성마비 장애인의 70% 이상을 차지하고 있다. 경련성 뇌성마비라도 한다.
② **무정위 운동성 뇌성마비** : 운동 제어를 담당하는 대뇌핵 손상으로 발생하며, 뇌성마비 전체의 20% 정도이다. 행동 속도가 느리고, 몸 전체가 뒤틀리거나 불수의적 움직임을 나타낸다.

  [용어] **무정위 운동성** : 대뇌 기저핵의 손상으로 발생하며, 손발이 본인의 의지와 상관없이 떨리는 증상이 나타난다. 이를 '불수의적 동작'이라고도 한다.

③ **운동 실조성 뇌성마비** : 소뇌 손상으로 발생하며, 걸음걸이가 비정상적이고, 걸을 때 온몸을 비트는 특징을 갖고 있다.
④ **저긴장형 뇌성마비** : 전반적 뇌 손상으로, 아주 희귀하게 발생한다. 움직임이 매우 적고, 잘 움직이지도 않는다.
⑤ **혼합형 뇌성마비** : 위의 종류 중 하나 이상의 원인으로 발생한다.

[설명] **뇌성마비의 유형 분류**

구분	경직성	무정위 운동성	운동 실조성	저긴장형	혼합형
손상 부위	• 운동 피질	• 기저핵	• 소뇌	• 전반적 뇌 손상	• 둘 이상의 원인
근 긴장도	• 과긴장성	• 근 긴장의 급격한 변화	• 저긴장성	• 저긴장성	
운동 특성	• 관절 가동 범위 제한 • 가위 보행	• 불수의적 움직임 • 머리 조절의 어려움	• 평형성 부족 • 협응력 부족	• 평형성 부족 • 협응력 부족	
발생 비율	• 70%	• 10%			

3) 뇌성마비 장애인의 스포츠지도 [출제 다빈도 부분]

㉠ 뇌성마비 장애인의 운동수행력은 근육 경련, 무정위 운동, 협응력 부족(운동실조증), 진전, 일반적 근 긴장 부족으로 인해 활동에 많은 제약을 받는다.
㉡ 뇌성마비 장애인의 50% 정도는 현저한 경련 증상을 동반한다.
㉢ 근력과 지구력이 현저히 약화하여 있다.
㉣ 뇌성마비 장애인의 25% 정도는 무정위운동증이다.
㉤ 뇌성마비 장애인에게는 보치아가 권장 종목이다.

---

1) [21-20] [20-11] [16-19] 뇌성마비 분류 방법 설명으로 틀린 것 또는 적합한 것을 찾는 유형
2) [24-15] 뇌성마비의 유형에 따라 구분하여 특성 일부를 ( )로 비워놓고, 적절한 용어를 찾는 유형
3) [20-14] 뇌성마비 장애인의 체력 프로그램에서 고려 사항이 아닌 것을 찾는 유형
   [19-01] 뇌성마비 장애인에게 적합한 운동 종목을 고르는 유형
   [17-18] 무정위형 뇌성마비의 특징을 ( ) 속에 적합한 용어를 선택하는 유형으로, 정답은 대뇌 기저핵의 손상으로 사지의 불수의적 움직임이 나타나는 것이 정답이다.

> **참고** 보치아(boccia) 종목 소개
> 잭이라는 표적구가 있는 방향으로, 6개의 공을 굴리거나, 던져 자기 공이 상대방 공보다 표적구에 가까이 보내 득점하는 방식의 뇌성마비 장애인의 종목이다. 세부 종목은 BC1, BC2, BC3, BC4 개인전 경기와 BC1-2 혼합 단체 경기, BC3/BC4 2인조 경기로 구분한다. 공은 적색구 6개, 청색구 6개, 흰색 표적구 1개로 구성된다. 경기에 참여하기 위해서는 반드시 휠체어 사용자이어야 하지만 스쿠터 또는 침대 형태로 된 것도 사용할 수 있다. 경기 보조자는 선수 투구 구역에 머물 수 있지만, 코드를 등진 상태로 코드를 볼 수 없도록 규정되어 있다.
>
> **참고** 보치아 종목 확인하기 : https://cafe.daum.net/sports31/Sing/13

다. 외상성 뇌 손상
① 외상성 뇌 손상(TBI, traumatic brain injury)의 개념 : 외부 충격으로 인해 뇌가 손상되었으면 신체 활동, 의사소통, 인지 능력 등이 영구적 손상을 일으킨다.
② 외상성 뇌 손상의 원인 : 뇌진탕, 미만성 축삭 손상, 두개골 손상, 혈종과 뇌출혈, 뇌부종
③ 외상성 뇌 손상 장애인의 특성과 운동
   ㉠ 척수장애인의 특성과 운동을 같이 적용한다.
   ㉡ 외상성 뇌 손상 장애인의 프로그램 계획 시 여러 가지 일반적 특성을 고려해야 한다.

라. 뇌졸중
① 뇌졸중(CVA, cerebral vascular accident, 腦卒中)의 개념 : 뇌에 혈액을 공급하는 혈관이 막히거나, 파열되어 발생한다.(=중풍)
② 뇌졸중의 분류
   ㉠ 허혈성 뇌졸중 : 뇌에 혈액을 공급하는 혈관이 막히는 경우(전체의 80% 정도)
   ㉡ 출혈성 뇌졸중 : 뇌에 혈액을 공급하는 혈관이 파열되는 경우
③ 뇌졸중의 증상 : 편측 마비, 언어 인식장애, 시각장애, 어지름, 심한 두통

마. 경련
① 경련(convulsion)의 개요
   ㉠ 몸 전체 또는 근육 일부가 의지에 상관없이 급격히 수축하거나 떠는 현상을 말하며, 지속해서 증상이 나타나면 간질 또는 발작이라고도 한다.
   ㉡ 대뇌의 비정상적 활동으로 인해 발생한다.
   ㉢ 간질은 상태에 따라 대발작, 소발작 등으로 구분한다.
② 스포츠활동 중 경련 환자의 응급처치[1] **출제 다빈도 부분**
   ㉠ 환자를 옆으로 천천히 눕혀 입속에 고여 있는 침을 뱉을 수 있도록 유도하고, 주변의 위험한 물건을 치운다.
   ㉡ 환자가 음식물 또는 물을 마시지 않도록 해야 한다.
   ㉢ 발작이 10분 이상 길어지면 119에 응급조치를 요청하고, 의학적 치료가 필요하다.

바. 뇌 병변 장애인의 스포츠지도
① 뇌 병변 장애인의 경기종목 : 육상(휠체어 경기), 축구, 핸드볼, 보치아, 휠체어 탁구, 사격, 역도, 수영, 사이클, 보체
② 뇌 병변 장애인의 권장 운동[2] : 아쿠아로빅스 또는 수중운동이 권장되며, 이는 평형성 유지와 협응력 향상에 효과적이다.

---
[1] 21-19 18-07 15-18 운동 중 발작을 일으킨 환자 대응 방법으로 틀린 것 또는 바르게 설명한 것을 찾는 유형
[2] 15-16 외상성 뇌 손상 및 뇌졸중 장애인에게 적합한 운동 종목을 찾는 유형

> **참고** 보체(boccie) 종목 확인하기[1]
> 보체 경기장은 3.66X18.29m의 직사각형 형태이다. 경기는 단식, 복식, 팀 경기 등으로 구성되어 있다. 표석구(흰 공)를 던져 착지한 곳을 목표로 한 팀당 공 4개를 굴려 표적구 가장 가까이 간 공에 점수를 주는 경기이다. 경기 보조자는 선수 투구 구역에 머물 수 있지만, 코드를 등진 상태로 코드를 볼 수 없도록 규정되어 있다.
> **참고** 보체 종목 확인하기 : https://cafe.daum.net/sports31/Sing/14

③ **뇌 병변 장애인의 스포츠지도**[2]

㉠ 뇌성마비는 언어 발달에 영향을 미치기 때문에 말하기와 의사소통 기술을 많이 연습해야 한다. 지도자는 손짓, 의사 소통판 등 언어 표현 보조 방법을 사용할 수 있다.

㉡ 뇌성마비자 중 신체 이상을 가진 경우 사회적 접촉이 거의 불가능하다. 통합된 놀이시간을 제공하는 것이 바람직하며, 부모와의 대화를 통해서 가정에서도 집단놀이 경험을 할 수 있도록 해야 한다.

㉢ 뇌성마비 장애인의 안전을 위해 휠체어에 끈으로 고정하는 스트래핑이 필요하다.

㉣ 뇌성마비의 불수의 동작은 제어되어야 한다. 비정상적인 반사를 억제하고 근육 장력을 정상화하면 제어할 수 있다.

㉤ 활동 전후 또는 활동 중에 일정 시간 근육 이완 훈련을 해야 한다.

㉥ 탈의실이나 샤워실, 화장실 등에 난간이 필요하며, 탈의나 샤워용 의자가 필요하다.

㉦ 체력 발달을 위해 지속적 운동이 필요하다.

> **용어** 스트래핑(strapping) : 원래는 가죽끈을 의미한다. 여기서는 장애인의 안전을 위해 가죽끈을 사용하여 휠체어에 묶는 것을 말한다.

---

1) **24-14** 경기 방법, 경기장 규격 등이 보기로 제시되고, 해당 종목을 찾는 유형으로, 보체가 정답이다.
2) **16-09** 장애인 신체활동 시 부상 방지를 위한 방법으로 틀린 것을 찾는 유형으로, '뇌성마비 장애인의 휠체어 스크래핑은 운동수행력 저하로 위험하다.'라는 것이 오답 찾기의 정답이다.

제3부

수험서로서의 최적화—, 합격의 최적화—
연습문제 풀어보기

세부목차

제1장 특수체육의 이해 … 78
1. 특수체육의 개관 … 78
2. 특수체육 관련 법령 … 81
3. 특수체육의 분류 … 83
4. 장애인 경기와 장애인 관련 조직 … 84
5. 특수체육의 사정과 평가 … 85
6. 장애인 검사 도구 … 88

제2장 특수체육의 지도 … 91
1. 특수체육 지도와 관리 … 91
2. 장애인의 운동 발달과 체력 강화 … 98
3. 장애인 운동의 응급처치 … 100
4. 장애인 운동프로그램 개발 … 100

제3장 장애 유형별 스포츠 지도 … 103
1. 지적장애인의 지도 … 103
2. 정서·행동 장애인의 지도 … 105
3. 시각장애인의 지도 … 109
4. 청각과 평형감각 장애인의 지도 … 113
5. 언어장애인의 지도 … 116
6. 지체장애인의 지도 … 118
7. 뇌병변장애인의 지도 … 124

※ 연습문제는 2015~2025년의 기출문제를 모두 포함하였다. 문제 뒤 2025 는 출제 연도를 나타낸다.

제1장 특수체육의 이해

1. 특수체육의 개관

01. 특수체육에 대한 설명으로 적절하지 <u>않은</u> 것은? 2015
① 독특한 요구를 충족시키기 위해 시행되는 다양한 신체활동을 포함한다.
② 심동적, 인지적, 정의적 가치를 추구한다.
③ 특수체육의 용어에서 특수는 영문으로 Adapted라는 용어를 사용한다.
④ 장애인들을 위한 치료 활동으로 의료기관 중심의 처치를 강조한다.

정답 ④ 해설 특수체육은 의료 활동도 포함되지만, 이를 강조하는 개념은 아니다.

02. <보기>의 ㉠, ㉡, ㉢에 해당하는 특수체육의 교육목표 영역이 순서대로 바르게 나열된 것은? 2019

- (㉠) 영역 : 새로운 것을 시도하고 적절한 게임 전략을 고안한다.
- (㉡) 영역 : 게임, 스포츠, 댄스, 수영에 필요한 운동 기술에 숙달한다.
- (㉢) 영역 : 건강하고 사회적으로 받아들여지는 방법으로 긴장을 이완시키는 것을 배운다.

① 심동적, 정의적, 인지적
② 심동적, 인지적, 정의적
③ 인지적, 정의적, 심동적
④ 인지적, 심동적, 정의적

정답 ④ 해설 1) 인지적 영역은 외적 환경요소나 대상을 수용하여 인간 내적인 요소와 상호작용을 통해 발달해 가는 정신 능력을 총칭하는 인간 행동을 말한다. 2) 심동적 영역은 신체 운동을 조절하는 신체 능력에 관한 인간 행동으로, 게임·운동 등에 필요한 운동 기술을 숙달한다. 3) 정의적 영역은 인간의 흥미·태도·감상·가치관·감정·신념 등에 관련 교육목표의 영역이다.

복습 **특수체육의 영역별 목표**
- 인지적 영역 : 지적 능력과 기능 발달 등
- 심동적 영역 : 심리적·신체적 활동의 줄임말
- 정의적 영역 : 태도, 자아 능력 등

03. 블룸(B. Bloom)이 분류한 교육목표 영역에 따라 장기목표를 제시하고자 한다. <보기>의 요인과 교육목표 영역이 ㉠, ㉡, ㉢ 순으로 바르게 연결된 것은? 2023

㉠ 긍정적 자아, 사회적 능력, 즐거움과 긴장 이완
㉡ 운동의 기술과 양식, 체력, 여가 활동에 필요한 기술
㉢ 놀이와 게임 행동, 창조적 표현, 인지 - 운동 기능과 감각통합

① 인지적 영역, 정의적 영역, 심동적 영역
② 인지적 영역, 심동적 영역, 정의적 영역
③ 정의적 영역, 심동적 영역, 인지적 영역
④ 정의적 영역, 인지적 영역, 심동적 영역

정답 ③ 해설 블룸의 교육목표 분류에 의하면 ㉠ 긍정적 자아, 사회적 능력, 즐거움과 긴장 이완 등은 정의적 영역이며, ㉡ 운동의 기술과 양식, 체력, 여가 활동에 필요한 기술은 심동적 영역, ㉢ 놀이와 게임 행동, 창조적 표현, 인지-운동기능과 감각통합은 인지적 영역에 해당한다.

04. <보기>의 ㉠~㉣을 블룸(B. Bloom)의 교육목표 영역과 바르게 연결한 것은? 2023

㉠ 지각(perception)
㉡ 가치화(valuing)
㉢ 반사적 운동(reflex movement)
㉣ 적용(application)

① 정의적 영역 : ㉡, ㉣
② 심동적 영역 : ㉠, ㉢
③ 인지적 영역 : ㉠, ㉡
④ 정의적 영역 : ㉢, ㉣

정답 ② 해설 ㉠ 지각은 심동적 영역, ㉡ 가치화는 정의적 영역 ㉢ 반사적 운동은 심동적 영역 ㉣ 적용은 인지적 영역이다.

05. <보기>에서 설명하는 특수체육의 하위 영역은? 2018

> 장애인 건강권 및 의료접근성 보장에 관한 법률(2015)에 근거하여 장애인 또는 손상이나 질병 발생 후 완전한 회복이 어려워 일정 기간 내에 장애인이 될 그것으로 예상하는 사람의 신체적·정신적 기능과 사회적 능력을 향상시키기를 위한 프로그램을 제공한다.

① 운동 치료
② 재활 운동 및 체육
③ 심리 운동
④ 감각 및 지각운동

[정답] ② **[해설]** 보기는 장애인의 신체적, 정신적, 사회적 능력을 최대한으로 회복시키기 위한 신체적 재활 운동을 말한다.

06. 특수체육의 정의적 영역의 목표에 해당하는 것은? 2016

① 기본적인 운동 기술과 운동 양식을 배운다.
② 신체활동의 참여를 통해 자아개념과 신체상을 강화한다.
③ 심폐지구력을 기른다.
④ 게임, 스포츠, 댄스 등에 참여하는 데 필요한 운동 기술에 숙달한다.

[정답] ② **[해설]** 특수체육의 목표는 장애인의 신체활동 참여를 통해 자아개념의 확립과 신체상을 강화하는 것이다.

07. 참여자에게 종목 선택권을 부여하고 의사결정 참여 기회의 폭을 넓혀주는 것은? 2021

① 몰입(flow)
② 임파워먼트(empowerment)
③ 강화(reinforcement)
④ 사회적 참여(social engagement)

[정답] ② **[해설]** 장애인의 능력 배양 등을 위해 장애인 스스로 종목을 선택하고, 참여 의사결정의 폭을 넓히는 활동은 임파워먼트이다.

08. 최소 제한 환경(Least Restrictive Environment, LRE)에 관한 설명으로 옳은 것은? 2017

① 완전 통합(full inclusion)의 개념을 포함한다.
② 장애인에게는 무조건 편의를 제공해야 한다.
③ 장애인의 개인적 요구에 따라 서비스를 제공한다.
④ 장애인은 비장애인과 함께 신체활동을 할 수 없다.

[정답] ③ **[해설]** 최소 제한 환경(LRE)이란 장애인들에게 제공되는 스포츠로서의 환경이 제한되거나 빈약해서는 안 되며, 불가피하게 주어지는 제한도 최소화해야 한다는 점을 강조한 개념이며, 이는 장애인의 개인별 필요에 따른 서비스를 제공하는 것을 의미한다.

> **[복습] 최소 제한 환경(LRE)**
> LRE는 least restrictive environment의 약어로, '장애인 제공 환경이 제한 또는 빈약하지 않고, 불가피한 제한도 최소화하도록 하고, 개인적 요구에 따라 서비스가 제공되어야 한다.'라는 의미이다.

09. 위닉(Winnick)의 장애인스포츠 통합 연속체에서 <보기>의 내용에 해당하는 단계는? 2022

- 시각장애 볼링선수가 가이드 레일(guide rail)의 도움을 받아 비장애 선수와 함께 경쟁하였다.
- 희귀성 다리 순환장애 골프선수가 카트를 타고 비장애 선수와 함께 경쟁하였다.

① 일반스포츠(regular sport)
② 편의를 제공한 일반스포츠(regular sport with accommodation)
③ 일반스포츠와 장애인스포츠(regular sport & adapted sport)
④ 분리된 장애인스포츠(adapted sport segregated)

[정답] ② **[해설]** 보기는 경기 결과와 관련 없이 시설, 기구 등을 이용한 일반 스포츠 단계이다.

10. <보기>는 위닉(J. Winnick)의 5단계 스포츠 통합 연속체계이다. ㉠, ㉡에 들어갈 용어로 순서대로 묶인 것은? 2019

	구분	제한 정도에 따른 단계
약함 ↑ 제한 정도 ↓ 강함	1	(㉠)
	2	편의를 제공한 일반 스포츠 (Regular Sport with Accommodation)
	3	일반 스포츠와 장애인스포츠 (Regular Sport & Adapted Sport)
	4	(㉡)
	5	분리 환경의 장애인스포츠 (Adapted Sport Segregated)

① 일반 스포츠(Regular Sport), 통합 환경의 장애인스포츠(Adapted Sport Integrated)
② 일반 스포츠(Regular Sport), 장애인 스포츠(Adapted Sport)
③ 통합스포츠(Unified Sport), 통합 환경의 장애인스포츠(Adapted Sport Integrated)
④ 통합스포츠(Unified Sport), 장애인 스포츠(Adapted Sport)

정답 ① 해설 위닉의 통합체육 5단계는 제한 정도에 따라 일반 스포츠 → 일반 스포츠의 적용 → 일반스포츠와 장애인스포츠 → 통합된 장애인스포츠 → 분리된 장애인스포츠로 구분한다. 사용된 용어가 약간 차이가 있지만 같은 의미이다.

11. 제8회 서울 패럴림픽대회 이후의 변화가 아닌 것은? 2019
① 대한장애인체육회 설립
② 이천훈련원 건립
③ 평창 동계패럴림픽대회 개최
④ 전국장애인체육대회 개최 시작

정답 ④ 해설 제1회 전국장애인체육대회는 1981년에 개최되었고, 제8회 서울패럴림픽은 1988년에 개최되었다.

12. 장애와 관련된 표찰(labeling)에 대한 설명으로 옳지 않은 것은? 2016
① 장애인의 독특한 개인차를 존중할 기회를 제공해 준다.
② 부정적 자아개념을 형성하게 한다.
③ 개별화 체육 프로그램의 작성과 수행에 거의 도움이 되지 않는다.
④ 장애인에 대한 부정적인 고정관념을 강화시킬 수 있다.

정답 ① 해설 장애인 표찰은 장애인으로 인식하기 때문에 독특한 사람으로 낙인되어 사회적 불이익을 받을 경향이 더 크게 나타난다.

13. 장애를 개념화하는 접근 모델 중 사회적/교육적 모델에 관한 설명으로 옳은 것은? 2016
① 장애인을 병리 현상에 따라 분류하고 신체활동을 재활의 도구로 간주한다.
② 장애인을 체육 서비스의 수동적 수혜자로 간주한다.
③ 장애인의 문제를 검사, 진단하고 치료에 초점을 맞춘다.
④ 장애인의 개인차를 존중하며 스스로가 장애 조건을 변화시키는 주체로 간주한다.

정답 ④ 해설 사회, 교육적 모델은 장애인의 개인차를 존중하며 스스로가 장애를 극복시키려는 주체로 간주한다.

14. 비장애인이 장애인을 바라보는 시각 중 옳은 것은? 2015
① 평등의 시각으로 본다.
② 동정의 시각으로 본다.
③ 항상 도와줘야 하는 대상으로 본다.
④ 무조건 사랑의 손길을 보낸다.

정답 ① 해설 동정의 시각으로 보는 경향이 강하며, 바람직한 방향은 비장애인과 장애인은 동등한 관계로 볼 수 있어야 한다.

15. 장애인스포츠와 관련된 긍정적인 변화를 위한 사회적 노력으로 잔스마와 프렌치(P. Jansma와 R. French, 1994)가 제시한 "4L"의 방법이 아닌 것은? 2022
① 장애인스포츠와 관련된 지식의 창출과 보급(Literature)
② 장애인스포츠 관련 단체 등의 목표를 성취하기 위한 집단행동(Leverage)
③ 장애인스포츠에 대한 법률관계 확정을 위한 소송(Litigation)
④ 장애인스포츠에 대한 장애인의 학습(Learning)

정답 ④ 해설 4L 이론은 장애인에 대한 사회적 편견과 불평등을 극복하고, 긍정적 태도를 형성하고, 이를 확대하기 위한 사회적 역할을 제시한 이론으로, 보급(literature), 집단행동(leverage), 법정투쟁(litigation), 법률 제정(legislation) 등으로 구성되어 있다.

2. 특수체육 관련 법령

01. <보기>에서 국민체육진흥법 시행령의 '장애인스포츠지도사 2급 연수 과정'이 아닌 것으로 묶인 것은? 2022

㉠ 스포츠 윤리	㉡ 선수 관리
㉢ 지도 역량	㉣ 스포츠 매니지먼트
㉤ 장애 특성 이해	㉥ 코칭 실무

① ㉠, ㉤ ② ㉢, ㉣ ③ ㉡, ㉥ ④ ㉤, ㉥

정답 ③ 해설 2급 장애인스포츠지도사의 연수 과목은 스포츠 윤리, 장애 특성 이해, 지도 역량, 스포츠 매니지먼트, 현장실습, 그 밖에 장관이 고시한 사항 등이다.

복습 **2급 장애인스포츠지도사 연수 과목**
스포츠 윤리, 장애 특성 이해, 지도 역량, 스포츠 매니지먼트, 현장실습, 기타 장관 인정 고시 사항
참고 **1급 장애인스포츠지도사 연수 과목**
스포츠 윤리, 선수 관리, 지도 역량, 코칭 실무, 스포츠 매니지먼트, 현장실습, 기타 장관 인정 고시 사항

02. 대한장애인체육회'를 명문화하고 체육지도자의 한 분야로 '장애인스포츠지도사'를 규정하고 있는 것은? 2016
① 장애인복지법
② 장애인 차별금지 및 권리 구제 등에 관한 법률
③ 국민체육진흥법
④ 체육시설의 설치 이용에 관한 법률

정답 ③ 해설 장애인스포츠지도사는 국민체육진흥법에 근거하고 있다.

03. '국민체육진흥법과 동 시행령'에서 규정하고 있는 '장애인 스포츠지도사'에 대한 내용으로 옳지 않은 것은? 2019
① 만 18세 이상 누구나 지원 가능하며, 장애인의 문화, 예술, 여가, 체육활동 등을 지도하는 사람을 말한다.
② 장애 유형에 따른 운동 방법 등에 대한 지식을 갖추고, 34개의 자격 종목에 대하여 장애인을 대상으로 전문체육이나 생활체육을 지도하는 사람을 말한다.
③ 2급 장애인스포츠지도사는 자격검정에 합격하고 연수 과정을 이수한 사람으로 한다.
④ 2급 연수 과정은 인지, 정서 장애인, 지체 장애인, 시·청각장애인의 특성에 따른 스포츠 지도를 포함하고 있다.

정답 ① 해설 ①에서 장애인의 문화, 예술, 여가 등을 지원하는 것은 아니다.

04. 장애인복지법 시행령에서 발달 장애로 분류하는 장애 유형으로 바르게 묶인 것은? 2018
① 정신장애 – 지체장애 ② 시각장애 – 청각장애
③ 언어장애 – 정신장애 ④ 지적장애 – 자폐성 장애

정답 ④ 해설 장애인복지법에 규정된 발달 장애는 지적장애와 자폐성 장애를 말한다.

05. '장애인차별금지 및 권리구제 등에 관한 법률 제25조(체육활동의 차별금지)'의 제한·배제·분리·거부에 해당하는 사례로 적절하지 않은 것은? 2019
① 스포츠센터장은 시각장애인의 수영 강습 등록을 거부하였다.
② 학교장은 지체 장애 학생의 생존 수영 수업 참여를 제한하였다.
③ 스포츠센터장은 중증 장애인을 위한 가족 탈의실을 분리하여 설치하였다.
④ 스포츠센터장은 농구 리그에 청각장애인팀의 참가를 배제하였다.

[정답] ③ [해설] ③을 제외한 나머지는 장애인차별금지법(약칭) 위반 사항이다.

06. 장애인스포츠지도사의 역할로 옳지 않은 것은? 2024
① 장애인의 독특한 요구(unique needs)를 확인한다.
② 장애인의 기능 회복을 위한 치료 서비스를 제공한다.
③ 장애인에게 적합한 지도 환경과 지도 내용을 결정한다.
④ 스포츠와 관련된 과제, 환경 등을 장애인의 요구에 맞게 변형한다.

[정답] ② [해설] 장애인의 치료 서비스 제공은 장애인스포츠지도사의 역할이 아니다.

07. 장애 학생 체육활동 지도를 위한 개별화 교육프로그램(IEP)의 목표 진술 3요소가 아닌 것은? 2025
① 행동(action)   ② 기준(criterion)
③ 언어(language) ④ 조건(condition)

[정답] ③ [해설] 목표 진술 3요소는 Mager의 이론으로, 성취 행동, 조건, 달성 기준 등이다.

08. 미국 장애인교육법(IDEA. 1997)에서 요구하고 있는 개별화 교육계획프로그램(IEP)의 필수 구성요소가 아닌 것은? 2024
① 부모의 동의
② 학생의 현재 수행 수준
③ 학생에게 정기적으로 통지하는 방법
④ 측정할 수 있고 구체적인 연간계획과 장기목표

[정답] ③ [해설] IEP 구성요소는 인적 사항, 현 능력 수준, 연간 지도 목표(장기목표), 단기 지도 목표(단기 목표), 관련 보조 서비스, 전환계획, 시작과 종결 시기, 평가 절차와 시간 계획, 고려 사항 등이다. ③은 구성요소가 아니다.

09. <보기>는 미국 장애인교육법에서 명시한 정의이다. 밑줄 친 '독특한 요구'를 충족시켜 주기 위한 지도 방법으로 옳지 않은 것은? 2021

> 특수체육은 장애인의 '독특한 요구(unique needs)'를 충족시키기 위해 고안된 체력과 운동 체력; 기본 운동 기술과 양식; 수중, 무용, 개인이나 집단 게임, 스포츠에서 기술의 발달을 위한 개별화된 프로그램이다.

① 개인별 목표 성취를 위해 신체활동의 방법을 변형한다.
② 휠체어 사용자를 위해 체육시설의 접근성을 높인다.
③ 동선상의 위험 요인을 제거한다.
④ 변형을 위해 활동의 본질을 바꾼다.

[정답] ④ [해설] 독특한 요구(unique needs)란 장애인의 특별한 환경을 의미하며, 이의 해결할 수 있는 활동 변형은 스포츠의 본질을 변형하는 것은 아니다.

10. 미국 장애인교육법(Individuals with Disabilities Education Act: IDEA, 2004)에서 명시한 통합교육과 관련된 용어는? 2022
① 통합(inclusion)
② 정상화(nomalization)
③ 주류화(mainstreaming)
④ 최소 제한 환경(least restrictive environment)

[정답] ④ [해설] IDEA의 통합교육은 최소 제한 환경에서 교육을 의미한다.

3. 특수체육의 분류

01. 셰릴(Sherrill)이 제시한 적응 이론에 관한 설명으로 옳지 <u>않은</u> 것은? 2016
① 지도와 학습을 통하여 지도자와 학습자 모두가 발전적으로 변화한다.
② 과제, 환경, 사람 변인 간의 상호작용을 강조하는 생태학적 과제 분석과 밀접한 관련성이 있다.
③ 적응 과정은 지도자 주도의 직접 지도 과정이다.
④ 적응은 개인의 요구에 따라 다양한 변인을 조정하고 변경하는 것을 의미하므로 개별화의 과정이다.

[정답] ① [해설] ②~④는 적응 이론을 바르게 설명하고 있다.

02. <보기>에서 세계보건기구(WHO)의 '기능, 장애, 건강에 대한 국제 분류(International Classification of Functioning Disability and Health, ICF)'에 대한 설명 중 괄호 안에 들어갈 가장 적절한 말은? 2020

> 장애는 ( )의 세 가지 영역 모두 또는 어느 한 가지 영역에서 겪게 되는 어려움으로 발생하며, 개인적·환경적 요인들에 의해서도 영향을 받는다.

① 지능, 신체기능과 구조, 참여
② 활동, 대인관계 능력, 신체기능
③ 신체기능과 구조, 활동, 참여
④ 지능, 대인관계 능력, 신체 구조

[정답] ③ [해설] ICF 모형에 의하면 장애는 신체기능과 구조, 활동, 참여의 세 가지 영역 모두 또는 어느 한 가지 영역에서 겪는 어려움으로 인해 발생하며, 개인적·환경적 요인에 의해서도 영향을 받는다.

03. 국제 기능·장애·건강 분류(International Classification Functioning, Disability and Health: ICF)에 제시된 장애에 대한 개념적 특징이 <u>아닌</u> 것은? 2023
① 환경적 요인에 의하여 누구나가 장애인이 될 수 있음을 강조한다.
② 유형과 정도가 같은 장애인들이 동일한 활동에 참여하도록 한다.
③ 기능과 장애는 건강 상태와 개인적·환경적 요인들의 상호작용이다.
④ 장애는 개인, 주변의 태도, 환경적 장벽 사이 상호작용의 결과이다.

[정답] ①, ② [해설] ICF의 장애 개념은 장애인의 활동 환경을 개선하여 운동수행 능력을 향상시키는 것을 목적으로 한다. 장애가 있는 모든 사람이 체육활동을 할 수 있고, 이를 지향해야 한다. 그러므로 ①과 ②는 ICF의 장애 개념에 언급된 사항이 아니다. 가답안에서 ②가 정답으로 발표되었다가 최종 정답에 ①이 추가되었다.

04. 시각장애, 지적장애, 지체 장애와 같이 장애 조건에 따라 장애인을 분류하여 지도하는 접근방법은? 2017
① 범주적 접근방법(categorical approach)
② 비범주적 접근방법(non-categorical approach)
③ 기능론적 접근방법(functional approach)
④ 발달론적 접근방법(developmental approach)

[정답] ① [해설] 범주적 접근방법은 시각장애, 지적장애, 지체 장애 등 장애 조건에 따라 장애인을 장애 유형으로 나누는 접근방법이다.

[복습] **특수체육의 범주적 접근방법**
시각장애, 지적장애, 지체 장애 등 장애 유형에 따라 분류하여 지도하는 방법

05. 용어의 시대적 변화를 순서대로 연결한 것은? 2021

> ㉠ 특수체육(adapted physical activity)
> ㉡ 교정체육(corrective physical education)
> ㉢ 의료 체조(medical gymnastics)
> ㉣ 특수체육(adapted physical education)

① ㉢-㉡-㉣-㉠　② ㉢-㉣-㉠-㉡
③ ㉣-㉢-㉠-㉡　④ ㉣-㉢-㉡-㉠

정답 ① 해설 의료 체육→교정체육→적응체육→특수체육의 개념으로 변경되었으며, 특수체육의 개념은 adapted physical education에서 adapted physical activity로 전환되고 있다.

06. <보기>는 국제 기능·장애·건강 분류(International Classification of Functioning, Disability, and Health: ICF)에서 어떤 영역에 해당하는가?

> A는 스포츠에 독립적으로 참여하는 데 어려움이 있으나, 적절한 지원을 받으면 문제없이 참여할 수 있다.

① 신체기능과 구조　② 참여　③ 활동　④ 장애

정답 ② 해설 보기는 ICF 모형 요소인 신체기능과 구조, 활동, 참여 중 참여를 설명하고 있다.

07. 장애인스포츠지도사의 지원 강도에 관한 설명으로 옳지 않은 것은? 2021
① 간헐적(intermittent) 지원 – 일시적이고 단기간에 걸쳐 요구할 때 지원
② 제한적(limited) 지원 – 제한된 시간 동안 신체활동에서 지원
③ 확장적(extensive) 지원 – 지도자의 판단에 따른 일시적 지원
④ 전반적(pervasive) 지원 – 지속적이고 신체활동 내내 지원

정답 ③ 해설 지원 강도에 따라 구분하면 간헐적 지원, 제한적 지원, 전반적 지원 등으로 구분한다.

4. 장애인 경기와 장애인 관련 조직

01. 특수체육의 발전에 큰 역할을 한 제1회 하계 패럴림픽이 개최된 시기는?
① 1956년　② 1960년　③ 1964년　④ 1968년

정답 ② 해설 제1회 하계 패럴림픽은 1960년 로마에서 개최되었다.

02. 그림의 로고를 사용하는 국제장애인경기대회에 관한 설명으로 옳지 않은 것은? 2025

① 창시자는 구트만(L. Guttmann)이다.
② 제1회 하계대회는 1960년 로마에서 개최되었다.
③ 주관 단체는 ISOD(International Sports Organization for the Disabled)이다.
④ 참가 대상은 척수손상, 절단 및 기타 장애, 뇌성마비, 시각장애, 지적장애이다.

정답 ③ 해설 위 로고는 패럴림픽의 로고로, 주관은 국제장애인위원회(IPC, International Paralympics Committee)이다.

03. 스페셜올림픽(Special Olympics)에 대한 설명으로 옳은 것은? 2019
① 참가 자격은 15세 이상의 지적장애인이다.
② 모든 경기는 성별의 구분 없이 혼성경기로 진행된다.
③ '10% 법칙'이 적용되지만, 일부 경기에는 적용되지 않을 수 있다.
④ 모든 경기에서 1등부터 3등까지 상을 수여한다.

정답 ③ 해설 스페셜올림픽은 만 8세 이상의 모든 지적·자폐성 장애인들이 참여할 수 있다. 본래 스페셜올림픽은 나이·성별·실력 등의 디비전 경기를 거치고 본선에 진출하는데 디비전 경기에서 전체의 15%에 해당하지 않으면 실격 조치한다. 이때 15%는 참가자 현황, 감독자 회의 등을 통해 10% 또는 20%로 변경할 수 있다. 위 지문에서 가장 정답에 가까운 것은 ③이다.

5. 특수체육의 사정과 평가

01. 사정(assessment)에 관한 설명으로 옳은 것은? 2016
① 배치, 프로그램 계획 등에 관한 의사결정을 목적으로 한 자료 수집과 해석 과정이다.
② 체계적인 관찰과 특정 도구 혹은 절차를 이용하여 자료를 수집하는 과정이다.
③ 미리 설정된 표준과 비교하여 측정치의 결과를 해석하는 과정이다.
④ 간단한 평가를 통하여 심화 평가 의뢰 여부를 결정하는 과정이다.

[정답] ① [해설] 사정은 교육적 의사결정에 필요한 자료를 수집하는 과정이다.

02. <보기>의 ㉠~㉣에 들어갈 내용을 순서대로 바르게 나열한 것은? 2024

- (㉠) : 개인의 행동 특성을 다양한 형태의 증거를 근거로 종합적으로 판단(예: 배치)하는 과정
- (㉡) : 수집된 자료에 근거하여 가치판단을 내리는 과정
- (㉢) : 행동 특성을 수량화하는 과정
- (㉣) : 운동 기술과 지식 등을 측정하기 위한 도구

① 사정, 평가, 검사, 측정
② 평가, 사정, 측정, 검사
③ 사정, 평가, 측정, 검사
④ 평가, 사정, 검사, 측정

[정답] ③ [해설] 사정은 개인행동 특성을 다양한 형태의 증거를 근거로 종합적으로 판단 과정이다. 평가는 수집된 자료에 근거하여 가치판단을 내리는 과정이며, 측정이란 행동 특성을 수량화하는 과정이고, 감사는 운동 기술과 지식 등을 측정하기 위한 도구이다.

03. 특수체육에서 시행하는 측정평가의 목적이 아닌 것은? 2015
① 수행하고자 하는 특정 프로그램의 타당성을 제공한다.
② 개개인이 가진 강점만을 파악한다.
③ 성장, 발달, 교과 지도에 관한 기록을 만든다.
④ 실행해야 할 교과 내용과 이에 관한 보조자료를 파악한다.

[정답] ② [해설] 측정평가의 목적은 개인의 강점을 파악하는 것이 아니다.

04. <보기>에서 설명하는 장애 학생 건강 체력 평가(Physical Activity Promotion System for Student with Disabilities: PAPS-D)에 해당하는 것은? 2023

장애 학생 건강 체력 평가는 개인의 건강 체력이 동일 장애 조건을 가진 사람 중 어느 정도인지에 대한 정보를 제공한다.

① 비형식적 검사   ② 비표준화 검사
③ 규준 참조 검사   ④ 준거 참조 검사

[정답] ③ [해설] 동일한 장애 조건을 가진 사람 중 어느 정도인지를 파악하는 것은 규준 지향 평가 즉 상대평가이다.

05. 데이비스와 버튼(W. Davis & A. Burton, 1991)이 제시한 생태학적 과제 분석의 실행 과정을 순서대로 나열한 것은? 2022
① 변인 선택-관련 변인 조작-과제 목표-지도
② 과제 목표-관련 변인 조작-변인 선택-지도
③ 변인 선택-과제 목표-관련 변인 조작-지도
④ 과제 목표-변인 선택-관련 변인 조작-지도

[정답] ④ [해설] 생태학적 과제 분석의 절차는 ① 과제 목표의 확인 → ② 변인 선택 → ③ 관련 변인 조작 → ④ 지도 순이다.

06. 특수체육에서 운동 기술 검사 대상 영역이 아닌 것은?
① 감각·지각운동　② 기본 운동 기술
③ 기술 체력　　　④ 게임 운동 기술

[정답] ③ [해설] 기술 체력은 체력 영역에 해당한다.

07. <보기>와 같은 평가 방법은?

환경	잠실실내 수영장	과제	비어 있는 사물함 찾기
세부 환경	탈의실	수행자	지적장애인

관찰 내용	반응평가 ○	×
1. 탈의실 출입문을 찾아서 들어간다.	∨	
2. 문이 열려 있는 사물함을 찾는다.		∨
3. 다른 사람이 찾는 것을 보고 문이 열려 있는 사물함을 찾는다.	∨	
4. 문이 열린 사물함으로 다가간다.	∨	
5. 사물함이 비어 있는 것을 확인한다.		∨

평가 결과
1. 탈의실 출입문을 찾을 수 있다.
2. 문이 열려 있는 사물함을 찾아야 한다는 과제를 이해하지 못하고 있다.
3. 타인의 행동과 주변 환경에 대한 관찰을 통해서 문이 열려 있는 사물함을 찾을 수 있다.
4. 문이 열린 사물함으로 다가갈 수 있다.
5. 사물함이 비어 있는지 확인해야 한다는 것을 이해하지 못했다.

① 루브릭　　　　② 포트폴리오
③ 생태학적 평가　④ 규준 참조 평가

[정답] ③ [해설] 보기는 수집된 자료에 가치판단을 통하여 교육적 의사결정을 내리는 과정으로, 생태학적 평가이다. ① 루브릭은 학습자의 결과물이나 성취 정도를 평가하기 위하여 사용하는 사전 공유된 기준을 말하며 ② 포트폴리오는 다양한 투자 대상에 분산투자하는 자금 운용을 말하며 ④ 규준 참조 평가는 대상자의 점수를 규준에 의해 비교하는 것을 말한다.

08. 특수체육의 측정평가에 관한 설명으로 틀린 것은?
① 검사(test)도구나 방법을 선택할 때 타당도와 신뢰도를 고려한다.
② 표준화 검사(standardized test)에는 측정 순서, 형식, 대상자, 해석방법 등이 정해져 있다.
③ 규준 지향검사(norm-referenced test)는 운동 수행 능력을 시간, 횟수, 거리 등과 같은 객관적인 수치로 나타낸다.
④ 준거 지향검사(criterion-referenced test)는 장애인의 운동수행 능력을 준거집단의 능력과 비교한다.

[정답] ④ [해설] 동일 집단 내에서 대상자의 상대적 위치를 알아보고자 하면 규준 지향검사가 적합하다.

09. 아래 상지의 근력 및 근지구력 향상을 위한 프로그램에 적용한 과제 분석 방법은? 2018

- 1과제 : 누워서 양팔 굽혔다 펴기
- 2과제 : 누워서 양손으로 큰 공 잡고 굽혔다 펴기
- 3과제 : 서서 양손 벽에 대고 팔 굽혔다 펴기
- 4과제 : 서서 양손으로 아령 들고 올렸다 내리기
- 5과제 : 바닥에 무릎 대고 팔 굽혔다 펴기

① 생태학적 과제 분석
② 영역 중심 과제 분석
③ 동작 중심 과제 분석
④ 유사 활동 중심 과제 분석

[정답] ④ [해설] 보기는 목표 달성을 위해 다양한 활동이 필요한 상황으로, 유사성이 있는 과제들로 구성하여 선정한 목표를 달성하는 것으로, 유사 활동 중심 과제 분석이다.

10. 표의 지침과 준거를 사용하는 검사 도구에 관한 설명으로 옳은 것은? 2025

기술	지침	수행 준거	1차	2차	점수
두 손으로 정지된 공치기	• 배팅 티 위에 아동의 허리 높이로 공을 올려 놓는다. • 아동에게 공을 세게 치라고 지시한다.	잘 쓰는 손을 위쪽에, 잘 안 쓰는 손은 아래쪽에 가도록 하여 배트를 잡는다.			
		아동이 잘 쓰지 않는 어깨와 엉덩이가 앞쪽으로 가도록 바라본다.			
		스윙하는 동안 어깨와 엉덩이를 회전시킨다.			
		잘 쓰지 않는 발을 공 쪽으로 내딛는다.			
		공을 쳐서 앞쪽으로 보낸다.			

① 준거 지향적 방식과 규준 지향적 방식 모두 활용이 가능하다.
② 5가지 이동 운동 기술과 6가지 공(ball) 조작 운동 기술을 측정한다.
③ 수행 준거를 어느 정도 성취했느냐에 따라 1점 또는 2점을 부여한다.
④ 발달 장애 아동을 위한 검사 도구로 관찰과 면담을 통해 운동능력을 평가한다.

정답 ① 해설 1) 위의 검사표는 규준 지향검사와 준거 지향검사를 모두 활용하는 방식이므로 정답은 ①이다.
2) 규준 지향검사는 대상자의 점수를 규준에 따라 비교하는 방법으로, 동일 집단 내에서 대상자의 상대적 위치를 알아보는데 유용하며, 상대평가 방법으로 평가하므로, 신입 직원 채용 등에 활용한다. 즉 준거 지향검사는 대상자 점수를 준거에 따라 비교하며, 특정 기술이나 체력 등의 수준을 알아보는 데 유용하며, 절대평가 방법으로 평가한다. 즉 스포츠지도사는 과락 없이 60점 이상이면 합격하는 것이다.
3) 준거 지향검사와 규준 지향검사에서 용어가 통상적으로 많이 사용하지 않고, 비슷하여 헷갈리기 쉬운 부분이다. 쉽게 설명하면 규준은 표준 또는 기준으로 생각하면 이해하기 쉽다.

11. <보기>에서 설명하는 것은? 2021

- 과학적으로 반복 검증된 프로그램을 사용한다.
- 프로그램 효과에 대한 예측을 가능하게 한다.
- 프로그램 표준화에 대한 기초 자료가 된다.

① 근거 기반 프로그램(evidence-based program)
② 사례 기반 프로그램(case-based program)
③ 과제 지향 프로그램(task-oriented program)
④ 위기관리 프로그램(risk-management program)

정답 ① 해설 1) 과학적으로 검증된 프로그램을 사용하며, 2) 효과 예측이 가능하고, 3) 표준화의 기초 자료가 되는 것은 근거 기반 프로그램을 설명하고 있다.

12. 다음 중 과제 분석 절차가 바르게 연결된 것은? 2017
① 과제 목표의 확인→선택→조작→지도
② 과제 목표의 확인→선택→지도→조작
③ 과제 목표의 확인→지도→조작→선택
④ 과제 목표의 확인→조작→선택→지도

정답 ① 해설 과제 분석의 절차는 과제 목표의 확인→선택→조작→지도의 순이다.

13. 과제 분석에 대한 설명으로 옳은 것은? 2016
① 출혈성 뇌졸중 : 뇌에 혈액을 공급하는 혈관이 파열되는 경우
② 특정 과제를 지도하기 위해 과제를 세부적으로 나누는 활동이다.
③ 서로 다른 학습 과제를 연습하도록 수업환경을 조직하는 활동이다.
④ 수행 능력과 목표 행동의 두 요소를 명확히 진술하는 활동이다.

정답 ② 해설 지도자들이 다양한 신체활동 과제에 대하여 지도 방법을 구체화하고 대상자의 수행 수준을 진단·평가할 수 있는 사정 도구를 마련하기 위한 준비 과정으로, 과제를 세부적으로 나누어 분석하는 활동이다.

14. 생태학적 과제 분석(ecological task analysis)의 3대 구성요소가 아닌 것은? 2021
① 수행자　　　　② 수행 환경
③ 수행 평가자　　④ 수행 과제

정답 ③　해설 생태학적 과제 분석의 3요소는 수행자, 수행 환경, 수행 과제 등이다.

15. 다음 <표>에서 적용된 과제 분석 유형은? 2019

단계	적용 내용
대상	• 오른팔에 절단이 있는 중학교 3학년 남학생
과제	• 폭이 6m인 수영장에서 독립적으로 수영을 한다. • 발차기, 횡영(sidestroke), 돌핀킥(dolphin kick)을 한다.
준거	• 질적 준거: 스트로크의 효율성과 정확성 • 양적 준거: 속도, 이동 거리, 공간 정확성, 시간 정확성
변형	• 과제 변인 : 부유 기구 사용, 이동 거리, 이동 시간 • 환경변인 : 물의 깊이, 레인의 폭, 동료의 수
지도	• 개별적인 촉진(prompt)이나 강화, 필요한 경우 교정 피드백 등을 활용한 직접 교수(direct instruction)

① 생체역학적 과제 분석(biomechanical task analysis)
② 생태학적 과제 분석(ecological task analysis)
③ 발달적 과제 분석(developmental task analysis)
④ 전통적 과제 분석(task analysis)

정답 ②　해설 위의 표는 심동적·정의적·인지적 발달을 위해 환경적 요인을 고려한 생태학적 과제 분석이다.

16. 휠체어 농구 기술 수행 검사의 타당성과 관련된 내용으로 옳은 것은? 2020
① 최소의 시간과 비용으로 측정할 수 있는가?
② 여러 사람이 측정하여도 그 결과가 같은가?
③ 검사를 두 번 반복하였을 때도 그 결과가 일치하는가?
④ 휠체어 조작기술과 농구 기술을 정확하게 측정할 수 있는가?

정답 ④　해설 기술 수행 검사는 농구의 기술 수행과 휠체어 조작기술의 측정이 필요하다.

6. 장애인 검사 도구

01. 브락포트 체력 검사(Brockport Physical Fitness Test: BPFT)의 설명으로 옳은 것은?
① 대근운동 기술을 측정한다.
② 동일 체력 요인을 장애 유형에 따라 다른 검사로 측정할 수 있다.
③ 건강 체력과 운동 기술 체력을 동시에 검사한다.
④ 통합체육 상황에서는 적용할 수 없다.

정답 ②　해설 BPFT는 건강 체력 요소와 장애 유형별 특성을 고려하여 총 27가지 항목을 측정할 수 있고 장애인은 물론 일반인에게도 유용하게 활용될 수 있다.

02. 보기에서 사용되고 있는 이동 기술은? 2016

-앞발을 내디딘 후 뒷발을 앞발 뒤꿈치에 가깝게 내딛는다.
-어느 쪽 발로 시작해도 무방하다.
-두 발이 동시에 땅에서 떨어지는 순간이 있다.
-양팔을 구부려 허리 높이로 들어 올린다.

① 홉(hop)　　　　② 달리기(run)
③ 갤럽(gallop)　　④ 슬라이드(slide)

정답 ③　해설 이동검사에는 달리기, 갤럽핑, 홉, 립, 제자리멀리뛰기, 슬라이드 동작 등이 있다. 주어진 지문은 갤럽핑을 설명하고 있다.

03. <보기>는 D. Ullrich(1985)가 제시한 대근운동 발달 단계이다. (㉠)에 들어갈 내용으로 옳은 것은? 2024

초등 고학년에서 청소년 시기	스포츠(무용) 기술	1단계
초등 3~4학년 시기	(㉠)	2단계
학령 전 및 초등 저학년기	기본 대근운동 기술과 양식	3단계
신생아기	반사와 반응	4단계

① 자세 조절 기술 ② 물체 조작기술
③ 감각 지각운동 기술 ④ 리드-업 게임과 기술

[정답] 정답 없음 [해설] 초등학교 3~4학년 시기에는 리드-업 게임과 기술이 정답이지만, 위 표에서 신생아기가 1단계이고, 단계가 위로 올라가야 하지만 내림차순으로 되어있는 오류가 있어, 모든 답을 정답으로 처리하였다.

04. <보기>의 (가)는 장애 학생 건강 체력 평가(Physical Activity Promotion System for Students with Disabilities: PAPS-D) 중 휠체어 오래달리기의 검사 결과이다. (나)의 최소 건강 기준표와 비교하여 알 수 있는 정보는? 2019

(가) 검사 결과
• 학년 및 성별 : 중학교 3학년 남학생
• 장애 유형 : 척수 장애
• 검사 종목 : 휠체어 오래달리기
• 검사 결과 : 1,120초 / 1,000m

(나) 휠체어 오래달리기 최소 건강 기준표

학년	남자	여자
중3	1,000초	1,000초

① 근 기능 수준이 최소 건강 기준에 미치지 못한다.
② 심폐기능 수준이 최소 건강 기준에 미치지 못한다.
③ 유연성 수준이 최소 건강 기준에 미치지 못한다.
④ 순발력 수준이 최소 건강 기준에 미치지 못한다.

[정답] ② [해설] 휠체어 오래달리기는 심폐지구력을 검사할 수 있다.

05. 평가도구와 목적을 바르게 연결한 것은? 2021
① PDMS-2 : 성인기 대근 및 소근 운동 기능 평가
② TGMD-2 : 신체, 언어, 인지기능 평가
③ BPFT : 운동수행력과 적응 행동 평가
④ PAPS-D : 장애 유형을 고려한 장애 학생 체력 평가

[정답] ④ [해설] 아래 표 참조

[복습] 장애인 검사 도구

구분	TGMD-Ⅱ 대근운동 능력 검사	BPFT 브락포트 체력 검사
대상	3~5세 대근운동 발달 수준	0~17세 건강 관련 체력 검사
개발	미국 미시간대학의 Ulrich	미국 뉴욕주립대 브락포트칼리지
검사 항목	이동 능력 7가지 물체 조작 5가지	심폐지구력, 근력과 지구력, 유연성, 신체 조성

구분	PAPS-D 장애 학생 건강평가	PDMS-Ⅱ 피바디 평가도구
	장애 학생 건강 관련 체력 평가	6세 미만 아동의 운동 발달 능력 평가
	• 우리나라가 개발 • 장애인만을 대상	미국 피바디대학
	심폐기능, 근 기능, 유연성, 순발력, 신체 구성, 자세 평가 등	대근운동 4가지 소근운동 2가지

06. <보기>는 피바디 운동 발달검사-2(Peabody Development Motor Scales-2: PDMS-2)의 평가 영역이다. ㉠에 해당하는 것은? 2023

㉠ ( )	㉡ 움켜쥐기
㉢ 시각-운동 통합	㉣ 비이동 운동
㉤ 이동 운동	㉥ 물체적 조작

① 반사 ② 손-발 협응
③ 달리기 ④ 블록 쌓기

[정답] ① [해설] PDMS-Ⅱ의 평가 영역은 반사, 정적인 움직임, 이동, 물체 조작, 쥐기, 시각-운동 통합 등이다.

07. TGMD-3(Test of Gross Motor Development-3)의 설명으로 옳은 것은? 2024
① 3세~6세 아동만을 대상으로 한다.
② 규준 참조 평가도구로 사용할 수 없다.
③ 6가지의 이동 기술 검사 항목과 5가지의 공(ball) 기술 항목을 검사한다.
④ 각 검사 항목의 수행 준거를 정확하게 수행하지 못하면 0점을 부여한다.

정답 ④ 해설 TGMD-3의 대상 연령은 3~11세이고, 규준 지향과 준거 지향검사 모두 적용이 가능하며, 6가지 이동 기술과 7가지 항목으로 검사한다.

08. <보기>의 대근운동 발달검사-Ⅱ(Test of Gross Motor Development-Ⅱ: TGMD-Ⅱ)에 대한 설명 중 옳은 것으로 묶인 것은? 2018

| ㉠ 4~12세 아동의 대근운동 발달 수준을 검사하는 표준화된 평가도구이다.
| ㉡ 조작 운동 기술 점수는 남녀의 발달 차이를 고려하여 각각 다른 규준을 적용한다.
| ㉢ 과제마다 2회를 시행하고 점수를 합산하여 항목별 점수를 산출한다.
| ㉣ 영역별 원점수의 평균을 구해 표준점수와 백분율 점수를 얻을 수 있다.
| ㉤ 규준 참조 검사와 준거 참조 검사 방식을 모두 적용한다.

① ㉠, ㉡, ㉣   ② ㉡, ㉢, ㉤
③ ㉡, ㉢, ㉣   ④ ㉠, ㉣, ㉤

정답 ② 해설 TGMD-Ⅱ는 3~10세 아동의 대근운동 발달 수준을 검사하는 표준화된 평가도구이다. 규준 지향검사와 준거 지향검사를 하나의 검사지로 시행할 수 있다. 검사 방식은 각 과제당 2회를 실시하고 점수를 합산하여 산출한다.

09. 국내에서 개발된 장애인 건강 체력 검사 도구는? 2015
① BPFT   ② TGMD-2
③ PAPS-D   ④ Fitnessgram

정답 ③ 해설 PAPS-D는 2013년 장애 학생들의 건강 체력 수준을 파악하고 관리하기 위해 우리나라에서 개발된 장애인 전용 체력 검사 도구이다.

10. 다음의 특수체육 검사 도구 중에서 측정 영역이 다른 것은? 2017
① 장애 학생 건강 체력 검사(PAPS-D)
② 운동 발달 체크리스트(motor development checklist : MDC)
③ 대근운동 발달검사(test of gross motor development : TGMD)
④ 피바디 운동 발달검사(Peabody developmental motor scale : PDMS)

정답 ① 해설 장애 학생의 건강 체력 수준을 파악하고 관리하기 위해 우리나라에서 개발된 장애 학생 전용 체력 검사 도구이다. 나머지는 장애인 전용 검사 도구가 아니고, 일반인과 함께 사용하는 검사 도구이다.

제2장 특수체육의 지도

1. 특수체육의 지도와 관리

01. 특수체육(adapted physical activity)에 관한 설명 중 옳지 않은 것은? 2021
① 참여 촉진의 수단으로 변형을 활용한다.
② 학교체육 및 평생 체육을 포함한다.
③ 개인의 장애를 치료하는데 주목적이 있다.
④ 정상화를 실현하기 위해 통합체육을 강조한다.

정답 ③ 해설 특수체육은 개인의 장애 치료를 주목적으로 하는 것이 아니다.

02. 개별화 교육프로그램 절차로 옳은 것은?
① 의뢰-사정-진단 및 평가-통보-실행-재검토
② 의뢰-실행-사정-진단 및 평가-통보-재검토
③ 의뢰-진단 및 평가-사정-통보-실행-재검토
④ 의뢰-진단 및 평가-통보-사정-실행-재검토

정답 ③ 해설 IEP의 개발 절차는 의뢰→진단 및 평가→사정→통보→실행→재검토의 순이다.

03. 개별화 교육계획에 대한 설명으로 가장 적절한 것은? 2015
① 개별화 교육계획은 쉽게 말해서 집단을 모둠화하여 지도하는 것만을 의미한다.
② 개별화 교육계획은 교육목표를 제시할 뿐 평가도구의 역할은 못 한다.
③ 개별화 교육계획 작성 시 학부모의 의견은 포함하지 않는다.
④ 개별화 프로그램은 필요에 따라 언제든지 수정, 보완할 수 있다.

정답 ④ 해설 IEP는 필요에 따라 언제든지 수정·보완이 가능하다.

04. IEP 지원팀의 필수 참여자가 아닌 사람은?
① 장애인(참여자) ② 지도자(교사)
③ 보호자(부모)   ④ 레크리에이션 지도자

정답 ④ 해설 레크리에이션 지도자는 선택 참여자이다.

05. 개별화 교육계획(IEP)을 작성하는 방법으로 적절하지 않은 것은? 2019
① 현재 운동수행 수준을 정확히 파악하기 위해서는 실제 상황에서의 평가가 유용하다.
② 목표 진술에는 조건(condition), 기준(criterion), 행동(action)이 포함된다.
③ 지도에 필요한 용기구, 변형 방법, 관련 서비스, 보조 인력의 활용 등을 명시한다.
④ 학기 말 평가에서는 표준화 검사를 이용하여 규준(norm)과 비교한다.

정답 ④ 해설 IEP(Individualized Education Plan)는 장애인을 위한 개별화 교육프로그램으로, 개인의 특성을 먼저 고려하며, 규준과 비교하지는 않는다.

06. 그림은 특수체육 프로그램 서비스 전달 체계이다. ㉠~㉢에 들어갈 용어를 순서대로 바르게 나열한 것은? 2025

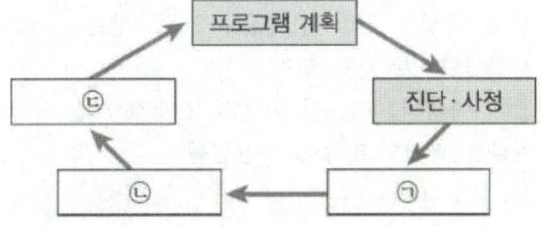

① 개별화 교육계획, 평가, 지도·상담
② 개별화 교육계획, 지도·상담, 평가
③ 지도·상담, 평가, 개별화 교육계획
④ 지도·상담, 개별화 교육계획, 평가

정답 ② 해설 보기는 장애인 운동프로그램 전달 체계의 진행 순서이다.

07. 개별화 교육프로그램(IEP)의 목표 진술 3요소가 아닌 것은? 2022
① 조건(condition) ② 기준(criterion)
③ 행동(action)   ④ 비용(cost)

[정답] ④ [해설] Mager의 목표 진술 3요소는 성취행동, 조건, 달성 기준이다.

08. 개별화 교육계획(Individualized Education Program: IEP)의 기능 중 <보기>의 설명에 해당하는 것은? 2023

> 계획된 목표와 학생의 진보가 어느 정도 일치하고 있는가를 확인하기 위한 기능

① 의사소통 기능   ② 통합 기능
③ 평가 기능   ④ 관리 기능

[정답] ③ [해설] IEP의 기능은 관리·점검·평가·의사소통 등이다. 이 중 보기에 제시된 '계획된 목표와 실행의 정도를 확인하는 기능'은 평가 기능이다. 다만 보기에서 '학생의 진보가 어느'에서 '학생의 진도가 어느'의 오타로 봐야 한다.

09. 개별화 전환계획(Individualized Transition Plan: ITP)에 관한 설명으로 적절하지 않은 것은? 2023
① 장애학생과의 인터뷰를 통해 신체활동 선호도를 알아본다.
② 지역사회 체육시설을 활용하여 사회 적응 기술을 가르친다.
③ 장애 학생을 위한 신체활동 프로그램이 지역사회에도 있는지를 확인한다.
④ 장애 학생의 현재 및 미래의 기대치를 논하기보다는 과거의 활동에 주안점을 둔다.

[정답] ④ [해설] ITP는 IEP의 하부 계획으로, 장애인의 개별화 전환계획이다. 장애인이 사회생활에 효과적으로 적응할 수 있도록 특별히 중점을 두어야 할 일에 대한 방향을 정하는 계획으로, 미래 방향을 설정하는 것이다. 과거 활동에 주안점을 두는 것은 아니다.

10. 장애인을 위한 체육활동 변형 방법에 관한 설명으로 적절하지 않은 것은? 2025
① 참여를 유도하는 방향으로 변형한다.
② 활동의 본질을 변형하여 새로운 활동으로 구성한다.
③ 장애로 인한 참여 제한이 발생하지 않도록 변형한다.
④ 변형된 활동이 효과적이지 못하면 다시 수정하거나 보완한다.

[정답] ② [해설] 장애인을 위한 체육활동 변형은 최소화하여 본래의 환경·규칙 등에 적응하도록 해야 한다.

11. 장애인에게 적합한 신체활동 변형에 관한 설명으로 옳지 않은 것은? 2020
① 활동의 본질적인 특성을 변형한다.
② 참여를 촉진하는 방향으로 변형한다.
③ 최적의 수행 능력을 발휘하도록 변형한다.
④ 장애로 인해서 제한이 발생하지 않도록 변형한다.

[정답] ① [해설] 활동 변형이란 장애인의 스포츠 지도를 위해 대상자의 신체적·정신적 발달 정도에 따라 스포츠활동 내용 또는 환경, 용기구, 규칙 등을 변형 또는 변경하는 것으로, 활동의 본질적 특성을 변형하는 것이 아니다.

12. 장애인들이 소프트볼 게임을 할 때 적용되는 활동 변형의 예로 적절하지 않은 것은? 2015
① 시각장애인을 위해 소리 나는 공과 베이스를 사용한다.
② 청각장애인을 위해 베이스는 일반 경기장과 다른 재질을 사용한다.
③ 지적장애인을 위해 활동에 필요한 규칙을 좀 더 단순화한다.
④ 근력이 부족한 사람을 위해 가벼운 배트나 공을 사용한다.

[정답] ② [해설] 청각장애인을 위한 용기구의 재질 변경은 필요하지 않다.

13. 장애인의 신체활동 참여를 촉진하는 변형 전략으로 적절한 것은? 2018

① 정기적으로 활동을 변형한다.
② 활동의 본질적인 구성을 변형한다.
③ 규칙 변형을 최소화하여 활동에 적응하게 한다.
④ 참여자가 소극적일 때에는 경기장의 규격을 넓혀서 적용한다.

정답 ③ 해설 활동 변형은 최소화하여 본래의 환경, 규칙 등에 적응하도록 해야 한다.

14. 시각장애인에게 축구를 지도할 때 적용할 수 있는 변형의 사례로 적절한 것은? 2019

① 경기력 향상을 위하여 매일 비장애인팀과 게임을 하였다.
② 참여를 촉진하기 위해 일반 축구의 규칙 변형을 최소화하였다.
③ 경기 중 부상의 위험을 줄이기 위해 경기장 규격을 확대하였다.
④ 구슬이 들어간 공과 소리가 나는 골대를 설치하고 주변 소음을 차단하였다.

정답 ④ 해설 시각장애인 축구는 B1(전맹부)과 B2/B3(약시부)로 구분하며, B1은 볼에 방울을 삽입하고, 위치 파악을 위해 골대에서 소리가 나도록 변형한다.

15. 지적장애인을 위한 체육활동의 변형 방법으로 옳지 않은 것은? 2025

① 배구 : 네트 높이를 낮춘다.
② 수영 : 레인의 폭을 축소한다.
③ 소프트볼 : 티 위에 공을 올려놓고 친다.
④ 줄넘기 : 양손에 각각 짧은 줄을 잡고 돌리며 점프한다.

정답 ② 해설 지적장애인의 체육활동으로 수영에서 레인 폭은 유지 또는 확대해야 한다.

16. 지적장애인을 위한 체육활동의 변형 방법으로 적절한 것은? 2021

① 축구 : 경기장의 크기를 확대한다.
② 배구 : 비치볼(beach ball)을 사용한다.
③ 농구 : 골대의 높이를 올린다.
④ 수영 : 레인의 폭을 축소한다.

정답 ② 해설 활동 변형은 장애인의 스포츠 참여 동기를 부여하는 것으로, 기존의 규칙이나 환경, 용기구가 장애인의 스포츠활동이 수월하게 해야 한다. ②를 제외한 나머지는 장애인의 스포츠활동을 어렵게 한다.

17. 다음 사례에서 설명하는 지도 방식은?

동일한 수업 시간 안에 다양한 방법으로 지도하는 방법으로 지도하는 방식, 참여자의 특성이 다양하거나 참여 목적이 다를 경우에 사용한다.

① 소그룹 방식　　② 일대일 방식
③ 혼합 방식　　　④ 또래 교수 방식

정답 ③ 해설 사례는 혼합 방식을 설명하고 있다.

18. <보기>에서 설명하는 수업 스타일은? 2020

프로그램	생활체육 통합 농구 교실		
목표	2점 슛을 성공할 수 있다.	내용	자유투 라인에서 슛을 한다.
대상	발달 장애인	장소	실내체육관

수업 스타일
• 경험 많은 참여자가 보조 지도자로서 신규 참여자를 지도한다.
• 지도자에 대한 참여자의 비율을 줄이는 효과가 있다.

① 팀 교수(team teaching)
② 또래 교수(peer tutoring)
③ 협동 학습(cooperative learning)
④ 역주류화 수업(reverse mainstreaming)

정답 ② 해설 또래 교수 방식은 같은 또래의 학습자가 다른 학습자를 지도하는 방식이다.

19. 문제행동에 대한 빈도 기록법으로 옳은 것은?
① 일정 시간 동안 발생한 문제행동의 빈도를 측정하여 기록하는 방법
② 문제행동이 발생했을 경우 지속된 시간을 기록하는 것
③ 정해진 시간에 동일한 단위로 시간을 작게 간격별로 다시 나누어 그 단위시간에 문제행동이 발생했는지를 기록하는 것
④ 등간 기록법과 유사하나 정해진 순간만 짧게 관찰하여 행동 발생 여부를 기록하는 점이 차이가 있음

[정답] ① [해설] ② 지속 시간 기록법 ③ 등간 기록법 ④ 시간 표집법에 대한 설명이다.

20. <보기>에서 설명하는 모스톤과 애쉬워스(M. Mosston & S. Ashworth, 2002)의 교수 스타일은? 2022

- 장애인스포츠지도자가 수업 운영과 관련된 모든 사항을 결정한다.
- 지도자는 장애인에게 운동 과제에 대한 설명과 시범을 보이고, 연습하게 하고 피드백을 제공한다.
- 수업에서 장애인의 안전을 확보하는 데 효과적인 교수 스타일이다.

① 지시형 스타일(command style)
② 연습형 스타일(practice style)
③ 상호 학습형 스타일(reciprocal style)
④ 유도 발견형 스타일(guided discovery style)

[정답] ① [해설] 운동 동작을 설명하고 시범을 보인 후 연습시키는 주입식 교육으로, 지도자가 결과를 예측하고 결과를 얻기 위해 언어적 지시로 지도하는 형태는 지시형 스타일이다.

21. <보기>에서 설명하는 특수체육 수업 방식은? 2024

지도자는 효과적인 농구 수업을 위해 체육관의 각기 다른 구역에 여러 가지의 과제를 준비했다. 한 가지 과제에서 시작하여 주어진 활동을 마치거나 지도자가 신호하면 학습자들은 다음 과제의 수행 장소로 이동한다. 지도자는 각각의 과제를 수행하는 곳을 돌며 도움이 필요한 학습자를 지도한다.

① 스테이션 수업   ② 협력 학습 수업
③ 대그룹 수업   ④ 또래 교수 수업

[정답] ① [해설] 학습자를 모둠(스테이션)으로 나눈 후 부분별로 학습하고, 한 스테이션이 끝나면 다음 스테이션으로 이동하여 지도하는 방식은 스테이션 방식이다.

22. 특수체육 수업 방식에 관한 설명으로 옳지 않은 것은? 2025
① 또래 교수(peer tutoring) : 친구나 선배가 교사로 참여한다.
② 협동 학습(cooperative learning) : 학생들이 팀이나 소집단으로 학습한다.
③ 스테이션 교수(station teaching) : 여러 곳에 과제를 배치하고 돌아가며 학습한다.
④ 역 주류화 수업(reverse mainstreaming) : 교사와 학생이 역할을 바꿔가며 과제를 수행한다.

[정답] ④ [오답 해설] 교사와 학생의 역할을 상호 바꿔 가는 역 주류화 수업 방식은 적용되지 않는다.

23. 지도 방법의 유형과 거리가 먼 것은?
① 칭찬형 지도 방법   ② 과제형 지도 방법
③ 명령형 지도 방법   ④ 문제 해결형 지도 방법

[정답] ① [해설] 지도 방법을 분류할 때 칭찬형 지도 방법으로는 분류하지 않는다.

24. <보기>에서 설명하는 지도 방법으로 가장 적절한 것은? 2018

> ㉠ 2가지 이상의 과제가 각기 다른 장소에서 동시에 진행되도록 학습 환경을 조성한다.
> ㉡ 학습자들을 소집단으로 나누어 협동 학습을 진행할 수 있다.
> ㉢ 실제 학습 시간(Academic Learning Time : ALT)이 증가하는 장점이 있다.
> ㉣ 운동기능이 낮은 학습자가 지도자와 효과적으로 상호 작용할 수 있는 환경을 만들 수 있다.

① 팀 교수(team teaching)
② 또래 교수(peer teaching)
③ 스테이션 교수(station teaching)
④ 개별화 교수(individualized teaching)

정답 ③ 해설 보기는 스테이션 교수법을 설명하는데, 이는 학습자를 모둠(스테이션)으로 나누어 부분별로 학습하고, 한 스테이션의 수행이 끝나면 다음 스테이션으로 이동하여 지도하는 방식이다.

25. <보기>의 특수체육 실행 과정에서 적용한 과제 지도 방식은? 2018

> 축구를 지도하기 위해 <기초 기능> → <응용 기능> → <수비·공격 전술> → <간이 게임> 순서로 지도하였다.

① 하향식 접근법(top-down approach)
② 발달적 접근법(developmental approach)
③ 생태학적 접근법(ecological approach)
④ 기능적 접근법(functional approach)

정답 ② 해설 기초 기술을 먼저 가르치고, 전체 동작이나 기술을 가르치는 방법은 발달적 지도 방법이다.

26. 지도 형태에서 문제 해결형 지도 방식에 대한 설명으로 옳은 것은?

① 지도자가 통제권을 갖고 주입식으로 교육하는 형태이다.
② 참여자의 수동적 참여와 동기유발이 어려울 수 있다.
③ 지도자는 전체 또는 한 명씩 연습하게 하고 피드백하며 잘못된 동작은 지적하고 교정한다.
④ 참여자들이 능동적으로 참여하고 탐색과 연습을 통해 문제를 해결하는 방식이다.

정답 ④ 해설 ①, ②, ③은 명령형 지도 방식에 대한 설명이다.

27. <보기>에서 괄호 안에 해당하는 문제행동 관리의 절차는? 2020

> 1. 문제행동이 무엇인지 파악한다.
> 2. (   )
> 3. 적절한 행동 관리법을 선정한다.
> 4. 효과적인 강화물을 조사하고 선정한다.

① 행동 관리를 시작한다.
② 행동 변화를 파악한다.
③ 행동 관리의 효과를 파악한다.
④ 문제행동이 발생하는 빈도, 기간, 유형 등을 파악한다.

정답 ④ 해설 행동 관리의 절차는 '문제행동의 파악 → 문제행동의 발생 원인 파악 → 행동 관리 방법 결정 → 행동 관리 시행 효과 평가 → 강화물 축소'의 방법으로 진행된다. 이를 근거로 가장 적합한 답을 고려면 ④번이다.

28. 강화 기법에서 행동의 유지 및 증가 기법이 아닌 것은?
① 소거   ② 칭찬   ③ 토큰 강화   ④ 행동 계약

정답 ① 해설 소거는 행동의 제거 또는 줄이는(감소) 기법으로, 문제행동의 강화 원인을 파악하고 그 강화를 제거하는 것을 의미한다.

29. 행동 관리의 이해에 대한 설명으로 <u>틀린</u> 것은?
① 교육 심리적 접근법은 참여자의 자아존중감과 지도자와의 관계를 중시한다.
② 정신 역학적 접근법은 심리적 기능장애의 원인 파악과 이를 통해 해결한다.
③ 생물 기원적 접근법은 신경생리학적 기능의 이상에 초점을 두는 이론이다.
④ 조직적 조건형성 이론은 자극-행동-결과의 순서로 행동이 발생한다는 이론이다.

[정답] ④ [해설] 조직적 조건형성 이론은 인간 행동을 학습에 의한 결과로 보는 행동주의 이론을 말한다. 자극-행동-결과의 순서로 행동이 발생한다는 이론은 A-B-C 모델이다.

30. 행동 관리 이론이 <u>아닌</u> 것은?
① 조직적 조건형성이론 ② 교육 심리적 접근법
③ A-B-C 모델   ④ 정신 건강적 접근법

[정답] ④ [해설] 정신 역학적 접근법은 행동 관리 이론에 포함하지만, 정신 건강적 접근법은 행동 관리 이론이 아니다.

31. 다음에서 설명하는 강화 기법은?
물리적 행동 없이 제외 또는 고립, 차단하여 문제행동을 관리하는 것이다.
① 칭찬   ② 토큰 강화
③ 타임아웃   ④ 프리맥 원리

[정답] ③ [해설] 타임아웃은 부적 강화 기법으로, 보기가 타임아웃을 설명하고 있다.

32. 정적 강화 기법에 해당하지 <u>않는</u> 것은?
① 칭찬   ② 토큰 강화
③ 소거   ④ 프리맥 원리

[정답] ③ [해설] 소거는 부정적 강화 기법이다.

33. <보기>에서 사용하는 행동 관리 기법은? 2017
처음에는 두 손으로 보조를 하다가 한 손으로 보조를 하거나, 언어적 보조를 하다가 언어적 보조를 점차적으로 제거한다.
① 토큰 강화(token economy)
② 용암(fading)
③ 칭찬(praise)
④ 프리맥의 원리(Premack principle)

[정답] ② [해설] 용암법이란 도움을 점진적으로 줄여 나가는 방법을 말한다. 자전거 탈 때 뒤에서 잡아주고 익숙해지면 잡은 팔을 놓아 스스로 타게 하는 방법이 대표적 경우이다.

34. 다음에서 설명하는 강화 기법은?
빈도가 높은 행동으로 빈도가 낮은 행동을 강화시켜 주는 방법
① 칭찬   ② 토큰 강화
③ 타임아웃   ④ 프리맥 원리

[정답] ④ [해설] 보기는 프리맥 원리를 말한다.

35. <보기>에서 적용한 행동 관리 방법으로 가장 적절한 것은? 2018
셔틀콕을 계속 바닥에 던지는 학생에게 자신이 던진 셔틀콕을 반복적으로 가져오게 하거나 친구들이 사용한 셔틀콕까지 정리하게 한다.
① 행동 형성(shaping)
② 반응대가(response cost)
③ 프리맥 원리(Premack principle)
④ 과교정(overcorrection)

[정답] ④ [해설] 보기는 과잉 교정을 말한다.

36. 아래 순서대로 공 던지기를 지도하는 과정에 적용한 행동 관리 기법은? 2025

- 던지기 자세를 설명하며 몸통과 팔꿈치를 잡고 교정함
- 던지기 자세를 설명하고 시범으로 보여주며 연습하게 함
- 언어 지시로만 던지기를 수행하게 함

① 용암법(fading)
② 과다 교정(overcorrection)
③ 행동 계약(behavior contract)
④ 프리맥 원리(Premack principle)

[정답] ① [해설] 도움을 점진적 또는 체계적으로 줄여나가는 방법을 설명하는 것으로, 이는 용암법이다. 용암이란 화산에서 분출되는 마그마가 연상되지만, 여기에서 용암(溶暗, fading)은 TV 화면이 밝은 상태에서 서서히 어두워지는 현상을 나타내는 것으로, 도움을 점차 줄여나가는 방법을 말한다.

37. 농구를 너무 좋아하는 자폐성 장애가 있는 학생이 농구 수업 중 동료 학생들을 지속해서 방해할 때 특수체육지도자가 취할 수 있는 강화 중 가장 적절한 것은? 2015

① 타임아웃 ② 칭찬 ③ 모델링 ④ 피드백

[정답] ① [해설] 타임아웃은 제외 또는 고립, 차단을 통해 문제행동을 관리하는 강화 방법이다.

38. <보기>에서 설명하는 행동 수정 기법은? 2021

체육 기구를 계속 던지면서 수업을 방해할 때마다 제자리에 돌려놓도록 강제적이고 반복적으로 시켰다.

① 프리맥 원리 ② 과잉 교정
③ 토큰 강화 ④ 타임아웃

[정답] ② [해설] 문제행동을 했을 때 강제적으로 반복해서 통제하는 방법은 과잉 교정이다.

39. 다음 지도자가 사용하고 있는 행동 수정 기법은? 2016

장애인스포츠지도사인 김 선생은 인라인스케이트를 좋아하는 철수에게 줄넘기를 지도하고 있다. 줄넘기에 흥미가 없는 철수에게 김 선생은 줄넘기를 10분간 연습하면 인라인스케이트를 20분 탈 수 있다고 약속하였다.

① 반응대가(response cost)
② 토큰 경제 강화(token economy reinforcement)
③ 프리맥 원리(Premack principle)
④ 타임아웃(time-out)

[정답] ③ [해설] 빈도가 높은 행동으로 빈도가 낮은 행동을 강화해 주는 것으로, 예를 들면 책을 읽으면 게임을 10분 정도 할 수 있도록 허락하는 것은 프리맥 원리이다.

40. 다음 중 부적 강화 기법을 모두 고른 것은?

ㄱ. 타임아웃   ㄴ. 소거   ㄷ. 용암법
ㄹ. 체계적 둔감법   ㅁ. 포화

① ㄱ, ㄴ, ㄷ, ㄹ
② ㄱ, ㄴ, ㄹ, ㅁ
③ ㄱ, ㄷ, ㄹ, ㅁ
④ ㄱ, ㄴ, ㄷ, ㄹ, ㅁ

[정답] ② [해설] 부적 강화 기법은 타임아웃, 소거, 벌, 과잉 교정, 박탈, 포화, 체계적 둔감법 등이다. 용암법은 자극을 점진적으로 조정하여 변화된 자극에 반응할 수 있도록 하는 정적 강화 기법이다.

41. <보기>의 ㉠~㉣에 들어갈 개념이 바르게 묶인 것은?

		절차의 형태	
		후속 자극 제시	후속 자극 제거
목표	바람직한 행동의 증가	㉠	㉡
	바람직하지 않은 행동의 감소	㉢	㉣

	㉠	㉡	㉢	㉣
①	정적강화	부적강화	정적처벌	부적처벌
②	부적강화	정적강화	부적처벌	정적처벌
③	정적강화	정적처벌	부적강화	부적처벌
④	부적강화	부적처벌	정적처벌	정적강화

[정답] 모든 답을 정답으로 처리 [해설] 가답안 발표 때 정답이 ①로 발표하였다가 이후 모든 답을 정답으로 처리하기로 바뀌었다. 그러나 실제 ①만 정답이다. 정적 강화와 부적 강화 매트릭스는 아래와 같다.

[복습] **정적 강화와 부적 강화의 매트릭스**

	자극 제시	자극 제거
행동 증가	정적 강화 (간식을 줌)	부적 강화 (보충수업 면제)
행동 감소	정적 처벌 (야단을 침)	부적 처벌 (컴퓨터 게임 금지)

[참고] 2022년 A형 16번으로 출제된 기출문제로, 모든 답을 정답으로 채점하였다.

42. 표의 ㉠~㉢에 해당하는 행동 관리 기법을 바르게 나열한 것은? 2024

성별/나이	남자/14세	장소	수영장
참여유형	지적장애	프로그램	수영하기
문제행동	서서 친구 방해하기		
상황	지도자 A : 한국(가명)이는 수영할 때 반복적으로 멈춰 서서 친구들을 방해해요. 그때마다 잘못된 행동이라고 지적을 해도 계속하네요. 지도자 B : 우선 ㉠ 문제행동이 발생하면 바로 일정 시간 동안 물 밖에 있도록 하세요. 물과 좀 멀리요. 지도자 A : 한국이는 수중 활동을 좋아하고 물에 있으면 행복해하거든요. 지도자 B : 다른 기법도 있어요. ㉡ 문제행동을 했을 때 한국이에게 이미 주어진 정적 강화물을 상실하게 하는 방법도 있어요. ㉠과 ㉡ 기법으로 문제행동의 빈도가 감소한다면 큰 틀에서 (㉢)이 됩니다.		

① 타임아웃, 반응대가, 부적 벌
② 타임아웃, 용암, 정적 벌
③ 소거, 반응대가, 정적 벌
④ 소거, 용암, 부적 벌

[정답] ① [해설] ㉠은 제외·고립·차단 등으로 관리하는 타임아웃이고, ㉡은 소유 또는 특권을 제거하는 반응 대가이며, ㉢은 부적 강화 기법의 벌에 해당한다.

2. 장애인의 운동 발달과 체력 강화

01. 운동 발달의 원리에 해당하지 않는 것은?
① 상호 작용성
② 순서와 방향성
③ 분화와 부분화
④ 개인차와 항상성

[정답] ③ [해설] 운동 발달의 원리에서 ③의 경우 분화와 통합성이다.

02. 운동 발달의 원리가 아닌 것은? 2015
① 머리 → 발 방향의 발달
② 근위 → 원위 협응 발달
③ 발달 단계의 동일성
④ 소근육 → 대근육 발달

정답 ④ 해설 운동 발달은 대근육에서 소근육으로 발달한다.

03. <표>는 피아제(J. Piaget)가 제시한 인지발달 단계에 따른 지도 목표를 기술한 것이다. 지도 목표가 적절한 것을 모두 고른 것은? 2023

프로그램	축구교실	장애유형	지적장애	장애정도	1~3급
목적		슛과 패스 기술 익히기			
인지발달 단계		지도 목표			
감각운동기		⊙ 다양한 종류의 공을 다루면서 공에 대한 도식이 형성되도록 한다.			
전조작기		ⓒ 공을 세워놓고 차기 기술을 지도한다.			
구체적 조작기		ⓒ 공차기를 슛과 패스로 구분하여 지도한다.			
형식적 조작기		ⓔ 전략과 전술을 지도한다.			

① ⊙
② ⊙, ⓒ
③ ⊙, ⓒ, ⓒ
④ ⊙, ⓒ, ⓒ, ⓔ

정답 ④ 해설 피아제의 인지발달 단계 이론은 감각운동기(0~2세)→전조작기(2~7세)→구체적 조작기(7~11세)→형식적 조작기(11세~)로 구성되어 있다. 문제에서 각각의 인지발달 단계와 지도 목표는 모두 일치하고 있다. ∴ ④가 정답이다.

04. 갤러휴(D. Gallahue)와 오즈먼(J. Ozmun)이 제시한 운동 발달의 단계가 아닌 것은? 2023
① 지각운동
② 기본 운동
③ 기초운동
④ 전문화된 운동

정답 ① 해설 갤러휴의 운동 발달 단계 이론은 유아체육론에서 주로 다루는 내용이다. 운동 발달 단계는 문제 지문의 기초운동은 초보 운동단계로도 사용한다. 같은 의미이다.

05. 미국스포츠의학회(ACSM)의 '운동 참여 전 건강검진 알고리즘'을 적용할 때, <보기>에서 의료적 허가가 필요하지 않은 시각장애인은?

대한장애인체육회에서는 생활체육 골볼 교실에 참가하는 시각장애인에게 운동 참여 전 건강 문진을 통해서 다음의 결과를 얻었다. 2022

	⊙	ⓒ	ⓒ	ⓔ
현재 규칙적으로 운동에 참여하는가?	예	예	아니오	예
심혈관 질환, 대사 질환, 또는 신장 질환이 있는가?	예	아니오	예	아니오
질병을 암시하는 징후 또는 증상이 있는가?	아니오	예	아니오	아니오
원하는 운동강도가 있는가?	고강도	중강도	고강도	고강도

① ⊙ ② ⓒ ③ ⓒ ④ ⓔ

정답 ④ 해설 ACSM의 운동 시작 전 건강검진 알고리즘은 1) 현재 규칙적 운동 시행 여부 2) 심혈관, 대사성, 신장 질환 또는 심장, 혈관 질환, 당뇨, 신장 질환 증상 3) 의심 질환에 대한 의학적 검사 4) 희망 운동 강도 등의 순서이다. 그러므로 ④가 정답이다.

06. 순발력이 운동수행의 주요 요인이 아닌 스포츠 종목은? 2019
① 휠체어 농구
② 휠체어 마라톤
③ 휠체어 럭비
④ 휠체어 테니스

정답 ② 해설 마라톤은 순발력보다 지구력과 스피드가 필요한 종목이다. 나머지는 운동수행에서 순발력이 중요한 역할을 한다.

07. 장애인을 위한 체력 육성의 일반적인 원칙으로 적절하지 않은 것은? 2018
① 규칙적으로 반복하여 실시한다.
② 개인의 특성과 능력에 맞게 구성한다.
③ 운동강도와 빈도를 계획에 따라 일률적으로 적용한다.
④ 흥미를 잃지 않도록 운동과 휴식을 조화롭게 구성한다.

정답 ③ 해설 운동강도와 빈도는 개인의 능력에 따라 조절해야 한다.

08. <보기>에서 설명하는 원시 반사(primitive reflex)는? 2024

- 누운 자세에서 머리를 좌우로 돌렸을 때 나타나는 반응이다.
- 뒤통수 쪽의 머리와 다리는 굽혀지고, 얼굴 쪽의 팔과 다리는 펴진다.
- 뇌성마비 장애인은 반사가 사라지지 않고, 남아 있다.

① 비대칭 긴장성 목 반사 ② 모로반사
③ 긴장성 미로 반사 ④ 대칭성 긴장성 목 반사

정답 ① 해설 보기는 비대칭 긴장성 목 반사를 나타내고 있다. 반사는 '유아체육론'에서 다루는 내용으로, '특수체육론'에서 다루지 않는다. 얼굴을 한쪽으로 돌려 눕히면 얼굴을 향하는 쪽 팔을 뻗고, 반대편 팔을 움츠려 펜싱 선수 모습을 취하는 것으로, 이 반사가 나타나지 않으면 뇌병변장애가 예상된다.

09. <보기>에서 설명하는 체력 운동의 원리는? 2025

달리기를 지루해하는 지적장애 학생을 위해 줄넘기와 달리기를 혼합하여 실시하고, 중간에 휴식을 적절히 제공하였다.

① 다양성의 원리 ② 특수성의 원리
③ 전면성의 원리 ④ 가역성의 원리

정답 ① 해설 보기는 체력 강화의 원리 중 다양한 운동 종목과 방법을 통해 효과적 운동 방법을 선택해야 한다는 다양성의 원리이다.

10. <보기>가 설명하는 이동 운동 기술은? 2025

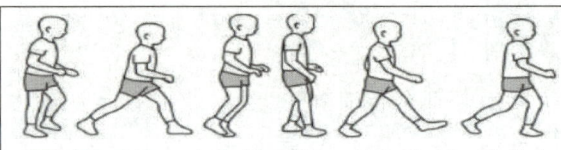

- 정면을 보고 서서 한 발을 다른 쪽 발 앞에 놓는다.
- 뒤쪽 발을 앞발 쪽으로 미끄러지듯 옮긴다.
- 그런 다음 앞쪽 발을 옮겨 놓는다.
- 양팔을 아래위로 움직이거나 교대로 움직인다.

① 호핑(hopping) ② 갤로핑(galloping)
③ 리핑(leaping) ④ 슬라이딩(sliding)

정답 ② 해설 보기는 한쪽 발로 걷거나 뛰어오르면 뒷발이 따라오는 형태의 동작을 사용하여 이동하는 갤로핑에 대한 설명이다.

3. 장애인 운동의 응급처치

01. 축구 경기에서 발목을 삔 지적장애인에게 응급처치하였다. RICE 절차와 내용의 연결이 옳지 않은 것은?
① 휴식(rest) – 즉각적으로 부상 부위를 움직이지 않게 한다.
② 냉찜질(ice) – 얼음으로 부상 부위를 차게 해준다.
③ 압박(compression) – 붕대로 부상 부위를 감아서 혈액 응고 및 부종을 예방한다.
④ 올림(elevation) – 부상 부위를 잡아당겨서 고정한다.

정답 ④ 해설 올림(=거상)은 손상 부위를 심장보다 높게 들어 올리면, 과다 출혈과 부종 감소에 효과가 나타난다.

4. 장애인의 운동프로그램 개발

01. 장애인의 운동프로그램 유형이 아닌 것은?
① 감각 운동 ② 이완 운동
③ 체력 증진 운동 ④ 가역 운동

정답 ④ 해설 가역 운동은 장애인 운동프로그램 유형이 아니다.

02. 장애인의 운동프로그램 목표와 가장 거리가 먼 것은?
① 신체적 발달　② 인지적 발달
③ 정서적 발달　④ 상황적 발달

[정답] ④ [해설] 장애인 운동프로그램의 목표는 신체적 발달, 사회적 발달, 인지적 발달, 정서적 발달 등이다.

03. <표>의 FITT 구분에 따른 운동 계획 중에서 틀린 것은? 2023

프로그램	건강관리교실	장애유형	지체장애	장애정도	3급
운동 참여 경험	최근 3개월 동안 주 3회, 회당 30분씩 운동했다.				
의료적 문제	최근 종합검진에서 심혈관 질환을 비롯한 의료적 문제가 없다고 진단받았다.				

FITT 구분	운동 계획
① 빈도 (Frequency)	운동을 주 3회(월, 수, 금) 실시한다.
② 강도 (Intensity)	최대산소섭취량의 50% 수준으로 달리기한다.
③ 시간 (Time)	준비운동 10분, 본 운동 20분, 정리운동 5분으로 구성한다.
④ 시도 (Trial)	본 운동을 5회 반복한다.

[정답] ④ [해설] FITT는 1) F(frequency), 운동 빈도 2) I(intensity), 운동 강도 3) T(time), 운동 시간 4) T(type), 운동유형을 나타낸다. 운동유형이란 저항성 운동, 유산소성 운동, 근력운동 등을 나타내야 한다.

04. 다음 중 특수체육 지도의 효과적인 보조를 제공하기 위해 고려해야 할 내용으로 적절하지 않은 것은? 2015
① 개인 및 장애 특성에 대한 충분한 이해
② 보조보다는 활동 과제에 집중하도록 유도
③ 가능한 최대한 신체 보조를 제공
④ 언어 보조, 시각 보조, 신체 보조의 적절한 연계

[정답] ③ [해설] 보조 수준을 최대한으로 하는 것은 적절하지 않다.

05. 아래에서 ㉠~㉢에 들어갈 장애인스포츠 프로그램 서비스 전달 단계가 바르게 묶인 것은? 2022

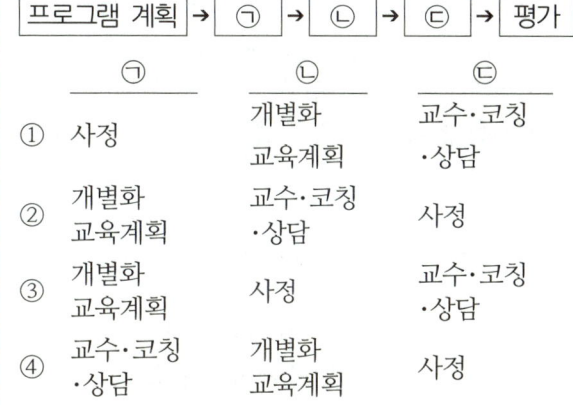

	㉠	㉡	㉢
①	사정	개별화 교육계획	교수·코칭·상담
②	개별화 교육계획	교수·코칭·상담	사정
③	개별화 교육계획	사정	교수·코칭·상담
④	교수·코칭·상담	개별화 교육계획	사정

[정답] ① [해설] 장애인 운동프로그램은 프로그램 계획 → 사정 → IEP → 지도 → 평가 순이다. IEP(individualized education plan)는 개별화 교육계획이며, 지도는 교수, 코칭, 상담 등이다.

06. 쉐릴(C. Sherrill)이 제시한 특수체육 서비스 전달 체계의 실천 요소에 대한 설명이 아닌 것은? 2023
① 계획 : 개인의 요구는 물론 학교와 지역사회의 철학에 따라 적절한 체육의 목적을 설정하는 것을 의미한다.
② 사정 : 개인과 환경에 대한 검사, 측정, 평가로 구성되는 과정이다.
③ 교수/상담/지도 : 최적의 운동수행을 도모하기 위해 심리·운동적 요소들을 변화시키는 과정이다.
④ 평가 : 장애인의 학습 정도와 프로그램의 효과를 확인하는 비연속적인 과정이다.

[정답] ④ [해설] 평가는 프로그램의 효과성과 만족도 등을 평가하는 단계로, 비연속적 과정은 잘못된 설명이다.

07. 휠체어 스포츠의 경기 방법에 관한 설명으로 옳은 것은? 2025

① 휠체어 농구 : 공을 잡고 4회까지 휠체어를 밀고 이동할 수 있다.
② 휠체어 럭비 : 한 팀은 남녀 구분 없이 4명이 경기에 출전할 수 있다.
③ 휠체어 컬링 : 팀원 중 한 사람이라도 투구하는 사람의 휠체어에 닿으면 안 된다.
④ 휠체어 테니스 : 투 바운드가 허용되나 두 번째 바운드가 코트를 벗어나면 실점한다.

[정답] ② [해설] 1) ① 휠체어 농구의 트래블링은 볼을 소유한 채 3회 이상 휠체어를 밀고 가면 바이얼레이션(반칙)이 주어진다. ② 휠체어 럭비는 경추손상으로 인한 사지 마비 장애인을 위한 스포츠로, 남녀 혼성경기로 팀당 4명으로 경기를 진행한다. ③ 휠체어 컬링에서 투구 선수 뒤에는 동료 선수가 붙어서 휠체어를 잡아주어 스톤을 굴릴 방향을 정확하게 결정할 수 있도록 돕는다. ④ 휠체어 테니스에서 투 바운드가 허용되고, 두 번째 바운드가 코트의 바깥이어도 무방하다.
2) 이 문제는 2급 스포츠지도사 시험과목인 특수체육론에서 출제될 사항이 아니고, 1급 스포츠지도사 시험과목인 장애인스포츠론에서 출제되어야 할 유형이다.

제3장 장애 유형별 스포츠 지도

1. 지적장애인의 지도

01. 지적장애인을 지능지수에 따라 분류하는 방법이 <u>아닌</u> 것은?
① 교육 가능급(EMR) ② 치료 가능급(TMR)
③ 훈련 가능급(TMR) ④ 완전 의존급(CMR)

[정답] ② [해설] 치료 가능급으로 분류하지 않는다.

02. 지적장애인을 지능지수에 따라 분류할 때 교육 가능급의 지능지수로 적합한 것은?
① 지능지수 61-85 ② 지능지수 51-75
③ 지능지수 41-64 ④ 지능지수 25-50

[정답] ② [해설] 교육 가능급(EMR)의 지능지수는 51~75이다.

03. 우리나라 장애인복지법 시행규칙에 따른 지적장애 등급 분류 기준은? 2015
① 적응 행동 ② 지원 요구 강도
③ 지능지수 ④ 참여와 맥락

[정답] ③ [해설] 지적장애인의 등급 분류 기준은 지능지수와 사회성 지수이다.

04. 지적장애 원인으로 바르게 연결된 것은?
① 출생 전-저체중아   ② 출생 시-대사장애
③ 출생 전-염색체 이상 ④ 출생 시-중독

[정답] ③ [해설] 출생 후-질병, 발달상의 지체, 환경박탈, 중독, 대사장애 등이 있다.

05. 다음 중 지적장애를 발현 시기별로 분류했을 때 <u>다른</u> 하나는?
① 염색체 이상   ② 산모 질병
③ 부모의 혈액형 부적합 ④ 미숙아

[정답] ④ [해설] ④는 출산 시 발현하며, 나머지는 출산 전 태아 상태에서 발현한다.

06. 다음 중 지적장애의 발생 원인을 분류했을 때 염색체 이상이 원인 <u>아닌</u> 것은?
① 약체X증후군 ② 다운증후군
③ 터너증후군   ④ 윌리엄스증후군

[정답] ① [해설] ① 약체X증후군과 프레드-윌리증후군은 유전자 오류가 발병 원인이다.

07. <보기>의 ㉠, ㉡에 들어갈 장애의 정의로 알맞은 것을 순서대로 적은 것은? 2020

- -2 표준편차 이하의 지적 기능을 나타낸다.
- (㉠) 영역에서 적응 행동의 제한이 명백히 나타난다.
- (㉡) 이전에 시작된다.

① ㉠ 발달적, 사회적, 실제적 ㉡ 18세
② ㉠ 개념적, 실제적, 사회적 ㉡ 19세
③ ㉠ 실제적, 사회적, 개념적 ㉡ 18세
④ ㉠ 교육적, 행동적, 사회적 ㉡ 18세

[정답] ③ [해설] 미국지적장애및발달장애협회(AAIDD)는 1) 지적장애를 지적 기능성과 개념적·사회적·실제적인 적응 행동의 영역에서 현저한 제한을 보이는 장애로, 2) 18세 이전에 시작되는 장애이고, 3) IQ 평균이 2 표준편차(2SD)인 70 미만이어야 한다.

08. 다운증후군 지적장애인의 신체적 특징으로 옳지 <u>않은</u> 것은? 2018
① 환축추 불안정(atlantoaxial instability)을 볼 수 있다.
② 새가슴이나 내반족이 나타난다.
③ 척추가 휘어 있거나 고관절 탈구가 많다.
④ 과도한 신전반사(hyperactive stretch reflex)가 빈번히 나타난다.

정답 ④ **해설** 다운증후군 장애인의 특성은 환축추 불안정, 새가슴·내반족, 척추가 휘어 있거나 고관절 탈구가 많다.

09. 장애 유형별로 실시한 체력 프로그램으로 적절하지 <u>않은</u> 것은? 2020
① 척수장애인에게 최대 근력을 고려한 근력운동을 지도했다.
② 다운증후군 지적장애인에게 과신전 유연성 운동을 지도했다.
③ 과잉행동 주의력 결핍 장애인(ADHD)에게 유산소성 운동을 지도했다.
④ 청각장애인에게 비장애인과 똑같은 빈도로 심폐지구력 운동을 지도했다.

정답 ② **해설** 신전이란 무릎, 팔꿈치, 손가락 등의 관절에서 관절 각도가 0에서 180도의 방향으로 펴는 운동을 말하며, 과신전이란 관절 각이 180도를 넘은 상태를 말한다. 다운증후군 장애인에게 과신전 운동은 위험하다.

10. 지적장애인을 위한 신체활동 지도 전략으로 적절하지 <u>않은</u> 것은? 2020
① 활동을 단순화시키고 강화를 제공한다.
② 참여자의 활동을 지도자가 결정해 준다.
③ 학습 동기가 감소하면 활동 내용에 변화를 준다.
④ 운동 기술의 습득과 전이가 이루어지고 있는지 수시로 점검한다.

정답 ② **해설** 지적장애인의 신체활동 지도 시 참여자 활동을 지도자가 결정하는 것은 적절하지 않다.

11. 지적장애인의 인지적 특성을 고려한 스포츠지도 방법에 관한 설명으로 틀린 것은? 2016
① 사용할 수 있는 어휘가 한정되어 있으므로 간단하고 명료한 단어를 사용한다.
② 단기 기억력이 좋지 않으므로 다양한 규칙이 있는 스포츠를 지도한다.
③ 학습한 운동 기술의 일반화 수준이 낮으므로 운동 기술을 다양한 환경에서 독립적으로 경험하게 한다.
④ 주의 집중에 어려움이 있으므로 관련성 있는 단서에만 집중하게 한다.

정답 ② **해설** 지적장애인은 오랫동안 주의 집중이 어려워 지도자의 설명과 시범 중에도 다른 소리나 사물 등에 쉽게 주의가 분산된다.

12. 다음 중 지적장애인의 스포츠 지도 전략으로 적절하지 <u>않은</u> 것은?
① 초기에 성공할 수 있는 활동을 제공해야 한다.
② 부적절한 행동을 하면 의도적으로 무시하고, 적절한 행동 모델을 제시하고 이에 잘 따르면 칭찬하여 준다.
③ 추종자 또는 모방자가 되는 경향이 있으므로 리더 역할을 강조하지 않아야 한다.
④ 잘못된 행동이 있으면 강압적 언행으로 다음에 실수하지 않도록 주의를 시킨다.

정답 ④ **해설** ④는 지적장애인의 스포츠 지도 전략으로 적절하지 않다.

13. 스포츠를 처음 배우는 중도(重度) 지적장애인을 위한 지도 전략으로 옳지 <u>않은</u> 것은? 2022
① 배구에서 배구공을 가볍고 큰 공으로 변형한다.
② 기본 운동 기술을 높은 수준의 스포츠 기술로 변형한다.
③ 골프에서 골프공을 가볍고 큰 공으로 변형한다.
④ 평균대 위 걷기에서 안전바(safety bar)를 잡고 걷게 한다.

정답 ② **해설** 중도 지적장애인은 과격한 신체활동을 하지 않아야 한다. ②의 높은 수준의 기술로 변형은 잘못된 것이다.

14. 지적장애인 스포츠 지도에서 과제 수행을 돕기 위한 전략으로 적절하지 않은 것은? 2019
① 강화제를 즉시 주기 어려울 때는 토큰을 주고 나중에 원하는 강화제와 교환하도록 한다.
② 문제행동의 예방을 위해 주의 집중에 방해가 되는 장애물을 미리 제거한다.
③ 자해 행동을 할 때는 신체 구속(physical restraint)을 통해 즉시 동작을 중단시킨다.
④ 중도(重度) 지적장애인에게는 구두 설명을 상세히 하고 전체 동작 시범을 보인다.

[정답] ④ [해설] 중도(重度) 지적장애인은 설명을 자세히 하고 전체 동작보다는 부분 동작 중심으로 지도한다.

15. <보기>에서 지적장애인의 스포츠 지도 전략으로 옳은 것은? 2017

> ㉠ 지적장애인의 개인별 선호도와 선택권을 존중한다.
> ㉡ 피아제(J. Piaget)의 인지발달 단계에서 전조작기에 해당하는 지적장애인은 전술 위주의 프로그램에 참여시킨다.
> ㉢ 지적장애인의 운동수행 능력은 비장애인보다 현저하게 낮으므로 통합스포츠 참여를 제한한다.
> ㉣ 장애 정도에 따라 규칙이나 기술을 변형한다.
> ㉤ 지도자의 설명을 이해하지 못하면 시범을 보이며 설명한다.

① ㉠-㉡-㉢   ② ㉡-㉢-㉣
③ ㉠-㉣-㉤   ④ ㉡-㉣-㉤

[정답] ③ [해설] ㉠, ㉣, ㉤이 바르게 설명되었다.

16. 지적장애인의 체육활동 시 교육적 고려 사항이 아닌 것은? 2015
① 시범을 보이며 지도한다.
② 언어적 지도는 되도록 길게 하면서 지도한다.
③ 반복 학습을 하며 지도한다.
④ 다양한 감각적 단서를 제공하며 지도한다.

[정답] ② [해설] 시범과 언어적 지도를 이용하며, 특히 언어적 지도 시 간단하고 짧게 끝내고 반복 학습을 하도록 한다.

17. 지적장애인에게 운동 기술을 지도할 때 필요한 전략으로 적절하지 않은 것은? 2018
① 활동을 단순화시키고 정적 강화를 제공한다.
② 익숙한 과제에서 새로운 과제의 순서로 지도한다.
③ 언어적 피드백과 시범은 복잡하고 추상적으로 제시한다.
④ 운동 기술의 습득, 파지, 전이가 이루어지고 있는지 수시로 점검한다.

[정답] ③ [해설] 언어적 피드백과 시범은 간단하고 구체적으로 제시해야 한다.

18. 촉각적 추구 성향을 보이는 발달 장애인의 행동 특성이 아닌 것은? 2017
① 부드럽고 편안한 촉각적 경험을 좋아한다.
② 손톱을 물어뜯거나 극단적으로 매운 음식을 찾는다.
③ 허리띠나 넥타이를 꽉 조여 맨다.
④ 등을 쓰다듬어 주는 촉각적 칭찬에 몸이 경직된다.

[정답] ④ [해설] 촉각적 추구 성향의 발달 장애인은 촉각적 칭찬을 좋아하는 경향을 나타낸다.

2. 정서·행동 장애인의 지도

01. 정서·행동 장애인에 대한 설명으로 잘못된 것은?
① 지적·감각적·건강상의 이유로 설명할 수 없는 학습상의 어려움을 지닌 사람
② 또래나 교사와의 대인관계에 어려움이 있어 학습에 어려움을 겪는 사람
③ 장애인복지법에 따라 정서·행동 장애인 것으로 인정된 사람
④ 전반적인 불행감이나 우울증을 나타내어 학습에 어려움이 있는 사람

[정답] ③ [해설] 장애인복지법에서는 정서·행동 장애인 것으로 분류하지 않고, '장애인 등에 대한 특수교육법'에서 의해 분류하고 있다.

02. 정서 장애는 장기간에 걸쳐 학습상의 어려움을 겪기 때문에 특별한 교육적 조치가 필요한 사람이다. 다음 중 정서 장애인으로 볼 수 없는 것은? 2015
① 개인 문제에 관련된 신체적인 통증이나 공포를 나타내는 사람
② 언어의 수용 및 표현능력이 인지 능력에 비해 현저하게 부족한 사람
③ 일반적인 상황에서 부적절한 행동이나 감정을 나타내는 사람
④ 전반적인 불행감이나 우울증을 나타내는 사람

[정답] ② [해설] 언어 수용 표현능력이 부족한 사람은 언어장애인(장애인복지법), 의사소통 장애인(장애인 등에 대한 특수교육법)지에 해당한다.

03. 정서·행동 장애의 발병 원인으로 가장 많은 것은?
① 병리적 가족관계가 원인이다.
② 유전적 원인으로 약한 X 증후군이다.
③ 유전적 결함으로 인하여 15번 염색체 일부가 소실되는 이유로 발생한다.
④ 머리 내부를 폐색하는 증상이 원인이다.

[정답] ① [해설] 정서·행동 장애는 대부분이 선천성 장애로, 유전적 질병이 원인이다.

04. 주의력 결핍·과잉행동 장애(ADHD)의 특성에 대한 설명으로 잘못된 것은?
① 주의 집중 결함, 과잉행동, 충동성 등의 행동이 나타난다.
② 또래보다 주의력이 부족한 현상이 나타난다.
③ 의미 없는 행동 또는 강박적 행동이 나타난다.
④ 학습 문제, 공격적인 행동, 대인관계 등의 이차적인 문제를 일으킨다.

[정답] ③ [해설] 의미 없는 행동 또는 강박적 행동은 자폐성 장애의 특성이다.

05. 주의력결핍 과잉행동장애(Attention Deficit Hyperactivity Disorder : ADHD)의 일반적인 특징으로 옳지 않은 것은? 2018
① 동작이 서툴고 운동 발달 속도가 느리다.
② 낮은 지능과 미숙한 적응 행동으로 인해 지적장애로 분류된다.
③ 정확한 운동 조절과 타이밍에 결함이 나타난다.
④ 뇌 전두엽 및 그 연결망의 이상으로 억제력, 작업기억, 실행기능 등에 어려움을 보인다.

[정답] ② [해설] ADHD 환자는 부주의와 학업성적이 저조하지만, 지능지수가 낮은 것은 아니다. ②의 경우 지적장애에 해당한다.

06. <표>는 동호회 야구선수를 관찰한 기록이다. 관찰 내용에서 나타나는 장애 유형의 설명으로 옳지 않은 것은? 2023

이름	홍길동	나이	만 42세	성별	남
날짜	2023.4.29(토)	장소	잠실야구장		
관찰 내용	<ul><li>손과 발을 가만히 두지 못하고 여기저기 돌아다닌다.</li><li>대기 타석에서 안절부절하며 뛰어다닌다.</li><li>옆 선수에게 끊임없이 말을 한다.</li><li>코치의 질문이 끝나기도 전에 불쑥 말을 한다.</li><li>자신의 타격순서를 기다리지 못한다.</li><li>다른 선수의 연습 스윙을 방해하거나 참견한다.</li></ul>				

① 장애인복지법에서는 지적장애로 분류된다.
② 다양한 상황에서도 동일한 문제행동이 나타난다.
③ 주의력 결핍, 과잉행동 또는 충동성이 7세 이전에 나타난다.
④ 주의력 결핍, 과잉행동 또는 충동성의 평가 항목 중에서 6개 이상의 항목이 최소 6개월 이상 지속된다.

[정답] ①, ③ [해설] ADHD(주의력 결핍·과잉행동 장애)에 관한 문제이다. 장애인복지법에 지적장애가 아니고, 정서·행동 장애이다. 한편 ③ '7세 이전에 나타난다.'도 잘못되었다. '12세 이전에 나타난다.'가 옳다. 가답안에서 ①이 정답으로 발표되었다가 최종 답안에서 ③이 추가되었다.

07. 자폐성 장애의 증상에 대한 설명으로 잘못된 것은?
① 언어 발달이 지연된다.
② 변화에 대한 거부감을 나타낸다.
③ 감각자극에 대한 특별한 반응을 나타낸다.
④ 또래보다 주의력이 부족하다.

정답 ④ 해설 또래보다 주의력이 부족하면 주의력 결핍·과잉행동 장애의 증상이다.

08. 자폐성 장애인의 스포츠 지도 전략으로 틀린 것은? 2017
① 언어적 지도와 비언어적 지도를 병행한다.
② 지도자가 학습자의 행동을 말로 표현해 준다.
③ 사회적 관계 형성을 익히도록 한다.
④ 환경적 단서(clue)보다 언어적 단서가 효과적이다.

정답 ④ 해설 자폐성 장애는 자신의 내면적 세계에 침거하여 외부의 상황에 관심을 나타내지 않는 현상이 있다. 사회적 관계의 결핍, 의사소통 능력의 결핍, 계속된 강박 행동, 변화에 대한 저항으로 특징지어지는 아동기의 증후군이다.

09. <보기>에서 설명하는 장애 유형은? 2023

> ㉠ 또래 친구와 인사를 하거나 함께 놀지 않는다.
> ㉡ 출석을 불러도 반응하지 않거나 눈을 맞추지 않는다.
> ㉢ 비닐과 같은 특정 물건을 반복적으로 만지거나 냄새를 맡는 행동을 한다.
> ㉣ '공을 차'라고 지시했지만, 지시를 이해하지 못하고 '공을 차'라는 말만 반복한다.

① 청각장애 ② 지적장애
③ 뇌병변장애 ④ 자폐성 장애

정답 ④ 해설 보기는 또래와 어울리지 못하고, 무반응 또는 눈을 맞추지 않으며, 반복 행동 또는 상동 행동이 나타나고, 특정 언어를 반복하는 특성을 나타낸다. 이는 자폐성 장애의 특성이다.

10. 자폐성 장애인이 특정 행동이나 동작을 습관적으로 반복하는 행동은? 2016
① 일상 행동 ② 돌출 행동
③ 상동 행동 ④ 진단 행동

정답 ③ 해설 자폐성 장애의 대표적 특성은 의사소통과 사회적 상호작용 능력의 현저한 발달지체, 그리고 상동 행동이다.

11. 자폐성 장애인의 특성을 고려한 지도 전략으로 적절한 것은? 2021
① 자연스러운 단서보다 언어적 단서를 주로 사용한다.
② 그림 카드를 활용하여 시각적 단서를 제공한다.
③ 환경의 비구조화를 통해 다양한 신체활동을 제공한다.
④ 신체활동 순서와 절차를 바꾸면서 흥미를 준다.

정답 ② 해설 자폐성 장애는 내면적 세계에 침거 또는 집착하여 외부 환경에 무관심한 증상을 나타내므로 언어적 단서보다는 그린카드 등의 시각적 단서가 적절하다.

12. 자폐성 장애인의 문제점과 해결할 수 있는 전략이 바르게 묶인 것은? 2020

	문제점	해결 전략
①	부정적 신체적 자아개념	불필요한 자극을 줄인다.
②	상동 행동	지도 환경을 구조화하고, 지도 방식의 일관성을 유지한다.
③	의사소통의 어려움	언어적 단서를 줄이고 수업 환경에서 자연스러운 단서를 활용한다.
④	감각자극에 대한 비정상적인 반응	개인 활동에서 시작하여 단체 활동으로 발전시킨다.

정답 ③ 해설 자폐성 장애인은 의사소통이 어려우므로 언어적 단서를 줄이고, 자연스러운 단서를 활용하며, 언어적 지도와 비언어적 지도를 병행하고, 지도자가 학습자의 행동을 말로 표현하여 이해시키며, 사회적 관계 형성을 익히도록 지도해야 한다.

13. <보기>에서 설명하는 장애 유형은? 2022

- 의사소통 : 유창한 말하기와 풍부한 어휘 능력을 갖추고 있다.
- 사회적 상호작용 : 대화 중에 눈을 마주치거나 고개를 끄덕이는 행동을 어려워한다.
- 관심사와 특이 행동 : 특정한 사물에 강한 관심을 나타내는 경향이 있다.
- 관계 형성 : 가족과 애착이 형성될 수는 있으나 또래와의 관계 형성은 어려울 수 있다.

① 아스퍼거증후군   ② 뇌병변장애
③ 지체장애   ④ 시각장애

[정답] ① [해설] 아스퍼거 장애인은 또래보다 어른과 어울리거나 홀로 지내는 것을 선호하며, 또래와의 관계 형성이 어렵고, 경직된 사고방식과 다른 사람을 이해하지 못하는 경향이 강하다. 언어 발달과 지적 능력은 일반인과 큰 차이가 없어, 청소년기나 성인기까지 진단되지 않기도 한다.

14. 정서·행동 장애의 스포츠활동에 대한 설명으로 잘못된 것은?
① 정서·행동 장애인 정의적 영역의 발달이 늦으며, 정서 장애가 심할수록 지각 능력과 체력 수준이 낮다.
② 정서·행동 장애인 표준 운동프로그램을 적용하여 지도하여야 한다.
③ 정서·행동 장애인 공격 성향이 있어 행동 관리와 친밀감 형성이 필요하다.
④ 정서·행동 장애인 신체적으로 일반적인 성장을 나타낸다.

[정답] ② [해설] 정서·행동 장애인 수준이 다양하므로 개별화 지도가 필요하다.

15. 정서 장애인의 스포츠 지도 전략으로 옳은 것은? 2017
① 반항적인 행동은 체벌을 통해서 지도한다.
② 긍정적 피드백을 통해서 바람직한 스포츠 참여 행동을 지도한다.
③ 품행 장애인은 폭력적이기 때문에 단체 스포츠에 참여시키지 않는다.
④ 주의력 결핍 과잉행동 장애인 휠체어에 결박하여 참여시킨다.

[정답] ② [해설] ②를 제외한 나머지는 정서 장애인의 운동 지도에 적합하지 않다.

16. <보기>에서 설명하는 장애인을 위한 스포츠 지도 전략으로 적절하지 않은 것은? 2018

㉠ 신체적 자기개념과 활동 참여 동기의 부족
㉡ 산만함과 과잉행동, 공격성, 의사소통의 어려움
㉢ 변화에 대한 거부, 반복적인 동작, 독특한 감각 반응

① 불필요한 자극을 최소화한다.
② 지도 환경을 구조화하고 일관성을 유지한다.
③ 협동 놀이로 시작하여 대인이나 개인 활동으로 발전시킨다.
④ 대상자의 감각·지각운동 양식을 파악한다.

[정답] ③ [해설] 보기는 자폐성 장애인의 증상이다. 자폐성 장애인은 언어 발달 지연 등의 이유로 의사소통과 인간관계 형성에 어려움을 겪기 때문에 협동 놀이부터 시작하는 것은 거부감을 느끼게 되므로 스포츠 지도 전략으로 적절하지 않다.

17. <보기>에 근거하여 밑줄 친 ㉠에 대한 지도 전략으로 옳지 않은 것은? 2024

> • 틀에 박힌 일이나 의례적인 행동에 집착한다.
> • 발달 수준에 맞게 친구 관계를 형성하지 못한다.
> • 지도자가 "공을 던져라"라고 지시하면 '공을 던져라"라는 말을 반복한다.
> • ㉠ 정해진 경로로 이동하지 않거나, 시간이나 장소의 갑작스러운 변화에 저항한다.

① 체육활동에 대한 시각적 일과표를 제공한다.
② 체육활동을 일정한 규칙과 순서로 진행한다.
③ 지도할 때 그림 카드 의사소통 보드 등을 활용한다.
④ 참여자의 선호도보다는 지도자의 의도대로 진행한다.

정답 정답 없음 해설 보기는 자폐성 장애의 특성을 나타내고 있다. 자폐성 장애인의 지도 전략은 1) 의사소통이 어려우므로 언어적 단서보다는 그림, 카드 등을 활용하는 단서를 제공하고, 2) 언어적 지도와 비언어적 지도를 병행하며, 3) 지도자가 학습자의 행동을 말로 표현하여 이해시키도록 하고, 4) 사회적 관계 형성을 익히도록 지도한다. 가답안에 ④가 정답이라고 하였지만, 최종 답안에 모든 답을 정답으로 처리하였다. ④에서 참여자의 선호도가 반드시 옳은 것이 아니기 때문이다.

18. 다운증후군 지적장애인의 신체활동 지도 전략으로 옳은 것은? 2017
① 고관절의 과신전에 의한 부상에 주의한다.
② 손가락이 짧아서 테니스와 같은 라켓 종목에는 참여시키지 않는다.
③ 팔의 근력이 약하기 때문에 머리를 바닥에 대고 물구나무서기를 하게 한다.
④ 심폐지구력의 강화를 위하여 달리기의 운동강도를 90% 이상으로 유지한다.

정답 ① 해설 다운증후군 지체 장애인은 키, 사지, 손·발가락 등이 짧고 근력이 약하며, 운동 발달 지연으로 인해 비정상적인 움직임 패턴 등이 나타난다. 고관절의 과신전 상처를 입지 않도록 유의해야 한다.

3. 시각장애인의 지도

01. 시각장애의 출생 전 원인으로 옳은 것은?
① 백내장 ② 백색증
③ 녹내장 ④ 망막 색소변성

정답 ② 해설 시각장애 원인 중 출생 전은 백색증, 망막아세포종, 미숙아 망막증이 원인이다.

02. 시각장애의 원인 중 출생 이후의 원인으로 거리가 먼 것은?
① 백색증 ② 백내장
③ 녹내장 ④ 황반변성

정답 ① 해설 시각장애인 중 출생 이후 원인으로 발생하는 질환은 백내장, 녹내장, 대뇌피질성 시각장애, 황반변성, 망막 색소변성 등이다.

03. <보기>에서 설명하는 시각장애 발생의 원인은? 2023

> ㉠ 두통, 눈의 통증, 구토 등의 증상이 나타날 수 있다.
> ㉡ 시야가 좁아져서 주변 상황에 대한 정보 습득이 어렵다.
> ㉢ 안압이 높아지면서 시신경이 눌리거나, 혈액 공급이 원활하지 않아서 발생할 수 있다.

① 백내장 ② 녹내장 ③ 황내장 ④ 황반변성

정답 ② 해설 안압 상승으로, 시신경이 방해를 받거나, 혈액 공급 장애로 발생하며, 시야가 좁아져 상황 인지가 어려운 상태이다. 두통·구토 등을 동반하는 질병은 녹내장이다.

04. 시각장애인을 안 과학적 측면에서 분류할 때 틀린 것은?
① 약시 ② 전맹 ③ 고도 약시 ④ 중등도 약시

정답 ② 해설 전맹은 의학적 분류 방법이다.

05. 시각장애인의 스포츠활동을 기준으로 분류할 때의 설명으로 틀린 것은?
① B1 : 빛을 전혀 감지할 수 없는 장애인
② B2 : 손의 상태를 인지할 수 있는 단계에서부터 2/60m 또는 시야가 5도 이하인 사람
③ B3 : 시력 2/60m~6/60m, 시야가 5도 이상 20도 이하인 경우
④ B4 : 양안 교정시력이 0.02 이상 0.04 미만인 경우

[정답] ④ [해설] 시각장애인을 스포츠활동 기준으로 분류할 때 B1~B3까지로 분류한다.

06. 시각장애인의 스포츠활동 방법에 대한 설명으로 옳지 않은 것은? 2016
① 레슬링 : 서로 떨어지지 않고 상대 선수를 붙잡은 상태로 경기한다.
② 볼링 : 핸드 가이드 레일을 이용할 수 있다.
③ 2인용 자전거 타기 : 시각장애인이 앞자리에 앉고 비장애인이 뒷자리에 앉아 방향 조정을 돕는다.
④ 양궁 : 음향 신호, 점자 방향 지시기, 발 위치 표시기 등을 사용할 수 있다.

[정답] ③ [해설] 2인용 자전거 타기는 시각장애인이 뒷자리에 앉고 비장애인이 앞자리에 앉아 방향 조정을 돕는다. 한편, 2인용 자전거는 탠덤 자전거라고도 한다.

07. 시각장애인이 5인제 추구할 때 골대의 위치, 경기장 밖의 구조물(펜스) 등을 파악하여 자신의 위치를 알아가는 과정은? 2015
① 방향 정위   ② 신체상
③ 활동 안내   ④ 이동 방향 정립

[정답] ① [해설] 시각장애인이 주위 환경과 자신의 현재 위치를 파악하는 활동은 방향 정위이다.

08. 시각장애인은 스포츠활동을 목적으로 B1, B2, B3 세 가지 등급으로 나뉜다. 각자의 기능적 능력이 올바른 것은? 2015
① B1에서 B3로 갈수록 장애 정도가 심하다.
② B1은 시야가 5도 이상 20도 이하인 경우다.
③ B2는 시야가 5도 이하인 경우다.
④ B1은 손의 형태를 인지할 수 있는 단계에서부터 시력이 2/60m이다.

[정답] ③ [해설] 시각장애인을 스포츠활동 기준으로 분류할 때 B1은 빛을 전혀 감지할 수 없거나, 빛을 감지하더라도 어느 방향, 어떤 거리에서도 손의 형태를 감지할 수 없는 경우, B2는 손의 상태를 인지할 수 있는 단계에서부터 2/60m 또는 시야가 5도 이하인 경우, B3는 시력이 2/60m에서 6/60m까지, 또는 시야가 5도 이상 20도 이하인 경우이다.

09. <표>에서 제시된 수업 목표가 추구하는 지각 운동 영역은? 2023

프로그램	골볼교실	장애유형	시각장애	장애정도	1급
내용	참여를 위한 사전 교육					
목표	• 자신의 포지션을 찾아갈 수 있다. • 팀 벤치 에어리어를 찾아갈 수 있다. • 상대 팀 골라인의 위치를 찾을 수 있다.					

① 신체상(body image)
② 방향 정위(orientation)
③ 신체 정렬(physical alignment)
④ 동측 협응(ipsilateral coordination)

[정답] ② [해설] 시각장애인이 주위 환경을 이해하고, 자신의 현재 위치를 파악하기 위해 환경 단서와 지표를 활용하는 것은 방향 정위이다. 즉 골볼과 5인제 장애인축구에서 소리 나는 공을 사용하여 공의 위치를 파악할 수 있다. 시각장애인이 주위 환경을 이해하여 자신의 현재 위치를 파악하는 과정을 방향 정위라고 한다.

10. 시각장애와 관련된 설명으로 옳은 것은? 2020
① 시각(vision)은 눈을 통해 빛의 자극을 받아들이는 과정이다.
② 시력(visual acuity)은 시각을 사용하여 과제를 수행하는 능력이다.
③ 약시(amblyopia)는 터널 속에서 터널 입구를 바라보는 모양으로 시야가 제한된 상태이다.
④ 법적 맹(legally blind)은 교정시력이 20/20ft 이하이거나 시야가 20° 이하인 상태이다.

정답 ① 해설 ② 시력(visual acuity)은 물체의 존재나 형상을 인식하는 눈의 능력이고, ③ 약시(amblyopia)는 의학적으로 눈에 이상이 없지만, 정상적 시력이 나오지 않는 상태 ④ 맹(blindness)은 활동에 필요한 충분한 시각이 결여 또는 부족한 상태를 지칭하며, 법적으로는 시각적 예민성이 교정시력의 20/100 이하인 경우이다.

11. <보기>에서 시각장애인의 심동적 특징에 대한 설명으로 바르게 묶인 것은? 2018

> ㉠ 상황이 수시로 변하는 운동 과제의 수행에 어려움을 보인다.
> ㉡ 대근운동 기술보다 소근운동 기술의 수행에 더욱 어려움을 보인다.
> ㉢ 발을 땅에 끌며 걷거나 구부정하고 경직된 자세를 보인다.
> ㉣ 걸을 때 보폭이 넓고 지면에 접촉하는 시간이 짧은 특징을 보인다.
> ㉤ 불필요한 동작을 하게 되어 더 많은 에너지를 소비하게 된다.

① ㉠, ㉡, ㉢
② ㉠, ㉢, ㉤
③ ㉡, ㉢, ㉣
④ ㉡, ㉣, ㉤

정답 ② 해설 시각장애인의 심동적 특징은 일반인보다 대체로 키가 작고, 뚱뚱하거나 야윈 경우가 많으며, 정상적 성장 발달을 위해 조기교육을 통한 보완이 필요하다. 한편, 상황이 자주 바뀌는 과제 수행에 어려움을 느끼고, 발을 땅에 끌며 걷거나 구부정하고 경직된 자세를 나타내며, 불필요한 동작을 하게 되어 더 많은 에너지를 소비하게 된다.

12. 시각장애인을 위해 고안된 종목이 아닌 것은? 2019
① 쇼다운(showdown)   ② 골볼(goal ball)
③ 탠덤 사이클(tandem cycling) ④ 보체(bocce)

정답 ④ 해설 ① 쇼다운은 공을 배트로 쳐서 테이블 벽면에 부딪힌 다음 테이블 중앙의 센터 스크린 밑을 통과하여 상대의 골 포켓에 공을 넣는 경기로, 시각장애인 경기이다. ② 골볼은 소리가 나는 공을 상대 팀 골대에 넣는 시각장애인 스포츠다. ③ 탠덤 사이클은 2인용으로 시각장애인이 뒷자리에 앉고 비장애인이 앞자리에 앉아 방향 조정을 돕는다. 보체는 스페셜올림픽 종목으로, 뇌성마비 장애인 전용 경기이다.

13. 장애인의 스포츠 참여를 촉진하는 방법으로 적절하지 않은 것은? 2018
① 청각장애인을 위한 사이클 경기에서 탠덤 자전거(tandem cycle)를 사용한다.
② 지적장애인을 위한 축구 경기에서 오프사이드(off side) 반칙을 없앤다.
③ 척수장애인을 위한 농구 경기에서 더블드리블(double dribble)을 허용한다.
④ 시각장애인을 위한 볼링 경기에서 가이드 레일(guide rail)을 설치한다.

정답 ① 해설 탠덤 자전거란 2인용 자전거를 말하는 것으로, 시각장애인을 위해 사용한다.

14. 시각장애인의 운동 특성으로 잘못 설명된 것은?
① 신체활동에 어려움을 느끼며, 잔존 시력의 정도에 따라 운동능력과 활동에 차이를 보인다.
② 비장애인보다 감각 운동과 협응력이 떨어진다.
③ 비정상적인 자세를 가지고 있는 경우가 많다.
④ 시각장애인은 상동 행동을 하지 않는다.

정답 ④ 해설 상동 행동이 나타날 수 있다.
용어 상동 행동(常同 行動) : 무의미한 동작을 계속해서 반복하는 행동

15. 시각장애인의 운동 특성으로 적절하지 <u>않은</u> 것은? 2015
① 비장애인보다 보폭이 큰 편이다.
② 비정상적인 자세를 가지고 있는 경우가 많다.
③ 비장애인보다 감각 운동과 협응력이 떨어지는 편이다.
④ 상동행동이 나타날 수 있다.

정답 ① 해설 시각장애인은 비장애인보다 보폭이 짧은 편이다.

16. 시각장애인을 위한 신체활동 지도법으로 옳지 <u>않은</u> 것은? 2020
① 과제의 전체 동작과 부분 동작을 순서대로 시범 보인다.
② 신체적 가이던스(physical guidance)의 강도를 점진적으로 줄인다.
③ 독립성을 기르기 위해 청각 및 촉각을 활용하지 않도록 습관화하여야 한다.
④ 동작의 확인을 돕기 위해 '만져서 자세를 확인하는 방법(brailing)'을 사용한다.

정답 ③ 해설 시각장애인은 청각 및 촉각을 활용하도록 지도해야 한다.

17. 백내장으로 인한 양안의 교정시력이 0.02인 시각장애인에게 농구를 지도하기 위한 전략으로 옳은 것은? 2017

㉠ 농구공은 바닥의 색과 대비되도록 한다.
㉡ 시각의 사용을 줄여서 시력 감퇴를 예방한다.
㉢ 시각 자료는 확대하고 촉각 자료도 활용한다.
㉣ 충돌에 의한 부상의 위험이 있으므로 시합에는 참여시키지 않는다.

① ㉠, ㉢ ② ㉠, ㉣ ③ ㉡, ㉢ ④ ㉢, ㉣

정답 ① 해설 ㉡과 ㉣은 논리적이지 않다.

18. 시각장애인을 위한 스포츠지도 전략으로 적절하지 <u>않은</u> 것은? 2019
① 저시력일 경우에는 청각과 촉각에만 의존하여 학습하도록 한다.
② 지도자와 성별이 다른 경우에는 신체 접촉에 대한 주의를 기울여야 한다.
③ 시각장애인이 놀라지 않도록 신체적 가이던스(physical guidance)를 제공하기 전에 미리 알려준다.
④ 전맹일 경우에는 시범을 보이는 지도자의 자세를 자신의 손으로 확인하도록 한다.

정답 ① 해설 '~ 등에만 의존해야 한다.' 등의 제한적 형식 지문이 정답일 가능성이 크다. 저시력일 경우 청각과 촉각에만 의존해서는 안 된다.

19. 저시력을 가진 시각장애인에게 체육활동을 지도할 때 고려 사항으로 적절하지 <u>않은</u> 것은? 2025
① 안전을 고려하여 모든 수행을 직접적으로 보조한다.
② 단순하고 명확하게 디자인된 시각 자료를 사용한다.
③ 활동 경계선을 쉽게 알 수 있도록 바닥에 테이프를 붙여 준다.
④ 운동 장비에 음향 신호를 추가하여 위치 파악이 쉽도록 돕는다.

정답 ① 해설 시각장애인의 스포츠 지도 시 모든 수행을 직접적으로 보조하기보다는 독립심이 길러지도록 청각과 촉각 활용을 습관화해야 한다.

20. 시각장애인의 경기종목이 <u>아닌</u> 것은?
① 육상 ② 골볼 ③ 자전거 타기 ④ 농구

정답 ④ 해설 ① 육상은 트랙경기에서 음향 장치를 설치하며 ② 골볼은 패럴림픽 종목이고, ③ 자전거 타기는 2인용으로 비장애인이 앞자리에 앉아 방향 조정을 돕는다. 한편, 2인용 자전거는 탠덤 자전거라고도 한다.

21. 시각장애인의 지도 전략으로 옳지 <u>않은</u> 것은? 2024

① 스포츠 참여는 안전을 위해 개인 종목만 지도한다.
② 시범은 잔존 시력 범위에서 보이면서 언어적 설명을 병행하는 것이 효과적이다.
③ 지도자는 지도할 때 시각장애인에게 신체 접촉의 형태, 방법, 이유 등을 구체적으로 안내한다.
④ 전맹의 경우 스포츠 동작에 대한 이해도를 높이기 위해 관절이 굽어지는 인체 모형을 사용할 수 있다.

정답 ① 해설 시각장애인의 스포츠 종목은 개인 종목과 단체 종목이 함께 존재하므로 오답이다.

22. <보기>에서 시각장애인을 지도할 때 고려 사항이 바르게 묶인 것은? 2021

> ㉠ 경기장을 미리 돌아보게 한다.
> ㉡ 장비의 모양, 크기, 재질 등을 알 수 있도록 한다.
> ㉢ 방향정위를 위해 목소리, 나무 방울 혹은 자동 방향 감지기 등을 사용한다.
> ㉣ 높이뛰기, 멀리뛰기와 같은 도약 경기에 참가하는 선수에게는 걸음걸이를 미리 세어보도록 한다.

① ㉢, ㉣
② ㉠, ㉡, ㉢
③ ㉠, ㉡, ㉣
④ ㉠, ㉡, ㉢, ㉣

정답 ④ 해설 시각장애인의 스포츠지도 유의 사항은 1) 사용 용기구를 바닥, 천장, 벽면 등 주변 색깔과 구분되도록 하고, 경기전에 경기장, 장비의 모양, 크기, 재질 등을 미리 알 수 있도록 한다. 2) 시각적 자료는 크게 볼 수 있도록 확대하고, 촉각 자료도 활용한다. 3) 방향정위를 위해 목소리, 나무 방울 혹은 자동 방향 감지기 등을 사용한다. 4) 높이뛰기, 멀리뛰기와 같은 도약 경기에 참가하는 선수에게는 걸음걸이를 미리 세어 보도록 한다.

23. <보기>에서 설명하는 시각장애인 스포츠 종목은? 2025

> • 시각 정보 없이 청각과 촉각을 활용하여 공의 위치와 방향을 파악한다.
> • 탁구대와 유사한 테이블 위에서 소리 나는 공을 배트로 쳐서 상대편 포켓에 넣는다.

① 골볼 ② 보체 ③ 쇼다운 ④ 텐핀 볼링

정답 ③ 해설 보기는 쇼다운을 설명하고 있다. 쇼다운은 아래 그림과 같은 경기이다.

복습 쇼다운 종목 확인하기

https://vo.la/BcJuoj

24. 시각장애인의 신체활동 지도를 위해 사전에 알아야 할 정보가 <u>아닌</u> 것은? 2021
① 시력 상실의 원인   ② 시력 상실의 시기
③ 잔존 시력 정도   ④ 주거환경

정답 ④ 해설 시각장애인 지도를 위해 사전 알아야 할 정보에 주거환경은 연관성이 작다.

4. 청각과 평형감각 장애인의 지도

01. 청각장애인에게 신체활동을 지도할 때의 유의점으로 적절하지 <u>않은</u> 것은? 2020
① 신체활동 지도에 필요한 수어를 사용할 수 있도록 준비한다.
② 인공와우 수술을 받은 청각장애인은 축구와 레슬링 같은 활동을 피하게 한다.
③ 과장된 표정과 입술 모양은 부담을 줄 수 있으므로 구화보다는 수어 사용에 중점을 둔다.
④ 인공와우 수술을 받은 청각장애인은 정전기를 유발할 수 있는 기구를 사용하지 않게 한다.

정답 ③ 해설 청각장애인의 신체활동 지도 시 수화보다는 구화를 사용하는 것이 좋다.

02. 청각장애의 주된 원인에 대한 설명으로 옳지 않은 것은?
① 임신 초기에 산모가 풍진을 앓은 경우
② 7세 이상 때 뇌막염을 앓은 경우
③ 병역 기피를 목적으로 고막을 손상시킨 경우
④ 중이염을 앓은 경우

[정답] ③ [해설] ③번은 옳지 않다.

03. 청각장애의 유형에 대한 설명으로 옳은 것은?
① 전음성 장애 : 전음성과 감음 신경성이 혼합되어 나타나는 유형
② 감음 신경성 장애 : 저주파수 대역보다 고주파수 대역 청력손실이 큼
③ 혼합성 장애 : 외이를 통하여 중이의 고막에 소리를 직접 전달하지 못함
④ 기도 청력 장애 : 소리가 전달되지 못하는 일반적인 청력손실

[정답] ② [해설] 전음성 장애는 소리가 전달되지 못하는 일반적인 청력손실이 일어나며, 혼합성 장애는 전음성과 감음 신경성이 혼합되어 나타나는 유형을 말한다.

04. 청각장애의 후천적 요인이 아닌 것은?
① 심한 감기 ② 고열 ③ 유전 ④ 뇌막염

[정답] ③ [해설] 선천적 요인은 임신 초기의 풍진, 기타 바이러스의 감염, 산모의 키니네 복용, 분만 시 물리적 손상 등이다. 유전은 선천적 요인이다.

05. 아래에서 설명하는 청각장애의 유형은? 2018
┌─────────────────────────────┐
│ ㉠ 소리의 왜곡은 없지만 희미하게 들린다. │
│ ㉡ 후천성인 경우가 많아 수화보다는 구화나 보청기를 주로 사용한다. │
│ ㉢ 청각신경 손상보다는 소리를 외이에서 내이로 전달하는 과정의 문제로 발생한다. │
└─────────────────────────────┘
① 혼합성(mixed)
② 전음성(conductive)
③ 감소성(reductive)
④ 감음 신경성(sensorineural)

[정답] ② [해설] 위 보기는 전음성 청각장애를 설명하고 있다.

06. <보기>에서 설명하는 청각장애의 유형은? 2023
┌─────────────────────────────┐
│ ㉠ 청력손실이 60~70dB을 넘지 않는다. │
│ ㉡ 소리를 외이에서 내이로 전달하는 과정에서 문제가 생긴다. │
│ ㉢ 중이염, 고막 손상, 외이도 염증 등에 의해서 발생하기도 한다. │
│ ㉣ 후천적인 원인에 의해 발생하는 경우가 많으며, 보청기 착용의 효과가 좋다. │
└─────────────────────────────┘
① 혼합성 난청(mixed hearing loss)
② 감소성 난청(reductive hearing loss)
③ 전음성 난청(conductive hearing loss)
④ 감각신경성 난청(sensorineural hearing loss)

[정답] ③ [해설] 소리가 외이에서 내이로 전달 과정의 난청은 전음성 장애이다.

07. 청각장애인의 등급 기준에 대한 설명으로 옳지 않은 것은?
① 2급 : 두 귀의 청력손실이 각각 90dB 이상인 사람
② 3급 : 두 귀의 청력손실이 각각 80dB 이상인 사람
③ 5급 : 두 귀의 청력손실이 각각 60dB 이상인 사람
④ 6급 : 한 귀의 청력손실이 각각 50dB 이상인 사람

[정답] ④ [해설] 6급은 한 귀의 청력손실이 80dB 이상, 다른 귀의 청력손실이 40dB 이상인 사람이다.

08. 장애인복지법에서 규정하고 있는 청각장애의 판정 기준으로 틀린 것은? 2017
① 두 귀의 청력손실이 각각 40데시벨(dB) 이상
② 한 귀의 청력손실이 80데시벨(dB) 이상이며 다른 한 귀의 청력손실이 40데시벨(dB) 이상
③ 두 귀에 들리는 보통 말소리의 명료도가 50% 이하
④ 평형기능의 상당한 장애가 있는 경우

정답 ① 해설 두 귀의 청력손실이 각각 60데시벨 이상인 사람은 5급에 해당한다.

09. 청각장애인의 체육 지도에 관한 사항으로 잘못 설명된 것은?
① 수화나 몸짓과 같은 시각적 언어를 사용하고, 환경적 단서를 제공한다.
② 귀울림 현상을 방지하기 위해 소음을 최소화한다.
③ 거울 등을 사용하여 시각적 피드백으로 바른 자세를 강화시킨다.
④ 청각장애인은 지적장애인이 아니므로 체육 지도에 특별한 시도가 필요치 않다.

정답 ④ 해설 ④번은 옳지 않은 설명이다. 청각장애인도 체육 지도에 특별한 시도가 있어야 한다.

10. 청각장애인의 스포츠활동 지도법에 대한 설명으로 옳지 <u>않은</u> 것은? 2016
① 대화할 때 항상 시선을 맞추고 대화한다.
② 필요하면 대화를 위해 필기도구를 준비한다.
③ 청각장애인이 명확히 이해하고 있는 수신호만을 이용한다.
④ 통역사를 보고 청각장애인에게 질문한다.

정답 ④ 해설 통역사가 있는 경우라도 청각장애인에게 시선을 맞추어 대화해야 한다.

11. <보기>에서 청각장애인에게 체육활동을 지도할 때 고려할 사항으로 옳은 것만을 모두 고른 것은? 2025

ㄱ. 체육관이나 운동장의 소음을 최소화한다.
ㄴ. 대화 중에 입을 가리거나 껌을 씹지 않는다.
ㄷ. 시범과 시각적 지도 단서를 활용하여 설명한다.
ㄹ. 공을 패스하기 전에 서로 눈을 맞추고 패스한다.

① ㄱ, ㄴ   ② ㄱ, ㄴ, ㄷ
③ ㄱ, ㄴ, ㄹ   ④ ㄱ, ㄴ, ㄷ, ㄹ

정답 ④ 해설 청각장애인 운동 지도 시 보기의 사항 모두를 고려해야 한다.

12. 장애인복지법에서 규정하고 있는 평형감각 장애의 판정 기준을 잘못 설명한 것은?
① 3급 : 양측 평형기능의 소실로 두 눈을 뜬 상태에서 직선으로 10m 이상을 지속적으로 걸을 수 없는 사람
② 4급 : 양측 평형기능의 소실 또는 감소로 두 눈을 뜬 상태에서 직선으로 10m를 걸으려면 중간에 균형을 잡기 위해 멈추어야 하는 사람
③ 5급 : 양측 평형기능의 감소로 두 눈을 뜬 상태에서 직선으로 10m를 걸을 때 중앙에서 60cm 이상 벗어나며, 복합적인 신체 운동은 어려운 사람
④ 6급 : 양측 평형기능의 감소로 두 눈을 뜬 상태에서 직선으로 10m를 걸을 때 중앙에서 70cm 이상 벗어나며, 복합적인 신체 운동은 어려운 사람

정답 ④ 해설 평형감각 장애의 경우 3급~5급까지 분류된다. 정부의 장애인 등급 분류 방법이 변경되어 현재는 중증·경증 장애인으로 분류하고 있으므로 문제의 타당성이 없는 상태이다.

13. 청각장애인에 관한 설명으로 옳지 않은 것은? 2021
① 지필 대화를 할 수 있다.
② 부정확한 발음은 즉시 교정해 준다.
③ 눈을 마주 보고 대화를 한다.
④ 수어 통역사가 있더라도 가능하면 직접 대화한다.

[정답] ② [해설] 청각장애인에게 부정확한 발음을 즉시 교정해 줄 필요는 없다.

14. 청각장애 체육활동 지도 시 특수체육 지도자의 고려 사항으로 적절하지 않은 것은? 2015
① 지도자는 태양을 등지고 설명한다.
② 심한 소음이나 시각적 자극이 많은 곳은 가급적 피한다.
③ 정확한 입 모양으로, 큰소리로 상황을 설명한다.
④ 프로그램 시작은 익숙한 것부터 시작한다.

[정답] ① [해설] 청각장애인 지도에서 채광과는 연관성이 거의 없다.

15. 청각장애인이 비장애인보다 운동수행력이 낮은 이유로 적절하지 않은 것은? 2015
① 청각장애로 언어 훈련에 힘쓰느라 운동 경험이 부족하다.
② 어휘력의 발달이 부족하여 신체활동을 바르게 이해하지 못하는 경우가 발생한다.
③ 청각장애로 의사소통에 어려움이 있기에 신체활동 참여 기회가 적다.
④ 청각장애는 지적 기능의 손상을 동반하기 때문에 운동수행을 정확히 이해하기 힘들다.

[정답] ④ [해설] 청각장애의 경우 지적 기능의 손상을 동반하지 않는다.

16. 장애 유형별 스포츠지도 전략으로 적절하지 않은 것은? 2019
① 척수장애인은 신경 손상으로 인한 이상 반응에 대비해야 한다.
② 저시력 장애인이 잔존 시력을 효과적으로 활용하도록 밝은 곳에서 지도한다.
③ 보청기를 착용한 청각장애인은 수영할 때도 계속 착용하도록 지도한다.
④ 지적장애인에게는 단순한 과제에서 복잡한 과제의 순서로 제시한다.

[정답] ③ [해설] 보청기는 수분에 매우 취약하여 입수 시 착용하면 안 된다.

5. 언어장애인의 지도

01. <보기>의 ㉠, ㉡, ㉢에 해당하는 수어의 의미를 순서대로 바르게 나열한 것은? 2019

㉠		두 주먹을 양어깨 앞에서 위로 올렸다 내리는 동작
㉡	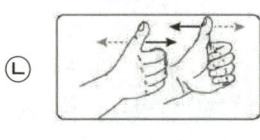	두 주먹의 엄지를 펴서 그 끝이 위를 향하게 하여 약 5cm의 간격을 두고 서로 엇갈리게 전후로 움직이는 동작
㉢	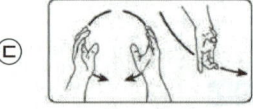	두 손으로 공 모양을 만든 다음, 오른손으로 잡고 밀어 던지는 동작

① 체육(운동), 달리기, 볼링
② 역도, 복싱(권투), 배구
③ 역도, 복싱(권투), 볼링
④ 체육(운동), 달리기, 배구

[정답] ① [해설] 스포츠 지도와 관련된 수화는 대부분 스포츠 종목의 주된 동작 형태를 나타낸다. 객관식 시험에서 수화 동작은 주어진 지문 종목의 주된 동작을 생각하면 대부분 답을 찾을 수 있다. ㉢은 볼링 동작을 나타내고 있다.

[복습] 시험에 출제될 수 있는 관련 수화

운동, 스포츠, 체육	운동 경기	축구	볼링	야구
팔을 들어 올리는 동작	두 주먹을 어깨 위로 동시에 두 번 올렸다 내린 다음 5지를 펴서 세운 두 주먹을 전후로 엇갈리게 두 번 움직인다.	발로 차는 것을 나타내는 동작	1·4지를 편 오른 주먹을 밖으로 내밀며 편다.	오른 주먹의 1지를 펴서 끝이 위로 향하게 세우고 왼손으로 오른 팔꿈치를 받치고 오른손으로 반원을 그리며 안으로 돈다.

달리기	탁구	농구	수영	스케이트
주먹을 쥔 두 팔을 양쪽 가슴 옆에서 번갈아 두 번 올렸다 내린다.	손가락 끝을 모아 끝이 위로 향하게 쥔 왼손을 오른 손바닥으로 쳐내는 동작을 한다.	왼손을 구부려 손끝이 오른쪽으로 향하게 하여 가슴 앞에 두고, 손등이 밖으로 향하게 쥔 오른 주먹을 왼손의 사이로 내린다.	검지와 중지를 교대로 움직이며 손등 방향으로 움직인다.	검지와 중지를 펴서 화살표와 같이 교대로 내민다.

안녕하세요?	반갑습니다.	고맙습니다.	시작합니다.	끝입니다.
손끝이 밖으로 향하게 펴서 모로 세운 오른손의 4지 옆면을 손바닥이 아래로 향하게 편 왼손등에 두 번 댄다.	두 손을 약간 구부려 손끝을 양쪽 가슴에 대고 상하로 엇갈리게 두 번 움직인다.	손끝이 밖으로 향하게 펴서 모로 세운 오른손의 4지 옆면을 손바닥이 아래로 향하게 편 왼손등에 두 번 댄다.	손끝이 밖으로, 손등이 옆으로 향하게 편 두 손의 손바닥을 맞댔다가 양옆으로 벌린다.	손끝이 밖으로 향하게 펴서 모로 세운 왼 손바닥에 오른손 끝을 가져다 대며 약간 올린다.

02. <보기>의 수어가 나타내는 스포츠 종목은?
`2022`

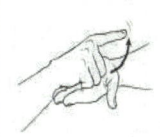
왼 손바닥을 위로 향하게 펴고, 오른 주먹의 손등이 위로 향하게 하여 왼 손바닥 위에 올려놓고, 오른손의 검지를 튕기며 편다.

① 휠체어 농구 ② 권투 ③ 탁구 ④ 축구

[정답] ④ [해설] 보기는 발로 차는 형태를 나타내는 동작으로, 축구를 나타낸다.

03. 언어장애의 유형이 아닌 것은?
① 구강 장애   ② 뇌 병변 장애
③ 발달지체 관련 장애   ④ 유전성 장애

[정답] ④ [해설] 언어장애 유형은 구강 장애, 청각장애, 뇌 병변 장애, 발달지체 장애 등이다.

04. 제시어와 <보기>의 수어 ㉠~㉢을 바르게 나열한 것은? 2024

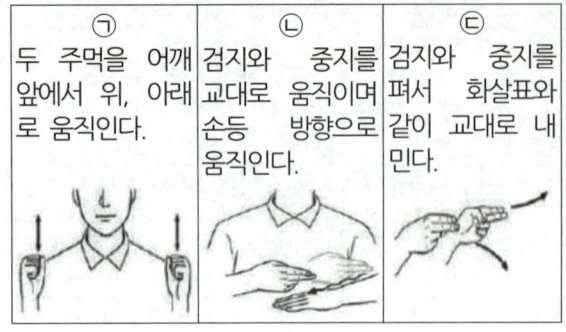

	수영	운동	스케이트
①	㉠	㉡	㉢
②	㉠	㉢	㉡
③	㉡	㉠	㉢
④	㉢	㉠	㉡

정답 ③ 해설 수영은 검지와 중지를 교대로 움직이며 손등 방향으로 움직이고, 운동은 팔을 들어 올리는 동작이고, 스케이트는 검지와 중지를 펴서 화살표와 같이 교대로 내민다.

05. 제시어와 <보기>의 수어 중 '반갑습니다', '농구', '고맙습니다'를 바르게 연결한 것은? 2023

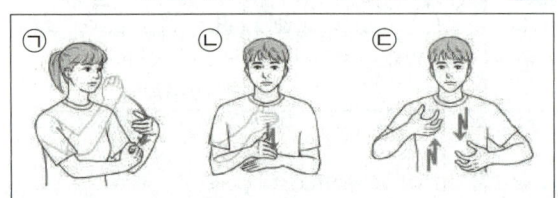

① ㉡, ㉠, ㉢ ② ㉡, ㉢, ㉠
③ ㉢, ㉠, ㉡ ④ ㉠, ㉢, ㉡

정답 ③ 해설 ㉠은 왼손을 구부려 손끝이 오른쪽으로 향하게 하여 가슴 앞에 두고, 손등이 밖으로 향하게 쥔 오른 주먹을 왼손의 사이로 내리는 농구를 뜻한다. ㉡은 두 손을 약간 구부려 손끝을 양쪽 가슴에 대고 상하로 엇갈리게 두 번 움직이는 동작으로, '반갑습니다.'의 의미이다. ㉢은 '고맙습니다.'라는 의미로 손끝이 밖으로 향하게 펴서 모로 세운 오른손의 4지 옆면을 손바닥이 아래로 향하게 편 왼손등에 두 번 댄다.

6. 지체장애인의 지도

01. 지체 장애를 구분하는 방법으로 옳지 않은 것은?
① 절단 장애 ② 관절 장애
③ 변형 등의 장애 ④ 주의력 결핍 장애

정답 ④ 해설 지체 장애는 절단 장애, 관절 장애, 변형 등의 장애로 구분한다. 주의력 결핍 장애는 정서·행동 장애이다.

02. 지체 장애의 판정 기준으로 잘못 설명된 것은?
① 한쪽 팔, 한쪽 다리 또는 몸통의 기능에 비영속적 장애가 있는 사람
② 한 손의 엄지손가락을 지골 관절 이상 부위에서 잃은 사람
③ 한 다리를 리스프랑 관절 이상 부위에서 잃은 사람
④ 왜소증으로 키가 심하게 작거나 척추에 현저한 변형 또는 기형이 있는 사람

정답 ① 해설 ① 한쪽 팔, 한쪽 다리 또는 몸통의 기능에 영속적 장애가 지체 장애 판정 기준이다.

03. 다음 중 지체 장애에 대한 설명으로 적절하지 않은 것은? 2015
① 발달 장애는 지체 장애 범주에 포함되지 않는다.
② 지체 장애는 관절 장애, 척수손상, 절단 장애 등을 포함한다.
③ 뇌병변장애인의 장애 정도는 뇌의 손상 부위와 크게 관련이 없다.
④ 척수장애인의 장애 정도는 척수손상 위치에 따라 다르다.

정답 ③ 해설 뇌 병변 장애는 뇌 손상 부위에 따라 뇌성마비, 외상성 뇌 손상, 뇌졸중 등으로 구분한다.

04. 척수 장애에 관한 증상으로 옳지 않은 것은?
① 고혈압　　　　② 근육 경련
③ 골다공증　　　④ 비정상적인 근수축

정답 ① **해설** 척수 상해를 입은 사람들은 많은 2차적 건강 상태에 문제가 발생하는데, 특히 방광과 소화기관의 조절 문제, 비정상적 근수축, 골다공증, 비뇨기 감염, 배변, 욕창, 근육의 경직, 근육 경련, 낮은 에너지 소비로 인한 비만증 등의 문제가 있다.

05. 척수장애인의 산소소비량이 적은 이유는? 2017
① 인대의 위축　　② 염색체의 기능 이상
③ 신경계의 기능 이상　④ 적은 근육량

정답 ④ **해설** 척수장애인의 산소소비량이 적은 것은 비정상적 근수축, 근육의 경직, 근육 경련, 낮은 에너지 소비 등으로 근육량이 줄어들었기 때문이다.

06. 척수 장애의 장애 정도가 가장 심한 것은? 2022
① 목뼈(경추, cervical vertebrae) 1번과 2번 사이 손상
② 목뼈(경추, cervical vertebrae) 6번과 7번 사이 손상
③ 등뼈(흉추, thoracic vertebrae) 1번과 2번 사이 손상
④ 등뼈(흉추, thoracic vertebrae) 11번과 12번 사이 손상

정답 ① **해설** 척수 장애는 위쪽 척추 순으로 장애 정도가 심하다.

07. T6(흉추 6번) 이상의 손상이 있는 선수의 체력 운동 시 고려 사항으로 옳지 않은 것은? 2024
① 근육량이 적은 선수는 유산소 운동보다는 무산소 운동이 적절하다.
② 유산소 운동 중 젖산이 급격히 생성되므로 긴 휴식 시간과 에너지원 보충이 필요하다.
③ 땀을 흘리는 피부 면적이 좁아 더위에서 운동하면 체온이 급격히 올라가는 것을 고려해야 한다.
④ 교감신경 손상이 있는 경우 심박수를 운동 과정과 회복 과정 그리고 운동 처방에 사용한다.

정답 ①, ④ **해설** 흉추 6번 손상은 상지는 움직일 수 있지만 하지는 마비된다. 휠체어를 스스로 움직여 이동할 수 있고, 볼링이나 양궁 등이 가능하다. 처음에 ④번이 정답으로 발표되었다가 ①번이 추가되었다. 교감신경은 긴장 상황에서 활성화되는 신경으로, 흉추 손상과 연관이 없다. ①에서 유산소 운동보다 무산소운동이 적절하다고 단정적으로 말할 수 없다.

08. <보기>의 장애 유형에 관한 설명으로 옳은 것은? 2025

> 중추신경계 손상에 의한 근육 마비, 협응성 장애, 근육 약화, 기타 운동기능 장애를 보이는 비진행성 신경 장애이다.

① 발작이 발생하면 움직임을 제한하고 곧바로 물을 마시게 한다.
② 단마비(monoplegia)는 양팔이나 양다리에 마비가 있는 경우이다.
③ 비정상적 반사 발달과 신체 협응의 어려움, 가위 보행을 보이는 경우가 많다.
④ 운동실조증(ataxia)은 대뇌 기저핵의 손상으로 불수의적 움직임과 머리 조절에 어려움을 보인다.

정답 ③ **해설** 보기의 증상은 뇌성마비 장애로, 뇌에 비진행성 병변이 발생하고, 그 결과 영속적인 중추성 운동장애를 초래하는 증상이 나타난다. 비정상적 반사 발달과 신체 협응의 어려움을 겪는다.

09. 절단 장애인에게 신체활동을 지도할 때 고려 사항으로 적절하지 않은 것은? 2020
① 염증이나 감염을 방지하기 위해 절단 부위를 관리한다.
② 신체활동 강도에 따라 휴식 시간을 조절하여 피로 발생을 완화한다.
③ 운동 역학적 효율성을 고려하여 무게 중심의 변화에 적응하도록 한다.
④ 자율신경계 반사 부전증을 일으키는 요인을 인식하여 문제 발생을 예방한다.

정답 ④ 해설 자율신경성 반사 부전증(AD, autonomic dysreflexia)은 척수장애인의 배뇨와 관련된 질병으로 지체 장애 중 절단 장애인과는 관련이 없다.

10. <표>는 척수손상 위치에 따라 휠체어 농구 교실 참여가 가능한지를 결정한 내용이다. ㉠~㉣ 중에서 참여 가능 여부의 결정이 옳지 않은 것은? 2023

프로그램	휠체어 농구 교실	장애 유형	척수 장애	장애 정도	1~3급
손상 위치			잠재적 능력 고려 참여 가능 여부		
			가능	불가능	
㉠ 흉추 1번~2번 사이				○	
㉡ 흉추 2번~3번 사이			○		
㉢ 흉추 11번~12번 사이			○		
㉣ 흉추 12번~13번 사이			○		

① ㉠ ② ㉡ ③ ㉢ ④ ㉣

정답 ① 해설 이 문제는 2급 스포츠지도사 시험 과목인 특수체육론에 출제될 사항이 아니고, 1급 스포츠지도사 시험과목인 장애인스포츠론에서 출제되어야 할 문제이다. 문제 해설은 흉추(등뼈, T1-9) 손상은 상지는 움직일 수 있고, 하지는 마비된다. 그러므로 흉추 1-2 손상은 휠체어 농구에 참여할 수 있다.

11. 척수장애인에게 신체활동을 지도할 때의 고려할 사항으로 적절한 것은? 2020
① 손상 부위에 따라 적합한 운동기구를 활용하는지 점검한다.
② 손상 부위가 같으면 체력 수준도 유사하므로 같은 프로그램을 제공한다.
③ 체온 조절 능력이 상실되었으므로 온도와 습도를 고려하지 않는다.
④ 잔존 운동기능의 정도와 상관없이 재활과 치료 중심의 활동에 참여하게 한다.

정답 ① 해설 ② 손상 부위가 같다고 체력 수준이 유사한 것이 아니다. ③ 체온 조절 능력이 상실되므로 온도와 습도를 고려해야 한다. ④ 재활과 치료 중심의 활동은 잔존 운동기능을 고려해야 한다.

12. 지체 장애의 유형별 특징으로 옳지 않은 것은? 2018
① 회백수염(poliomyelitis)은 콜라겐 섬유 단백질의 결핍으로 뼈가 불완전하게 형성되어 쉽게 부서지는 유전성 질환이다.
② 다발성경화증(multiple sclerosis)은 몸의 여러 곳에 동시다발적으로 염증이 발생하여 근육이 굳어지며 전반적인 무력감이 나타난다.
③ 근이영양증(muscular dystrophy)은 여러 근육 군의 퇴화가 서서히 진행되는 유전성 질환으로 호흡 장애와 심장질환 등의 합병증을 유발한다.
④ 절단 장애(amputees)는 사지의 일부 혹은 전체가 상실된 상태로 선천성과 후천성으로 구분된다.

정답 ① 해설 회백수염은 소아마비의 일종인 척수성 소아마비를 말한다. 폴리오바이러스에 의한 신경계의 감염으로 발생하며, WHO 보고에 의하면 우리나라를 포함한 서태평양 지역에서 소아마비 2000년에 박멸되었다.

13. 지체 장애인에게 운동을 지도할 때 주의할 사항으로 옳지 <u>않은</u> 것은? 2025
① 절단 장애인의 절주 부위를 마사지하여 예민함을 감소시킨다.
② 절단 장애인의 절주 부위 땀과 체액 분비물을 주기적으로 닦아 준다.
③ 척수손상 장애인에게 기립성 저혈압이 발생하면 고강도 근력운동으로 전환한다.
④ 척수손상 장애인의 과도한 체온 상승 예방을 위해 휴식을 취하고 수분을 섭취하게 한다.

[정답] ③ [오답 해설] 기립성 저혈압은 누웠거나, 앉았다 일어날 때 어지럽거나, 눈앞이 깜깜해지는 현상이 나타나는 증상이다. 기립성 저혈압 장애인에게 고강도 근력운동은 적합하지 않다. 어지럼증, 두통, 구토, 근육의 떨림, 의식 소실 등의 증상이 나타나면 바른 자세로 눕히고 안정을 취하도록 해야 한다.

14. 척수손상 장애인의 자율신경 반사 이상(autonomic dysreflexia)에 관한 내용으로 옳지 <u>않은</u> 것은? 2021
① 자율신경 반사 이상은 예방할 수 없다.
② 운동 전 방광과 장을 비움으로써 예방할 수 있다.
③ 자율신경 이상이 증가하면 운동을 중단한다.
④ 경추 6번 및 윗부위의 손상 장애인에게서 발생 가능성이 높다.

[정답] ① [해설] 자율신경 반사 이상은 배뇨, 배변 장애를 일으키며, 스포츠활동 전 미리 방광과 장을 비우므로 예방할 수 있다. 정답은 ①번으로 발표되었고, 채점되었다. 그러나 ④번도 정답이다. 경추 6번 이상의 손상 장애인에게 발생 가능성이 크다고 언급되었지만, 이는 잘못된 것이다. 흉추 6번 이상의 손상 장애인에게 잦다.

15. 척수손상 장애인의 특성에 관한 지도자의 대처로 옳지 <u>않은</u> 것은? 2024
① 욕창이 생기지 않도록 자세를 자주 바꾸게 한다.
② 기립성 저혈압의 경우 압박 스타킹을 착용하도록 한다.
③ 자율신경 반사 이상(autonomic dysreflexia)이 발생할 때 고강도 순환 운동으로 전환한다.
④ 운동 중에 과도하게 체온이 상승하는 것을 예방하기 위해 물을 분무해 주면서 휴식을 취하도록 한다.

[정답] ③ [해설] AD 장애인지도 시 상태가 심하면 운동을 중단하거나, 저강도 운동이 필요하다.

16. <보기>에서 설명하는 장애인스키 장비는? 2022

- 절단 등의 장애 때문에 균형 유지가 어려운 장애인이 사용한다.
- 스키 폴(pole) 하단에 짧은 플레이트를 붙여서 만든 보조 장치다.

① 아웃리거(outriggers) ② 듀얼리거(dualriggers)
③ 바이리거(biriggers) ④ 인리거(inriggers)

[정답] ① [해설] 스키 또는 배가 넘어짐을 방지하기 위한 안전 장비는 아웃리거(outriggers)로, 스키는 폴 하단에 플레이트를 붙여 넘어짐을 방지한다.

17. 하지 절단 장애인의 운동 중 균형 유지를 위한 방법으로 적절하지 <u>않은</u> 것은? 2019
① 축구에서 클러치(clutch)를 사용하여 체중을 안정적으로 지탱한다.
② 스키에서 아웃리거(outriggers)를 사용한다.
③ 수영에서 의족을 착용한다.
④ 탁구에서 탁구대에 몸을 지지한다.

[정답] ③ [해설] 축구에서 클러치는 목발을 사용하는 것으로, 신체 균형 유지를 위해 허용한다. 알파인 스키의 좌식 부분은 폴 대신 아웃리거를 사용한다. 탁구는 휠체어를 사용할 수 있으며, 탁구대에 몸을 지지할 수도 있다.

18. 진행성 근이영양증(muscular dyatrophy, MD)에 관한 설명으로 옳지 않은 것은? 2024
① 디스트로핀(dystrophin) 단백질 결손과 관련된 유전 질환이다.
② 근 위축은 규칙적인 근력 및 근지구력 운동으로 예방할 수 있다.
③ 듀센형(Duchenne MD) 장애인은 대부분 평균 이상의 지적 능력을 보인다.
④ 듀센형 장애인은 종아리 근육에 가성 비대(pseudo hypertrophy)가 나타난다.

정답 ②, ③ 해설 근이영양증 질환은 현재 예방법이 없으며, 환자의 대부분 지능이 85 정도로, 경계선 이하에 속해 있다. 처음 가답안은 ②번으로 발표되었다가 ③번이 추가되었다.

19. 보기의 ㉠, ㉡, ㉢에 들어갈 용어가 순서대로 바르게 묶인 것은? 2020

- (㉠)은 바이러스 감염에 의한 마비로써 척수의 운동 세포에 영향을 미쳐 뼈의 변형이나 보행에 문제를 일으킨다.
- (㉡)은 중추신경계 질환으로 몸의 여러 곳에 염증이 발생하여 근육이 굳어지며 전반적인 무력감을 일으킨다.
- (㉢)은 근육 퇴화를 유발하는 유전 질환으로, 호흡 장애와 심장질환 등의 합병증을 유발한다.

① 회백수염, 근이영양증, 다발성경화증
② 다발성경화증, 회백수염, 근이영양증
③ 다발성경화증, 근이영양증, 회백수염
④ 회백수염, 다발성경화증, 근이영양증

정답 ④ 해설 지체장애의 발현 유형이다. ㉠은 소아마비라고 하는 회백수염을 말한다. 폴리오바이러스에 의한 신경계 감염으로 발생한다. ㉡ 다발성경화증은 몸의 여러 곳에 동시다발적으로 염증이 발생하여 근육이 굳어지며, 신체적으로 전반적 무력감이 나타난다. ㉢은 여러 근육군의 퇴화가 서서히 진행되는 유전성 질환으로, 호흡 장애와 심장질환 등의 합병증을 유발하는 근이영양증을 설명하고 있다. 이외에도 지체 장애인은 사지의 일부 혹은 전체가 상실된 상태인 절단 장애가 있다.

20. 휠체어 이용 척수장애인이 활용할 수 있는 심폐지구력 운동장비로 적절하지 않은 것은?
① 핸드 사이클(hand cycle)
② 벤치프레스(bench press)
③ 암 에르고미터(arm ergometer)
④ 휠체어 트레드밀(wheelchair treadmill)

정답 ② 해설 벤치프레스는 척수장애인이 사용하기 어려운 장비이다.

참고 척수장애인의 운동장비

※ 벤치프레스는 형태 파악을 목적으로 게재되었다.

21. 지체 장애인에게 스포츠를 지도할 때 고려해야 할 사항으로 적절하지 않은 것은? 2018
① 기립성 저혈압(orthostatic hypotension) 증상이 발생할 때는 몸을 앞으로 숙이거나 서 있도록 조치한다.
② 욕창 예방을 위해 30분 운동 후 1분 정도 휠체어 좌석에서 엉덩이를 들어 올려 피부 압박을 줄여준다.
③ 척추측만증과 같은 자세 결함을 교정하기 위해 근력운동이나 스트레칭 운동을 실시한다.
④ 제6번 등뼈(흉추 : T6) 이상의 손상자는 자율신경반사 부전증(autonomic dysreflexia) 발생 가능성이 커 운동 전에 장과 방광, 혈압의 상태를 점검한다.

정답 ① 해설 기립성 저혈압은 앉았다 일어설 때 순간적으로 머리가 핑 도는 느낌의 증상을 말하는 것으로, 서 있는 상태를 내버려 두지 않아야 한다.

22. 척수장애인의 운동 지도 지침이 <u>아닌</u> 것은? `2022`
① 자율신경 반사 이상의 위험을 줄이기 위해 운동 전에 장과 방광을 비우게 한다.
② 유산소성 운동 후 체온을 낮추어 주기 위해 시원한 압박붕대를 사용한다.
③ T6 이상에 손상을 입은 경우, 유산소성 훈련 효과를 극대화하기 위해 최대심박수를 150회/분까지 증가시킨다.
④ 심장으로 들어가는 혈액량의 감소로 인한 저혈압의 위험을 줄이기 위해, 충분한 준비운동을 하게 하고 운동 부하를 점진적으로 증가시킨다.

정답 ③ **해설** 제6번 등뼈(흉추 : T6) 이상의 손상자는 자율신경반사 부전증 발생 가능성이 커 운동 전에 장과 방광, 혈압 상태를 점검해야 하고, 저강도 운동이 적합하다.

23. 좌측 발목 절단 장애인을 위한 스포츠 지도 전략으로 틀린 것은? `2017`
① 상 하지의 균형적 발달을 위한 활동을 하게 한다.
② 좌측 다리의 근육을 강화시켜 우측 다리와 균형을 이루도록 한다.
③ 보행 보조기구는 하지의 근력이 강해진 후에 사용하도록 한다.
④ 비만 예방을 위한 스포츠 프로그램에 규칙적으로 참여시킨다.

정답 ③ **해설** 보조기구는 절단 장애가 발생한 후 조속히 사용하도록 해야 한다.

24. 근지구력이 약한 지체 장애인에게 휠체어 농구를 지도하기 위한 전략으로 적합하지 <u>않은</u> 것은? `2017`
① 인터벌 트레이닝으로 근지구력을 향상시킨다.
② 휴식 시간을 자주 준다.
③ 경기 시간의 단축을 위해 선수 교체를 하지 않는다.
④ 체력 소모를 줄이기 위해 농구 코트의 크기를 작게 한다.

정답 ③ **해설** 근지구력은 근육이 일정한 속도와 강도의 운동을 지속적으로 할 수 있는 능력이다. 근지구력이 약한 지체장애인의 경우 체력 요인을 고려하여 선수 교체를 자주 해야 한다.

25. 척수장애인의 스포츠 지도 전략으로 <u>잘못된</u> 것은?
① 정상적 근육 길이를 유지하기 위하여 유연성 운동이 필요하다.
② 척추측만증이 있을 경우 약화된 근육군을 강하게 하고 경직된 근육군을 신전시키는 운동을 해야 한다.
③ 지속적이며 활발한 체육활동이 필요하지만, 식이요법은 필요치 않다.
④ 브레이스를 착용하여 교정 자세로 신체의 움직임을 유지하고 지탱해 주는 것이 좋다.

정답 ③ **해설** 척수장애인의 스포츠지도 시 과체중이나 비만이 될 수 있으므로 식이요법도 포함해야 한다.

26. 척수장애인의 체육활동 시 고려 요인으로 옳지 <u>않은</u> 것은? 2016
① 수영을 포함한 모든 활동에서 안전을 위해 브레이스를 착용하게 한다.
② 자세를 자주 바꾸고 수분 흡수가 가능한 의복을 착용하게 하여 욕창에 대처한다.
③ 너무 춥거나 더운 환경에서 운동하지 않도록 하여 온도변화에 대처한다.
④ 손가락 테이핑이나 보호용 커버를 사용(휠체어 사용자)하게 하여 물집에 대처한다.

[정답] ① [해설] 브레이스는 사지나 체간 외부에 착용하여 교정 자세로 신체의 움직임을 유지하고 지탱해 주는 정형외과적 장치로, 척수장애인이 사용한다. 그러나 수영 종목은 물속에서 부력을 이용하기 때문에 브레이스를 착용하면 운동에 방해가 된다.

27. <보기>의 지체 장애인을 위한 스포츠 지도 전략으로 옳은 것은? 2017

> 민수는 교통사고에 의한 흉추 6번의 손상으로 병원에서 수술과 재활을 받고 척수손상에 의한 지체 장애 판정을 받았다. 의사는 민수에게 스포츠 참여를 제안하였다.

① 사지를 사용할 수 없으므로 보치아에 참여시킨다.
② 상지를 사용할 수 있으므로 휠체어 스포츠에 참여시킨다.
③ 하지를 사용할 수 있으므로 축구의 규칙을 변형하여 참여시킨다.
④ 사지를 사용할 수 있으므로 본인의 희망 종목에 참여시킨다.

[정답] ② [해설] 흉추 상부(T1-9) 손상은 상지는 움직일 수는 있지만 하지는 마비된다. 스스로 이동할 수 있으며, 휠체어를 혼자서 움직일 수 있으므로 볼링, 양궁 등의 운동이 가능하다.

28. 발작(seizure)에 대한 지도자의 대처 방법으로 옳지 <u>않은</u> 것은?
① 발작 동안 주변 사물과 충돌하지 않도록 조치한다.
② 발작 이후 즉시 심폐소생술을 실시한다.
③ 발작이 10분 이상 지속할 경우 응급상황으로 판단한다.
④ 발작 이후 호흡 상태 관찰과 필요하면 회복 자세를 취하도록 한다.

[정답] ② [해설] 발작은 달리 경련이라고 하며, 경련 이후 심폐소생술은 적합하지 않다.

7. 뇌병변장애인의 지도

01. 다음 중 뇌 병변 장애에 해당하지 <u>않는</u> 것은?
① 뇌성마비   ② 외상성 뇌 질환
③ 뇌졸중   ④ 행동·정서 장애

[정답] ④ [해설] 행동·정서 장애는 뇌 병변 장애가 아니다.

02. 지체 장애 중 뇌 병변 장애에 해당하지 <u>않는</u> 것은?
① 척수측만증   ② 뇌졸중
③ 뇌성마비   ④ 외상성 뇌 손상

[정답] ① [해설] 척수측만증은 지체 장애이다.

03. 뇌 병변 장애의 출생 후의 발병 원인으로 보기 <u>어려운</u> 것은?
① 두뇌 기형   ② 수막염
③ 무산소증   ④ 아동학대

[정답] ① [해설] 출생 전 원인은 두뇌 기형, 유전적 증후군, 선천적 감염 등이 있다.

04. 뇌병변장애인에 대한 설명으로 옳지 <u>않은</u> 것은? 2019
① 외상성 뇌 손상 장애인은 몸의 균형 및 협응에 문제를 보인다.
② 뇌성마비 장애인은 원시 반사로 인해 효율적인 움직임이 어렵다.
③ 뇌병변장애인은 보행의 어려움과 과도한 근긴장 때문에 수중운동을 피한다.
④ 뇌졸중 장애인은 감각 및 운동기능 손상, 시야 결손, 의사소통의 어려움이 있다.

[정답] ③ [해설] 뇌병변장애인은 보행의 어려움 등으로 수중운동이 권장된다.

05. 뇌성마비를 분류하는 방법으로 잘못된 것은?
① 뇌병변성 뇌성마비
② 무정위 운동성 뇌성마비
③ 경련성 뇌성마비
④ 운동 실조성 뇌성마미

[정답] ① [해설] 뇌성마비는 뇌병변성 뇌성마비로 분류되지 않는다.

06. 뇌성마비의 분류 기준과 예시를 바르게 연결한 것은? 2020
① 형태적 분류-대뇌피질성, 기저핵성, 소뇌성
② 스포츠 등급 분류-단마비, 편마비, 양측마비
③ 운동 기능적 분류-경직성, 무정위 운동성, 운동 실조성
④ 신경해부학적 분류-CP1, CP2, CP3, CP4, CP5, CP6, CP7, CP8

[정답] ③ [해설] 뇌성마비는 경련성·무정위 운동성·운동 실조성 뇌성마비로 분류한다. 경련성 뇌성마비는 경직성 뇌성마비라고도 한다.

07. 신경 운동학적 분류에 따른 뇌성마비의 유형에 해당하지 <u>않은</u> 것은? 2016
① 경련성 뇌성마비(spastic cerebral palsy)
② 무정위 운동성 뇌성마비(athetoid cerebral palsy)
③ 운동 실조성 뇌성마비(ataxia cerebral palsy)
④ 근이 영양성 뇌성마비(muscular dystrophy cerebral palsy)

[정답] ④ [해설] 근이영양증이란 운동능력을 방해하는 근육합병증으로, 유전성 질환이다. 뇌성마비를 분류할 때 근이 영양성 뇌성마비로는 분류하지 않는다.

08. 뇌성마비의 유형별 특징으로 옳지 <u>않은</u> 것은? 2021
① 경직성은 대뇌피질의 손상으로 근육의 저긴장 상태를 보인다.
② 운동 실조성은 소뇌의 손상으로 균형과 협응에 어려움을 보인다.
③ 무정위 운동성은 기저핵의 손상으로 불수의적인 움직임을 보인다.
④ 혼합형은 경직성과 무정위 운동성이 혼재하며, 경직성 유형이 좀 더 두드러진다.

[정답] ① [해설] 경직성 뇌성마비는 전두엽 운동 피질과 척수로 전달하는 경로인 추 체계로 인해 발생하며, 뇌성마비의 전체 70% 이상을 차지하고 있다.

09. <보기>의 장애 유형에 관한 설명으로 옳은 것은? 2025

> 중추신경계 손상에 의한 근육 마비, 협응성 장애, 근육 약화, 기타 운동기능 장애를 보이는 비진행성 신경 장애이다.

① 발작이 발생하면 움직임을 제한하고 곧바로 물을 마시게 한다.
② 단마비(monoplegia)는 양팔이나 양다리에 마비가 있는 경우이다.
③ 비정상적 반사 발달과 신체 협응의 어려움, 가위 보행을 보이는 경우가 많다.
④ 운동실조증(ataxia)은 대뇌 기저핵의 손상으로 불수의적 움직임과 머리 조절에 어려움을 보인다.

정답 ③ 해설 보기의 증상은 뇌성마비 장애로, 뇌에 비진행성 병변이 발생하고, 그 결과 영속적인 중추성 운동장애를 초래하는 증상이 나타난다. 비정상적 반사 발달과 신체 협응의 어려움을 겪는다.

10. 뇌성마비 장애인의 체력 프로그램에서 고려할 사항이 아닌 것은? 2020
① 근육의 긴장이 높은 경우에는 운동 시간을 길게 설정한다.
② 원시 반사의 영향과 적절한 운동신경의 조절 능력을 확인한다.
③ 스포츠 기술의 수행 능력 향상을 위해서 스피드 훈련을 실시한다.
④ 매우 낮은 운동강도에서도 에너지 소비가 높기 때문에 강도 조절에 유의한다.

정답 ① 해설 근육 긴장이 높으면 운동 시간을 가능한 한 짧게 설정해야 한다.

11. 뇌성마비 장애인의 특징에 대한 설명으로 틀린 것은?
① 근력과 지구력이 제한된다.
② 뇌성마비 장애인의 신체활동 수행 능력은 근육 경련, 무정위운동, 협응력 부족, 진전, 일반적 근 긴장의 부족으로 인해 제한된다.
③ 뇌성마비 장애인의 25%의 임상적 특징은 무정위운동증이다.
④ 섬세한 운동 기술은 많은 장애를 받으므로, 근력과 걷기 운동을 지양해야 한다.

정답 ④ 해설 섬세한 운동 기술은 장애가 많지만, 근력과 걷기 운동은 뇌성마비 장애인에게 미치는 영향이 미미하다.

12. <보기>의 스페셜올림픽의 종목은? 2024

> • 경기장은 3.66m×18.29m 크기의 직사각형이다.
> • 공식 경기는 단식경기, 복식경기, 팀 경기 등이 있다.
> • 한 팀당 4개의 공을 소유하고, 표적구에 가까이 던진 팀이 점수를 획득하는 경기이다.

① 보체(bocce) ② 플로어볼(floorball)
③ 보치아(boccia) ④ 넷볼(netball)

정답 ① 해설 장애인스포츠론에서 출제되어야 할 문제이다. 보기는 보체 종목을 설명하고 있다.

복습 보체 종목 확인하기
https://cafe.daum.net/sports31/Sing/14

13. <보기>에서 보치아 경기규칙으로 옳은 것만을 모두 고른 것은? 2023

> ㉠ 보치아의 세부 경기종목으로는 개인전, 2인조(페어), 단체전이 있다.
> ㉡ 공 1세트는 적색 구 6개, 청색 구 6개, 흰색 표적구 1개로 구성된다.
> ㉢ 경기에 참여하기 위해서는 반드시 휠체어를 사용해야 한다.
> ㉣ 보조자의 도움을 받아서 투구할 수 있다.

① ㉠
② ㉠, ㉡
③ ㉠, ㉡, ㉢
④ ㉠, ㉡, ㉢, ㉣

[정답] ② [해설] 장애인스포츠론에서 출제되어야 할 문제이다. ㉠, ㉡은 옳고, ㉢, ㉣은 잘못된 것이다.

[복습] 보치아 종목 확인하기
https://cafe.daum.net/sports31/Sing/13

14. 스포츠 등급 분류에서 1급에 해당하는 뇌성마비 장애인에게 적합한 운동은? 2019
① 보치아 ② 사이클 ③ 7인제 축구 ④ 마라톤

[정답] ① [해설] 보치아는 표적구에 공을 던져 표적구에 가까운 공의 점수를 합하여 승패를 겨루는 경기로, 뇌성마비 중증 장애인만 참가하는 종목이다. 남녀 구분 없이 경기한다.

15. <보기>의 괄호 안에 들어갈 내용으로 ㉠, ㉡을 순서대로 고른 것은? 2017

> 무정위형 뇌성마비(athetosis cerebral palsy)는 (㉠)의 손상으로 인해 발생하며 사지의 (㉡) 움직임을 나타낸다.

① 대뇌 기저핵, 수의적
② 대뇌 기저핵, 불수의적
③ 전두엽 운동 피질, 수의적
④ 전두엽 운동 피질, 불수의적

[정답] ② [해설] 무정위형 뇌성마비는 대뇌 기저핵의 손상으로 사지가 불수의적으로 움직인다.

16. 국제뇌성마비스포츠레크리에이션협회(CP-ISRA)가 주관하는 보치아 경기에서 뇌성마비 장애인스포츠 등급을 몇 개로 분하는가? 2016
① 2개 ② 4개 ③ 6개 ④ 8개

[정답] ④ [해설] 국제뇌성마비스포츠레크리에이션협회가 주관하는 보치아 경기는 7개 등급으로 나누어 운영되고 있다. 혼성 개인전 BC1, 혼성 개인전 BC2, 혼성 개인전 BC3, 혼성 개인전 BC4, 혼성 단체전 BC1-BC2, 혼성 2인조 BC3, 혼성 2인조 BC4이다. 1986년까지는 8개 종목으로 운영되었다. 그러므로 정답이 ④번으로 발표되고, 채점되었지만 실제로는 정답이 없는 상태이다.

17. <보기>에서 기술하는 ㉠과 ㉡의 장애 유형이 바르게 연결된 것은? 2021

> • (㉠) 운동기능에 손상이 있으나 손상이 진행적이지 않다.
> • (㉡) 호흡기 근육군의 퇴화가 올 수 있다.

① 뇌성마비, 근이영양증
② 근이영양증, 다발성경화증
③ 다발성경화증, 뇌성마비
④ 뇌성마비, 다발성경화증

[정답] ① [해설] ㉠ 뇌성마비는 뇌 손상으로 인한 비진행형 질환이다. ㉡ 근이영양증은 골격근이 점차로 변성되고 위축되어 악화하여 가는 진행성, 불치성, 유전성 질환이다.

18. 국제뇌성마비스포츠레크리에이션협회(CPISRA)의 등급 분류 체계에 관한 설명이 <u>아닌</u> 것은? 2022
① 5등급은 다시 5-A와 5-B로 세분화된다.
② 뇌성마비뿐만 아니라 뇌병변장애인을 포함하고 있다.
③ 1~4등급은 보행이 가능한 등급이며, 5~8등급은 휠체어로 이동하는 등급이다.
④ 경기의 승패가 손상이 아니라 노력의 정도에 의해 결정되도록 하는 것을 목적으로 한다.

정답 ③ 해설 책 내용에 포함되어 있지 않다. 등급 분류는 특수체육이 아니고, 장애인스포츠론에서 다루는 부분이기 때문이다. CPISRA의 등급 분류는 8단계이며, ③에서 1~4등급은 휠체어 사용 등급이고, 5~8등급은 휠체어를 사용하지 않는다. 국제뇌성마비스포츠레크리에이션협회는 2022년 WAS로 통합되었고, 운영 종목은 그대로 유지되고 있다.

19. <표>는 운동기능에 따른 뇌성마비의 분류 체계이다. <표>의 ㉠~㉢에 들어갈 내용을 바르게 나열한 것은? 2024

구분	경직형 (spastic)	운동 실조형 (ataxia)	무정위운동형 (athetold)
손상 부위	• 운동 피질	• (㉠)	• (㉡)
근 긴장도	• 과긴장성	• 저긴장성	• 근 긴장의 급격한 변화
운동 특성	• 관절 가동 범위의 제한 • 가위 보행	• 평형성 부족 • 협응력 부족	• (㉢) 움직임 • 머리 조절의 어려움

① 소뇌, 기저핵, 불수의적
② 기저핵, 중뇌, 수의적
③ 소뇌, 연수, 불수의적
④ 기저핵, 소뇌, 수의적

정답 ① 해설 뇌성마비의 손상 부위는 경직형-전두엽의 운동 피질, 운동 실조성은 소뇌, 무정위 운동성은 기저핵이다. 무정위 운동성은 불수의적 움직임이 나타난다.

20. 장애인이 운동하다가 발작을 일으켰을 때 대응 방법으로 가장 적절한 것은? 2018
① 발작 부위를 잡아서 진정시킨다.
② 발작이 끝난 후에는 곧바로 운동에 참여시킨다.
③ 침이 흐르지 않도록 손수건을 입에 대고 머리를 똑바로 세운다.
④ 몸을 부축해서 천천히 자리에 눕히고 주변에 위험한 물건을 치운다.

정답 ④ 해설 발작이 일어난 환자의 몸을 옆으로 천천히 눕혀 입속에 고여 있는 침을 뱉을 수 있도록 유도하고, 주변의 위험한 물건을 치운다. 환자가 음식물 또는 물을 마시지 않도록 해야 한다.

21. 체육활동 중 대발작 경련을 일으킨 참여자에 대한 응급처치로 적절하지 <u>않은</u> 것은? 2015
① 안경을 낀 참여자는 안경을 빼주고 바닥에 눕힌다.
② 정신을 차릴 수 있도록 물을 흘려 입에 넣어 준다.
③ 발작하고 있는 시간을 기록한다.
④ 발작이 일어나기 전 전조가 보이면 바닥에 눕히고 허리에 쿠션을 대준다.

정답 ② 해설 대발작을 일으킨 환자에게 물을 마시게 하는 것은 옳지 못하다.

22. 뇌졸중에 대한 설명으로 바르게 된 것은?
① 출혈성 뇌졸중 환자가 뇌졸중 환자의 80% 정도에 해당한다.
② 허혈성 뇌졸중 환자는 뇌로 가는 혈관이 막혀 발생한다.
③ 무정위성 뇌졸중 환자는 손발이 의지와 상관 없이 떨리는 현상이 나타난다.
④ 경련성 뇌졸중 환자는 자주 경련을 발생시킨다.

정답 ② 해설 ① 허혈성 뇌졸중이 80% 정도이며 ② 허혈성 뇌졸중은 뇌로 가는 혈관이 막히고, 출혈성 뇌졸중은 혈관이 파열된 상태이다. ③ 무정위성 뇌졸중이 아니고, 무정위성 뇌성마비이다. ④ 경련성 뇌성마비로, 의지에 관련 없이 손발이 떨리는 현상을 말한다.

23. 외상성 뇌 손상 및 뇌졸중 장애인의 체육활동으로 가장 적절한 것은? 2015
① 사이클 시합　② 패러글라이딩
③ 아쿠아로빅스　④ 휠체어 농구 시합

정답 ③ **해설** 외상성 뇌 손상 및 뇌졸중 장애인에게 가장 적절한 운동은 평형성 유지와 협응력 향상을 위해 아쿠아로빅스가 적절하다.

24. <보기>에서 설명하고 있는 반사는? 2016

> - 이 반사는 비장애아에게도 일정 기간 존재하고, 대뇌피질이 발달되면 통합되어 억제된다.
> - 이 반사는 적절한 시기에 나타나지 않거나 통합되지 않으면 뇌의 발달에 문제가 있음을 의미한다.
> - 뇌성마비 장애인에게는 이 반사가 평생 남아 있을 수 있다.

① 신전반사　② 운동반사　③ 원시반사　④ 자유반사

정답 ③ **해설** 원시반사는 뇌의 발달이 미숙한 시기에 보이고 이후 성숙과 함께 소멸하는 것으로 중추신경계 기능에 의해 억제되는 것이다.

25. 뇌병변장애인의 운동 지도와 관련하여 잘못된 것은?
① 뇌 병변 장애는 종종 언어 및 담화 발달에 영향을 미치기 때문에 말하기와 의사소통 기술이 연습 되어야 한다.
② 통합 놀이시간을 제공하는 것이 좋으며, 집단 놀이 경험을 할 수 있도록 해야 한다.
③ 무정위 운동이 일어나면 제어하지 않아야 한다.
④ 활동 전후, 활동 중에 반드시 일정 시간 동안 근육의 이완 훈련이 필요하다.

정답 ③ **해설** 무정위 운동을 할 때 이를 제어할 수 있도록 해야 한다.

26. 미국 지적 및 발달장애협회(AAIDD, 2010)의 지적장애 정의에 대한 설명 중 옳지 않은 것은? 2022
① 만 20세 이후에 시작된다.
② 적응 행동에서의 명백한 제한이 나타난다.
③ 지능지수가 평균에서 2 표준편차 이하이다.
④ 적응 행동은 개념적, 사회적, 실제적 적응 기술에서 명백한 제한이 나타난다.

정답 ① **해설** AAIDD는 지적장애의 정의를 지적 기능과 개념적·사회적·실제적 적응 기술로 표현되는 적응 행동의 두 영역에서 현저한 제한을 보이는 장애로, 22세 이전에 시작되는 장애이며, IQ 평균이 2 표준편차(2SD)인 70 미만이다.

27. 미국지적장애 및 발달장애협회(AAIDD, 2021)의 지적장애 정의에 근거하여 <보기>의 ㉠~㉢에 들어갈 내용이 바르게 나열된 것은? 2024

> • 표준화 검사를 통해 산출된 지능지수 점수가 (㉠) 표준편차 이하이다.
> • 적응 행동의 (㉡) 기술은 식사, 옷 입기, 작업 기술, 건강과 안전, 일과 계획, 전화사용 등이 포함된다.
> • (㉢) 이전에 발생한다.

① -2, 실제적, 20세　② -2, 개념적, 20세
③ -2, 실제적, 22세　④ -2, 개념적, 22세

정답 ③ **해설** AAIDD의 지적장애 기준은 1) 지적 기능과 개념적·사회적·실제적 적응 기술로 표현되는 적응 행동의 두 영역에서 현저한 제한을 보이는 장애로, 2) 22세 이전에 시작되며, 3) IQ 평균이 -2 표준편차(-2SD)인 70 미만이어야 한다.

27. <보기>가 설명하는 장애 유형에 관한 설명으로 옳지 않은 것은? 2024

> - 21번 염색체가 삼 염색체(trisomy 21)이다.
> - 의학적 문제(선천성 심장질환, 근시 등)가 있을 수 있다.
> - 인종, 국적, 종교, 사회적 지위 등과 관계없이 발생하는 보편성을 지니고 있다.

① 염색체 중 상염색체(autosome chromosome)에 문제가 있다.
② 대부분 포만 중추의 문제로 저체중 발생 빈도가 매우 높다.
③ 근육의 저 긴장성 때문에 지도자의 관리하에 근력운동이 필요하다.
④ 경추 정렬(atlantoaxial instability)의 문제 때문에 운동 참여시 척수손상에 대해 특히 주의한다.

[정답] ② [해설] 보기의 장애는 다운증후군이다. ②에서 포만 중추는 만복감을 감지하여 식욕을 제한하는 중추로, 다운증후군 장애와는 연관이 없다. 난이도가 매우 높은 문제이다.

제4부

수험서로서의 최적화―, 합격의 최적화―
기출문제 풀어보기

세 부 목 차

1. 제11회(2025년) 기출문제와 해설 … 132
2. 제10회(2024년) 기출문제와 해설 … 137
3. 제9회(2023년) 기출문제와 해설 … 143
4. 제8회(2022년) 기출문제와 해설 … 150
5. 제7회(2021년) 기출문제와 해설 … 155

※ 2015년~2020년 기출문제는 부록 파일로 아래
　URL 또는 옆 QR 코드로 내려받을 수 있다.
　https://cafe.daum.net/sports31/Sing/20
　이는 제❸부 연습문제 풀어보기에 모두 수록되어
　중복된 내용이다.

2025 기출문제

01. 특수체육에 관한 설명으로 옳지 않은 것은?
① 특별한 요구를 가진 사람들을 위해 프로그램을 변형한다.
② 장애인이 참여하는 체육으로 비장애인과 함께 하는 활동을 포함한다.
③ 신체활동 참여에서 장애인의 임파워먼트(empowerment)를 강조한다.
④ 학교체육 중심으로 생활체육이나 경쟁 스포츠 참여는 제한한다.

[정답] ④ [오답 해설] 특수체육은 학교체육은 물론 생활체육과 전문체육 등을 포함하므로, '경쟁 스포츠 참여 제한'은 잘못되었다.

02. <보기>에 해당하는 장애 유형의 체육활동 지도 방법으로 옳지 않은 것은?

- 지적 기능과 적응 행동이 제한된다.
- 쉽게 좌절하거나 동기유발이 부족하다.
- 주의 집중 시간이 짧고 단기 기억에 어려움이 있다.

① 복잡한 계획이 필요하고, 과제가 자주 바뀌는 활동을 강조한다.
② 활동 초기에 학생의 개별적 특성을 파악하여 친밀감을 형성한다.
③ 학생이 흥미를 보이는 활동에서 시작하여 다양한 형태로 발전시킨다.
④ 과제 활동을 제한하는 행동을 파악하고 개별적인 행동 관리 계획을 수립한다.

[정답] ① [해설] 지적 기능과 적응 행동 제약은 지적장애를 뜻한다. 지적장애인을 지도할 때 학습 과제를 자주 바꾸지 않고, 정해진 과제는 반복 학습이 효과적이다.

[복습] **쇼다운 종목 확인하기** (옆 줄 문제 05 관련)

 https://vo.la/BcJuoj

03. 특수체육 수업 방식에 관한 설명으로 옳지 않은 것은?
① 또래 교수(peer tutoring) : 친구나 선배가 교사로 참여한다.
② 협동 학습(cooperative learning) : 학생들이 팀이나 소집단으로 학습한다.
③ 스테이션 교수(station teaching) : 여러 곳에 과제를 배치하고 돌아가며 학습한다.
④ 역 주류화 수업(reverse mainstreaming) : 교사와 학생이 역할을 바꿔가며 과제를 수행한다.

[정답] ④ [오답 해설] 교사와 학생의 역할을 상호 바꿔 가는 역 주류화 수업 방식은 적용되지 않는다.

04. 정서·행동 장애 학생의 특성을 고려한 체육활동 지도 전략으로 적절하지 않은 것은?
① 주의를 분산시키는 자극을 최소화한다.
② 활동 규칙을 정하고 안전 교육을 실시한다.
③ 환경을 구조화하고, 예측이 가능한 과제를 제시한다.
④ 정서적 예민함을 고려하여 뉴스포츠와 경쟁 활동을 배제한다.

[정답] ④ [해설] 정서·행동 장애 학생이라고 뉴스포츠와 경쟁 활동 배제는 적합하지 않다.

05. <보기>에서 설명하는 시각장애인 스포츠 종목은?

- 시각 정보 없이 청각과 촉각을 활용하여 공의 위치와 방향을 파악한다.
- 탁구대와 유사한 테이블 위에서 소리 나는 공을 배트로 쳐서 상대편 포켓에 넣는다.

① 골볼 ② 보체 ③ 쇼다운 ④ 텐핀 볼링

[정답] ③ [해설] 보기는 쇼다운을 설명하고 있다.

06. 지체 장애인에게 운동을 지도할 때 주의할 사항으로 옳지 않은 것은?
① 절단 장애인의 절주 부위를 마사지하여 예민함을 감소시킨다.
② 절단 장애인의 절주 부위 땀과 체액 분비물을 주기적으로 닦아 준다.
③ 척수손상 장애인에게 기립성 저혈압이 발생하면 고강도 근력운동으로 전환한다.
④ 척수손상 장애인의 과도한 체온 상승 예방을 위해 휴식을 취하고 수분을 섭취하게 한다.

정답 ③ 오답 해설 기립성 저혈압은 누웠거나, 앉았다 일어날 때 어지럽거나, 눈앞이 깜깜해지는 현상이 나타나는 증상이다. 기립성 저혈압 장애인에게 고강도 근력운동은 적합하지 않다. 어지럼증, 두통, 구토, 근육의 떨림, 의식 소실 등의 증상이 나타나면 바른 자세로 눕히고 안정을 취하도록 해야 한다.

07. 휠체어 스포츠의 경기 방법에 관한 설명으로 옳은 것은?
① 휠체어 농구 : 공을 잡고 4회까지 휠체어를 밀고 이동할 수 있다.
② 휠체어 럭비 : 한 팀은 남녀 구분 없이 4명이 경기에 출전할 수 있다.
③ 휠체어 컬링 : 팀원 중 한 사람이라도 투구하는 사람의 휠체어에 닿으면 안 된다.
④ 휠체어 테니스 : 투 바운드가 허용되나 두 번째 바운드가 코트를 벗어나면 실점한다.

정답 ② 해설 1) ① 휠체어 농구의 트래블링은 볼을 소유한 채 3회 이상 휠체어를 밀고 가면 바이얼레이션(반칙)이 주어진다. ② 휠체어 럭비는 경추손상으로 인한 사지 마비 장애인을 위한 스포츠로, 남녀 혼성경기로 팀당 4명으로 경기를 진행한다. ③ 휠체어 컬링에서 투구 선수 뒤에는 동료 선수가 붙어서 휠체어를 잡아주어 스톤을 굴릴 방향을 정확하게 결정할 수 있도록 돕는다. ④ 휠체어 테니스에서 투 바운드가 허용되고, 두 번째 바운드가 코트의 바깥이어도 무방하다.
2) 이 문제는 2급 스포츠지도사 시험과목인 특수체육론에서 출제될 사항이 아니고, 1급 스포츠지도사 시험과목인 장애인스포츠론에서 출제되어야 할 유형이다.

08. <보기>에서 설명하는 체력 운동의 원리는?

> 달리기를 지루해하는 지적장애 학생을 위해 줄넘기와 달리기를 혼합하여 실시하고, 중간에 휴식을 적절히 제공하였다.

① 다양성의 원리   ② 특수성의 원리
③ 전면성의 원리   ④ 가역성의 원리

정답 ① 해설 보기는 체력 강화의 원리 중 다양한 운동 종목과 방법을 통해 효과적 운동 방법을 선택해야 한다는 다양성의 원리이다.

09. 특수체육 평가도구에 관한 설명으로 옳은 것은?
① PDMS-2(Peabody Developmental Motor Scale-2) : 2~7세까지 운동 기술을 종합적으로 검사한다.
② BOT-2(Bruininks-Oseretsky Test of Motor Proficiency-2) : 2~10세까지 감각 운동과 기본 운동 기술을 검사한다.
③ PAPS-D(Physical Activity Promotion System for Students with Disabilities) : 심폐기능, 근 기능, 유연성, 민첩성, 장애 수용 정도를 검사한다.
④ BPFT(Brockport Physical Fitness Test) : 장애 유형에 따라 항목별 검사 방법이 구분되며 최소 건강 기준과 권장 기준을 제시한다.

정답 ④ 오답 해설 ① PDMS-2는 6세 미만 아동을 대상으로 한다. ② BOT-2는 4세부터 21세 11개월까지의 개인을 대상으로 한다. ③ PAPS-D는 심폐기능, 근 기능, 유연성, 순발력, 신체 구성, 자세 평가 등이 검사 항목이다.

10. 아래 표의 순서대로 공 던지기를 지도하는 과정에 적용한 행동 관리 기법은?

- 던지기 자세를 설명하며 몸통과 팔꿈치를 잡고 교정함
  ↓
- 던지기 자세를 설명하고 시범으로 보여주며 연습하게 함
  ↓
- 언어 지시로만 던지기를 수행하게 함

① 용암법(fading)
② 과다 교정(overcorrection)
③ 행동 계약(behavior contract)
④ 프리맥 원리(Premack principle)

정답 ① 해설 도움을 점진적 또는 체계적으로 줄여 나가는 방법을 설명하는 것으로, 이는 용암법이다.
참고 용암이란 화산에서 분출되는 마그마가 연상되지만, 여기에서 용암(溶暗, fading)은 원래 TV 화면이 밝은 상태에서 어두워지는 현상을 나타내는 것으로, 도움을 점차 줄여나가는 방법을 말한다.

11. 표의 지침과 준거를 사용하는 검사 도구에 관한 설명으로 옳은 것은?

기술	지침	수행 준거	1차	2차	점수
두 손으로 정지된 공치기	• 배팅 티 위에 아동의 허리 높이로 공을 올려 놓는다.	잘 쓰는 손을 위쪽에, 잘 안 쓰는 손은 아래쪽에 가도록 하여 배트를 잡는다.			
		아동이 잘 쓰지 않는 어깨와 엉덩이가 앞쪽으로 가도록 바라본다.			
	• 아동에게 공을 세게 치라고 지시한다.	스윙하는 동안 어깨와 엉덩이를 회전시킨다.			
		잘 쓰지 않는 발을 공 쪽으로 내딛는다.			
		공을 쳐서 앞쪽으로 보낸다.			

① 준거 지향적 방식과 규준 지향적 방식 모두 활용이 가능하다.
② 5가지 이동 운동 기술과 6가지 공(ball) 조작 운동 기술을 측정한다.
③ 수행 준거를 어느 정도 성취했느냐에 따라 1점 또는 2점을 부여한다.
④ 발달 장애 아동을 위한 검사 도구로 관찰과 면담을 통해 운동능력을 평가한다.

정답 ① 해설 1) 위의 검사표는 규준 지향검사와 준거 지향검사를 모두 활용하는 방식이므로 정답은 ①이다.
2) 규준 지향검사는 대상자의 점수를 규준에 따라 비교하는 방법으로, 동일 집단 내에서 대상자의 상대적 위치를 알아보는데 유용하며, 상대평가 방법으로 평가하므로, 신입 직원 채용 등에 활용한다. 즉 준거 지향검사는 대상자 점수를 준거에 따라 비교하며, 특정 기술이나 체력 등의 수준을 알아볼 때 유용하며, 절대평가 방법으로 평가한다. 즉 스포츠지도사는 과락 없이 60점 이상이면 합격하는 것이다.
3) 준거 지향검사와 규준 지향검사에서 용어가 통상적으로 많이 사용하지 않고, 비슷하여 헷갈리기 쉬운 부분이다. 쉽게 설명하면 규준은 표준 또는 기준으로 생각하면 이해하기 쉽다.

12. <보기>의 장애 유형에 관한 설명으로 옳은 것은?

중추신경계 손상에 의한 근육 마비, 협응성 장애, 근육 약화, 기타 운동기능 장애를 보이는 비진행성 신경 장애이다.

① 발작이 발생하면 움직임을 제한하고 곧바로 물을 마시게 한다.
② 단마비(monoplegia)는 양팔이나 양다리에 마비가 있는 경우이다.
③ 비정상적 반사 발달과 신체 협응의 어려움, 가위 보행을 보이는 경우가 많다.
④ 운동실조증(ataxia)은 대뇌 기저핵의 손상으로 불수의적 움직임과 머리 조절에 어려움을 보인다.

정답 ③ **해설** 보기의 증상은 뇌성마비 장애로, 뇌에 비진행성 병변이 발생하고, 그 결과 영속적인 중추성 운동장애를 초래하는 증상이 나타난다. 비정상적 반사 발달과 신체 협응의 어려움을 겪는다.

14. <보기>가 설명하는 이동 운동 기술은?

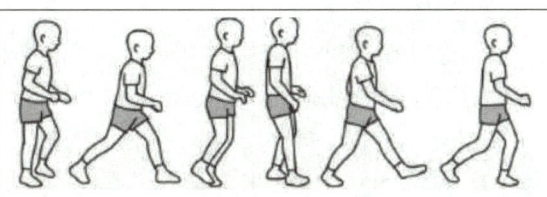

- 정면을 보고 서서 한 발을 다른 쪽 발 앞에 놓는다.
- 뒤쪽 발을 앞발 쪽으로 미끄러지듯 옮긴다.
- 그런 다음 앞쪽 발을 옮겨 놓는다.
- 양팔을 아래위로 움직이거나 교대로 움직인다.

① 호핑(hopping)   ② 갤로핑(galloping)
③ 리핑(leaping)   ④ 슬라이딩(sliding)

정답 ② **해설** 보기는 한쪽 발로 걷거나 뛰어오르면 뒷발이 따라오는 형태의 동작을 사용하여 이동하는 갤로핑에 대한 설명이다.
참고 편집 편의를 위해 14번이 13번보다 앞에 수록되어 있다.

13. 그림은 특수체육 프로그램 서비스 전달 체계이다. ㉠~㉢에 들어갈 용어를 순서대로 바르게 나열한 것은?

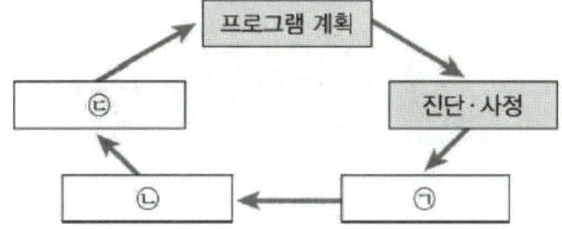

① 개별화 교육계획, 평가, 지도·상담
② 개별화 교육계획, 지도·상담, 평가
③ 지도·상담, 평가, 개별화 교육계획
④ 지도·상담, 개별화 교육계획, 평가

정답 ② **해설** 보기는 장애인 운동프로그램 전달 체계의 진행 순서이다. 각각의 의미는 아래와 같다.
1) 프로그램 계획 : 개인적 요구와 학교와 사회에서 적절한 체육활동 목적과 목표 설정
2) 사정 : 개인과 환경에 대한 검사, 측정, 평가로 구성되는 과정
3) 개별화 교육계획(IEP) : 개인의 발달에 적합한 교육프로그램을 계획하고 시행하는 단계
4) 지도(교수·코칭·상담) : 최적의 운동수행을 위한 심리적, 신체적 요소의 변화 과정
5) 평가 : 프로그램의 효과성과 만족도 등을 평가하는 단계

15. <보기>에서 청각장애인에게 체육활동을 지도할 때 고려할 사항으로 옳은 것만을 모두 고른 것은?

ㄱ. 체육관이나 운동장의 소음을 최소화한다. ㄴ. 대화 중에 입을 가리거나 껌을 씹지 않는다. ㄷ. 시범과 시각적 지도 단서를 활용하여 설명한다. ㄹ. 공을 패스하기 전에 서로 눈을 맞추고 패스한다.

① ㄱ, ㄴ   ② ㄱ, ㄴ, ㄷ
③ ㄱ, ㄴ, ㄹ   ④ ㄱ, ㄴ, ㄷ, ㄹ

정답 ④ **해설** 청각장애인 운동 지도 시 보기의 사항 모두를 고려해야 한다.

16. 지적장애인을 위한 체육활동의 변형 방법으로 옳지 않은 것은?
① 배구 : 네트 높이를 낮춘다.
② 수영 : 레인의 폭을 축소한다.
③ 소프트볼 : 티 위에 공을 올려놓고 친다.
④ 줄넘기 : 양손에 각각 짧은 줄을 잡고 돌리며 점프한다.

정답 ② 해설 지적장애인의 체육활동으로 수영에서 레인의 폭은 유지 또는 확대해야 한다.

17. 장애 학생 체육활동 지도를 위한 개별화 교육 프로그램(IEP)의 목표 진술 3요소가 아닌 것은?
① 행동(action) ② 기준(criterion)
③ 언어(language) ④ 조건(condition)

정답 ③ 해설 목표 진술 3요소는 Mager의 이론으로, 성취 행동, 조건, 달성 기준 등이다.

18. 그림의 로고를 사용하는 국제장애인경기대회에 관한 설명으로 옳지 않은 것은?

① 창시자는 구트만(L. Guttmann)이다.
② 제1회 하계대회는 1960년 로마에서 개최되었다.
③ 주관 단체는 ISOD(International Sports Organization for the Disabled)이다.
④ 참가 대상은 척수손상, 절단 및 기타 장애, 뇌성마비, 시각장애, 지적장애이다.

정답 ③ 오답 해설 위 로고는 패럴림픽의 로고로, 주관은 국제장애인위원회(IPC, International Paralympics Committee)이다.

19. 장애인을 위한 체육활동 변형 방법에 관한 설명으로 적절하지 않은 것은?
① 참여를 유도하는 방향으로 변형한다.
② 활동의 본질을 변형하여 새로운 활동으로 구성한다.
③ 장애로 인한 참여 제한이 발생하지 않도록 변형한다.
④ 변형된 활동이 효과적이지 못하면 다시 수정하거나 보완한다.

정답 ② 해설 장애인을 위한 체육활동 변형은 최소화하여 본래의 환경·규칙 등에 적응하도록 해야 한다.

20. 저시력을 가진 시각장애인에게 체육활동을 지도할 때 고려 사항으로 적절하지 않은 것은?
① 안전을 고려하여 모든 수행을 직접적으로 보조한다.
② 단순하고 명확하게 디자인된 시각 자료를 사용한다.
③ 활동 경계선을 쉽게 알 수 있도록 바닥에 테이프를 붙여 준다.
④ 운동 장비에 음향 신호를 추가하여 위치 파악이 쉽도록 돕는다.

정답 ① 해설 시각장애인의 스포츠 지도 시 모든 수행을 직접적으로 보조하기보다는 독립심이 길러지도록 청각과 촉각 활용을 습관화해야 한다.

2024 기출문제

01. 장애인복지법(1989)에 근거하여 최초로 설립된 장애인체육 행정 조직은?
① 대한장애인체육회
② 대한민국상이군경회
③ 한국장애인복지체육회
④ 한국소아마비아동특수보육협회

[정답] ③ [해설] 1988 서울 하계 패럴림픽 개최 다음 해 장애인체육 조직인 한국장애인복지체육회가 설립되었다.

02. 장애인스포츠지도사의 역할로 옳지 않은 것은?
① 장애인의 독특한 요구(unique needs)를 확인한다.
② 장애인의 기능 회복을 위한 치료 서비스를 제공한다.
③ 장애인에게 적합한 지도 환경과 지도 내용을 결정한다.
④ 스포츠와 관련된 과제, 환경 등을 장애인의 요구에 맞게 변형한다.

[정답] ② [해설] 장애인의 치료 서비스 제공은 장애인스포츠지도사의 역할이 아니다.

03. TGMD-3(Test of Gross Motor Development-3)의 설명으로 옳은 것은?
① 3세~6세 아동만을 대상으로 한다.
② 규준 참조 평가도구로 사용할 수 없다.
③ 6가지의 이동 기술 검사 항목과 5가지의 공(ball) 기술 항목을 검사한다.
④ 각 검사 항목의 수행 준거를 정확하게 수행하지 못하면 0점을 부여한다.

[정답] ④ [해설] TGMD-3의 대상 연령은 3~11세이고, 규준 지향과 준거 지향검사 모두 적용이 가능하며, 6가지 이동 기술과 7가지 항목으로 검사한다.

04. <보기>의 ㉠~㉣에 들어갈 내용을 순서대로 바르게 나열한 것은?

- (㉠) : 개인의 행동 특성을 다양한 형태의 증거를 근거로 종합적으로 판단(예: 배치)하는 과정
- (㉡) : 수집된 자료에 근거하여 가치판단을 내리는 과정
- (㉢) : 행동 특성을 수량화하는 과정
- (㉣) : 운동 기술과 지식 등을 측정하기 위한 도구

① 사정, 평가, 검사, 측정
② 평가, 사정, 측정, 검사
③ 사정, 평가, 측정, 검사
④ 평가, 사정, 검사, 측정

[정답] ③ [해설] 사정은 개인행동 특성을 다양한 형태의 증거를 근거로 종합적으로 판단 과정이다. 평가는 수집된 자료에 근거하여 가치판단을 내리는 과정이며, 측정이란 행동 특성을 수량화하는 과정이고, 검사는 운동 기술과 지식 등을 측정하기 위한 도구이다.

05. 미국 장애인교육법(IDEA. 1997)에서 요구하고 있는 개별화 교육계획프로그램(IEP)의 필수 구성요소가 아닌 것은?
① 부모의 동의
② 학생의 현재 수행 수준
③ 학생에게 정기적으로 통지하는 방법
④ 측정할 수 있고 구체적인 연간계획과 장기목표

[정답] ③ [해설] IEP 구성요소는 인적 사항, 현 능력 수준, 연간 지도 목표(장기목표), 단기 지도 목표(단기 목표), 관련 보조 서비스, 전환계획, 시작과 종결 시기, 평가 절차와 시간 계획, 고려 사항 등이다. ③은 구성요소가 아니다.

06. <보기>에서 설명하는 원시반사(primitive reflex)는? 2024

- 누운 자세에서 머리를 좌우로 돌렸을 때 나타나는 반응이다.
- 뒤통수 쪽의 머리와 다리는 굽혀지고, 얼굴 쪽의 팔과 다리는 펴진다.
- 뇌성마비 장애인은 반사가 사라지지 않고, 남아 있다.

① 비대칭 긴장성 목 반사 ② 모로반사
③ 긴장성 미로 반사 ④ 대칭성 긴장성 목 반사

[정답] ① [해설] 보기는 비대칭 긴장성 목 반사를 나타내고 있다. 얼굴을 한쪽으로 돌려 눕히면 얼굴을 향하는 쪽 팔을 뻗고, 반대편 팔을 움츠려 펜싱 선수 모습을 취하는 것으로, 이 반사가 나타나지 않으면 뇌병변장애가 예상된다.

07. <보기>에서 설명하는 특수체육 수업 방식은?

지도자는 효과적인 농구 수업을 위해 체육관의 각기 다른 구역에 여러 가지의 과제를 준비했다. 한 가지 과제에서 시작하여 주어진 활동을 마치거나 지도자가 신호하면 학습자들은 다음 과제의 수행 장소로 이동한다. 지도자는 각각의 과제를 수행하는 곳을 돌며 도움이 필요한 학습자를 지도한다.

① 스테이션 수업 ② 협력 학습 수업
③ 대그룹 수업 ④ 또래 교수 수업

[정답] ① [해설] 학습자를 모둠(스테이션)으로 나눈 후 부분별로 학습하고, 한 스테이션이 끝나면 다음 스테이션으로 이동하여 지도하는 방식은 스테이션 방식이다.

08. <보기>는 D. Ullrich(1985)가 제시한 대근운동 발달 단계이다. (㉠)에 들어갈 내용으로 옳은 것은?

초등 고학년에서 청소년 시기	스포츠(무용) 기술	1단계
초등 3~4학년 시기	(㉠)	2단계
학령 전 및 초등 저학년기	기본 대근운동 기술과 양식	3단계
신생아기	반사와 반응	4단계

① 자세 조절 기술 ② 물체 조작기술
③ 감각 지각운동 기술 ④ 리드-업 게임과 기술

[정답] 정답 없음 [해설] 초등학교 3~4학년 시기에는 리드-업 게임과 기술이 정답이지만, 위 표에서 신생아기가 1단계이고 단계가 위로 올라가야 하지만 내림차순으로 되어있는 오류 때문에 모든 답을 정답으로 처리하였다.

09. 운동발달의 관점에서 조작성 운동 양식에 관한 설명으로 옳지 않은 것은? 2024

① 3세에는 몸으로 끌어안으며 공을 받는다.
② 2~3세에는 다리를 펴고 제자리에 서서 공을 찬다.
③ 2~3세에는 앞을 보고 상하 방향으로 공을 친다.
④ 4~5세에는 던지는 팔과 반대쪽 발을 앞으로 내밀며 공을 만진다.

[정답] ④ [해설] 유아기 운동발달은 '유아체육론'에서 다루는 내용으로, '특수체육론'에서 다루지 않는 것이 보편적이다. ④에서 조작성 운동의 공 잡기는 생후 2~3세에서 일어나는 운동이다.

10. T6(흉추 6번) 이상의 손상이 있는 선수의 체력 운동 시 고려 사항으로 옳지 <u>않은</u> 것은?

① 근육량이 적은 선수는 유산소 운동보다는 무산소 운동이 적절하다.
② 유산소 운동 중 젖산이 급격히 생성되므로 긴 휴식 시간과 에너지원 보충이 필요하다.
③ 땀을 흘리는 피부 면적이 좁아 더위에서 운동하면 체온이 급격히 올라가는 것을 고려해야 한다.
④ 교감신경 손상이 있는 경우 심박수를 운동 과정과 회복 과정 그리고 운동 처방에 사용한다.

[정답] ①, ④ [해설] 흉추 6번 손상은 상지는 움직일 수 있지만 하지는 마비된다. 휠체어를 스스로 움직여 이동할 수 있고, 볼링이나 양궁 등이 가능하다. 처음에 ④번이 정답으로 발표되었다가 ①번이 추가되었다. 교감신경은 긴장 상황에서 활성화되는 신경으로, 흉추 손상과 연관이 없다. ①에서 유산소 운동보다 무산소운동이 적절하다고 단정적으로 말할 수 없다.

11. 표의 ㉠~㉢에 해당하는 행동 관리 기법을 바르게 나열한 것은?

성별/나이	남자/14세	장소	수영장
참여유형	지적장애	프로그램	수영하기
문제행동	멈춰 서서 친구 방해하기		
상황	지도자 A : 한국(가명)이는 수영할 때 반복적으로 멈춰 서서 친구들을 방해해요. 그때마다 잘못된 행동이라고 지적을 해도 계속하네요. 지도자 B : 우선 ㉠ 문제행동이 발생하면 바로 일정 시간 동안 물 밖에 있도록 하세요. 물과 좀 멀리요. 지도자 A : 한국이는 수중 활동을 좋아하고 물에 있으면 행복해하거든요. 지도자 B : 다른 기법도 있어요. ㉡ 문제행동을 했을 때 한국이에게 이미 주어진 정적 강화물을 상실하게 하는 방법도 있어요. ㉠과 ㉡ 기법으로 문제행동의 빈도가 감소한다면 큰 틀에서 (㉢)이 됩니다.		

① 타임아웃, 반응대가, 부적 벌
② 타임아웃, 용암, 정적 벌
③ 소거, 반응대가, 정적 벌
④ 소거, 용암, 부적 벌

[정답] ① [해설] ㉠은 제외·고립·차단 등으로 관리하는 타임아웃이고, ㉡은 소유 또는 특권을 제거하는 반응 대가이며, ㉢은 부적 강화 기법의 벌에 해당한다.

12. 미국지적장애및발달장애협회(AAIDD, 2021)의 지적장애 정의에 근거하여 <보기>의 ㉠~㉢에 들어갈 내용이 바르게 나열된 것은?

- 표준화 검사를 통해 산출된 지능지수 점수가 (㉠) 표준편차 이하이다.
- 적응 행동의 (㉡) 기술은 식사, 옷 입기, 작업 기술, 건강과 안전, 일과 계획, 전화사용 등이 포함된다.
- (㉢) 이전에 발생한다.

① -2, 실제적, 20세 ② -2, 개념적, 20세
③ -2, 실제적, 22세 ④ -2, 개념적, 22세

정답 ③ **해설** AAIDD의 지적장애 기준은 1) 지적 기능과 개념적·사회적·실제적 적응 기술로 표현되는 적응 행동의 두 영역에서 현저한 제한을 보이는 장애로, 2) 22세 이전에 시작되며, 3) IQ 평균이 -2 표준편차(-2SD)인 70 미만이어야 한다.

13. <보기>가 설명하는 장애 유형에 관한 설명으로 옳지 않은 것은?

- 21번 염색체가 삼 염색체(trisomy 21)이다.
- 의학적 문제(선천성 심장질환, 근시 등)가 있을 수 있다.
- 인종, 국적, 종교, 사회적 지위 등과 관계없이 발생하는 보편성을 지니고 있다.

① 염색체 중 상염색체(autosome chromosome)에 문제가 있다.
② 대부분 포만 중추의 문제로 저체중 발생 빈도가 매우 높다.
③ 근육의 저 긴장성 때문에 지도자의 관리하에 근력운동이 필요하다.
④ 경추 정렬(atlantoaxial instability)의 문제 때문에 운동 참여시 척수손상에 대해 특히 주의한다.

정답 ② **해설** 보기의 장애는 다운증후군이다. ②에서 포만 중추는 만복감을 감지하여 식욕을 제한하는 중추로, 다운증후군 장애와는 연관이 없다. 난이도 높은 문제로, 적정성을 의심받는 유형이다.

14. <보기>의 스페셜올림픽의 종목은?

- 경기장은 3.66m×18.29m 크기의 직사각형이다.
- 공식 경기는 단식경기, 복식경기, 팀 경기 등이 있다.
- 한 팀당 4개의 공을 소유하고, 표적구에 가까이 던진 팀이 점수를 획득하는 경기이다.

① 보체(bocce) ② 플로어볼(floorball)
③ 보치아(boccia) ④ 넷볼(netball)

정답 ① **해설** 보체의 경기장은 3.66X18.29m의 직사각형 형태이다. 경기는 단식, 복식, 팀 경기 등으로 구성되어 있다. 표적구(흰 공)를 던져 착지한 곳을 목표로 한 팀당 공 4개를 굴려 표적구 가장 가까이 간 공에 점수를 주는 경기이다. 종목별 세부 내용은 '특수체육론'에서 다루는 것이 아니고, 1급 시험과목인 '장애인체육론'에서 다루는 내용이다.

복습 보체 종목 확인하기
https://cafe.daum.net/sports31/Sing/14

15. <표>는 운동기능에 따른 뇌성마비의 분류 체계이다. <표>의 ㉠~㉢에 들어갈 내용을 바르게 나열한 것은?

구분	경직형 (spastic)	운동실 조형 (ataxia)	무정위운동형 (athetold)
손상 부위	운동 피질	(㉠)	(㉡)
근 긴장도	과긴장성	저긴장성	근 긴장의 급격한 변화
운동 특성	관절 가동 범위의 제한·가위 보행	평형성 부족·협응력 부족	(㉢) 움직임·머리 조절의 어려움

① 소뇌, 기저핵, 불수의적
② 기저핵, 중뇌, 수의적
③ 소뇌, 연수, 불수의적
④ 기저핵, 소뇌, 수의적

정답 ① **해설** 뇌성마비의 손상 부위는 경직형-전두엽의 운동 피질, 운동 실조성은 소뇌, 무정위 운동성은 기저핵이다. 무정위 운동성은 불수의적 움직임이 나타난다.

16. <보기>에 근거하여 밑줄 친 ㉠에 대한 지도 전략으로 옳지 않은 것은?

> - 틀에 박힌 일이나 의례적인 행동에 집착한다.
> - 발달 수준에 맞게 친구 관계를 형성하지 못한다.
> - 지도자가 "공을 던져라"라고 지시하면 '공을 던져라'라는 말을 반복한다.
> - ㉠ <u>정해진 경로로 이동하지 않거나, 시간이나 장소의 갑작스러운 변화에 저항한다.</u>

① 체육활동에 대한 시각적 일과표를 제공한다.
② 체육활동을 일정한 규칙과 순서로 진행한다.
③ 지도할 때 그림 카드 의사소통 보드 등을 활용한다.
④ 참여자의 선호도보다는 지도자의 의도대로 진행한다.

[정답] 정답 없음 **[해설]** 보기는 자폐성 장애의 특성을 나타내고 있다. 자폐성 장애인의 지도 전략은 1) 의사소통이 어려우므로 언어적 단서보다는 그림, 카드 등을 활용하는 단서를 제공하고, 2) 언어적 지도와 비언어적 지도를 병행하며, 3) 지도자가 학습자의 행동을 말로 표현하여 이해시키도록 하고, 4) 사회적 관계 형성을 익히도록 지도한다. 가답안에 ④가 정답이라고 하였지만, 최종 답안에 모든 답을 정답으로 처리하였다. ④에서 참여자의 선호도가 반드시 옳은 것이 아니기 때문이다.

17. 척수손상 장애인의 특성에 관한 지도자의 대처로 옳지 않은 것은?
① 욕창이 생기지 않도록 자세를 자주 바꾸게 한다.
② 기립성 저혈압의 경우 압박 스타킹을 착용하도록 한다.
③ 자율신경 반사 이상(autonomic dysreflexia)이 발생할 때 고강도 순환 운동으로 전환한다.
④ 운동 중에 과도하게 체온이 상승하는 것을 예방하기 위해 물을 분무해 주면서 휴식을 취하도록 한다.

[정답] ③ **[해설]** AD 장애인지도 시 상태가 심하면 운동을 중단하거나, 저강도 운동이 필요하다.

18. 시각장애인의 지도 전략으로 옳지 않은 것은?
① 스포츠 참여는 안전을 위해 개인 종목만 지도한다.
② 시범은 잔존 시력 범위에서 보이면서 언어적 설명을 병행하는 것이 효과적이다.
③ 지도자는 지도할 때 시각장애인에게 신체 접촉의 형태, 방법, 이유 등을 구체적으로 안내한다.
④ 전맹의 경우 스포츠 동작에 대한 이해도를 높이기 위해 관절이 굽어지는 인체 모형을 사용할 수 있다.

[정답] ① **[해설]** 시각장애인의 스포츠 종목은 개인 종목과 단체 종목이 함께 존재하므로 오답이다.

19. 진행성 근이영양증(muscular dyatrophy, MD)에 관한 설명으로 옳지 않은 것은?
① 디스트로핀(dystrophin) 단백질 결손과 관련된 유전 질환이다.
② 근 위축은 규칙적인 근력 및 근지구력 운동으로 예방할 수 있다.
③ 듀센형(Duchenne MD) 장애인은 대부분 평균 이상의 지적 능력을 보인다.
④ 듀센형 장애인은 종아리 근육에 가성 비대(pseudohypertrophy)가 나타난다.

[정답] ②, ③ **[해설]** 근이영양증 질환은 현재 예방법이 없으며, 환자의 대부분 지능이 85 정도로, 경계선 이하에 속해 있다. 처음 가답안은 ②번으로 발표되었다가 ③번이 추가되었다. ②에서 근이영양증의 근 위축은 규칙적인 근력 및 근지구력 운동으로 예방할 수 있다.

20. 제시어와 〈보기〉의 수어 ㉠~㉢을 바르게 나열한 것은?

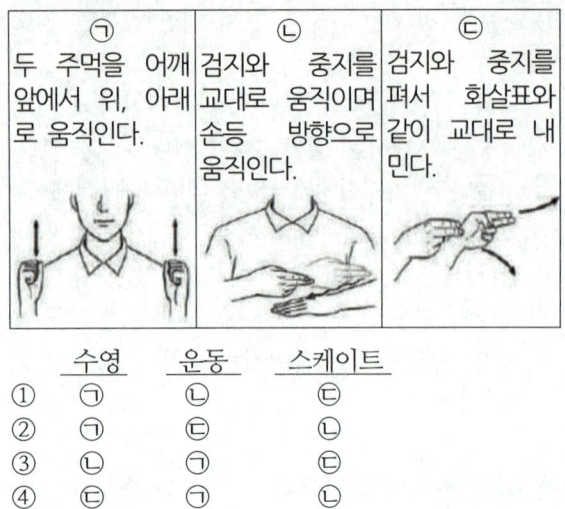

	수영	운동	스케이트
①	㉠	㉡	㉢
②	㉠	㉢	㉡
③	㉡	㉠	㉢
④	㉢	㉠	㉡

[정답] ③ [해설] 수영은 검지와 중지를 교대로 움직이며 손등 방향으로 움직이고, 운동은 팔을 들어 올리는 동작이고, 스케이트는 검지와 중지를 펴서 화살표와 같이 교대로 내민다.

2023 기출문제

01. 국제 기능 · 장애 · 건강 분류(International Classification Functioning, Disability and Health: ICF)에 제시된 장애에 대한 개념적 특징이 아닌 것은?
① 환경적 요인에 의하여 누구나가 장애인이 될 수 있음을 강조한다.
② 유형과 정도가 같은 장애인들이 동일한 활동에 참여하도록 한다.
③ 기능과 장애는 건강 상태와 개인적 · 환경적 요인들의 상호작용이다.
④ 장애는 개인, 주변의 태도, 환경적 장벽 사이 상호작용의 결과이다.

[정답] ①, ② [해설] ICF의 장애 개념은 장애인의 활동 환경을 개선하여 운동수행 능력을 향상시키는 것을 목적으로 한다. 장애가 있는 모든 사람이 체육활동을 할 수 있고, 이를 지향해야 한다. 그러므로 ①과 ②는 ICF의 장애 개념에 언급된 사항이 아니다. 가답안에서 ②가 정답으로 발표되었다가 최종 정답에 ①이 추가되었다.

02. <보기>에서 미국 관보(Federal Register, 1977)가 체육을 정의한 내용에 해당하는 것을 모두 고른 것은?

> ㉠ 건강과 운동 체력의 발달
> ㉡ 특수체육, 적응 체육, 움직임 교육, 운동 발달을 포함
> ㉢ 수중 활동, 무용, 개인과 집단의 게임과 스포츠에서의 기술 발달
> ㉣ 기본 운동 기술과 양식(fundamental motor skills and patterns)의 발달

① ㉠, ㉡
② ㉡, ㉢
③ ㉠, ㉢, ㉣
④ ㉠, ㉡, ㉢, ㉣

[정답] ④ [해설] 체육의 정의는 신체적 · 정신적 · 사회적 건강을 목적으로 신체활동과 운동능력 향상을 위한 규칙적 활동으로, 신체 능력 개발, 건강 유지, 경기 또는 경쟁 참여, 즐거움 추구와 사회적 상호작용을 하며, 특수체육을 포함한다.
[보충] 우리나라도 아닌 미국의 1977년 관보에 수록된 체육의 정의를 파악하는 문제이다. 출제자와 검토자의 출제 의도를 파악하기 어렵다. 미국 관보에서 체육에 특수체육이 포함되었다는 것을 나타내고자 낸 문제로 추측해 볼 수 있다. 시험 문제로 출제되기에는 매우 부적절하다. 참고로 우리나라 법률의 체육 정의는 아래와 같다.

> [참고] **법률상 체육의 정의**
> ● 국민체육진흥법 §2(정의) : "체육"이란 운동 경기 · 야외 운동 등 신체활동을 통하여 건전한 신체와 정신을 기르고 여가를 선용하는 것을 말한다.
> ● 장애인차별금지 및 권리구제 등에 관한 법률 §3(정의) : "체육"이란 『국민체육진흥법』 제2조의 체육 및 학교체육, 놀이, 게임, 스포츠, 레저, 레크리에이션 등 체육으로 간주하는 모든 신체활동을 말한다.

03. 블룸(B. Bloom)이 분류한 교육목표 영역에 따라 장기목표를 제시하고자 한다. <보기>의 요인과 교육목표 영역이 ㉠, ㉡, ㉢ 순으로 바르게 연결된 것은?

> ㉠ 긍정적 자아, 사회적 능력, 즐거움과 긴장 이완
> ㉡ 운동의 기술과 양식, 체력, 여가 활동에 필요한 기술
> ㉢ 놀이와 게임 행동, 창조적 표현, 인지 - 운동 기능과 감각통합

① 인지적 영역, 정의적 영역, 심동적 영역
② 인지적 영역, 심동적 영역, 정의적 영역
③ 정의적 영역, 심동적 영역, 인지적 영역
④ 정의적 영역, 인지적 영역, 심동적 영역

정답 ③ **해설** 블룸의 교육목표 분류에 의하면 ㉠ 긍정적 자아, 사회적 능력, 즐거움과 긴장 이완 등은 정의적 영역이며, ㉡ 운동의 기술과 양식, 체력, 여가 활동에 필요한 기술은 심동적 영역, ㉢ 놀이와 게임 행동, 창조적 표현, 인지-운동기능과 감각통합은 인지적 영역에 해당한다.

04. 개별화 전환계획(Individualized Transition Plan : ITP)에 관한 설명으로 적절하지 <u>않은</u> 것은?
① 장애학생과의 인터뷰를 통해 신체활동 선호도를 알아본다.
② 지역사회 체육시설을 활용하여 사회 적응 기술을 가르친다.
③ 장애 학생을 위한 신체활동 프로그램이 지역사회에도 있는지를 확인한다.
④ 장애 학생의 현재 및 미래의 기대치를 논하기보다는 과거의 활동에 주안점을 둔다.

정답 ④ **해설** ITP는 IEP의 하부 계획으로, 장애인의 개별화 전환계획이다. 장애인이 사회생활에 효과적으로 적응할 수 있도록 특별히 중점을 두어야 할 일에 대한 방향을 정하는 계획으로, 미래 방향을 설정하는 것이다. 과거 활동에 주안점을 두는 것은 아니다.

05. <보기>에서 설명하는 장애 학생 건강 체력 평가(Physical Activity Promotion System for Student with Disabilities: PAPS-D)에 해당하는 것은?

> 장애 학생 건강 체력 평가는 개인의 건강 체력이 동일 장애 조건을 가진 사람 중 어느 정도인지에 대한 정보를 제공한다.

① 비형식적 검사 ② 비표준화 검사
③ 규준 참조 검사 ④ 준거 참조 검사

정답 ③ **해설** 동일한 장애 조건을 가진 사람 중 어느 정도인지를 파악하는 것은 규준 지향 평가 즉 상대평가이다.

06. <보기>는 피바디 운동 발달검사-2(Peabody Development Motor Scales-2: PDMS-2)의 평가 영역이다. ㉠에 해당하는 것은?

㉠ ( )	㉡ 움켜쥐기
㉢ 시각 - 운동 통합	㉣ 비이동 운동
㉤ 이동 운동	㉥ 물체적 조작

① 반사 ② 손-발 협응
③ 달리기 ④ 블록 쌓기

정답 ① **해설** PDMS-2의 평가 영역은 반사, 정적인 움직임, 이동, 물체 조작, 쥐기, 시각-운동 통합 등이다.

07. 갤러휴(D. Gallahue)와 오즈먼(J. Ozmun)이 제시한 운동 발달의 단계가 <u>아닌</u> 것은?
① 지각운동 ② 기본 운동
③ 기초운동 ④ 전문화된 운동

정답 ① **해설** 갤러휴의 운동 발달 단계 이론은 유아체육론에서 주로 다루는 내용이다. 운동 발달 단계는 4단계로 구성된다.

08. 쉐릴(C. Sherrill)이 제시한 특수체육 서비스 전달 체계의 실천 요소에 대한 설명이 <u>아닌</u> 것은?
① 계획 : 개인의 요구는 물론 학교와 지역사회의 철학에 따라 적절한 체육의 목적을 설정하는 것을 의미한다.
② 사정 : 개인과 환경에 대한 검사, 측정, 평가로 구성되는 과정이다.
③ 교수/상담/지도 : 최적의 운동수행을 도모하기 위해 심리·운동적 요소들을 변화시키는 과정이다.
④ 평가 : 장애인의 학습 정도와 프로그램의 효과를 확인하는 비연속적인 과정이다.

[정답] ④ [해설] 평가는 프로그램의 효과성과 만족도 등을 평가하는 단계로, 비연속적 과정은 잘못된 설명이다.

09. 개별화 교육계획(Individualized Education Program: IEP)의 기능 중 〈보기〉의 설명에 해당하는 것은?

> 계획된 목표와 학생의 진보가 어느 정도 일치하고 있는가를 확인하기 위한 기능

① 의사소통 기능 ② 통합 기능
③ 평가 기능 ④ 관리 기능

[정답] ③ [해설] IEP의 기능은 관리·점검·평가·의사소통 등이다. 이 중 보기에 제시된 '계획된 목표와 실행의 정도를 확인하는 기능'은 평가 기능이다. 다만 보기에서 '학생의 진보가 어느'에서 '학생의 진도가 어느'의 오타로 추정된다.

10. 〈보기〉의 ㉠~㉣을 블룸(B. Bloom)의 교육목표 영역과 바르게 연결한 것은?

> ㉠ 지각(perception)
> ㉡ 가치화(valuing)
> ㉢ 반사적 운동(reflex movement)
> ㉣ 적용(application)

① 정의적 영역 : ㉡, ㉣
② 심동적 영역 : ㉠, ㉢
③ 인지적 영역 : ㉠, ㉡
④ 정의적 영역 : ㉢, ㉣

[정답] ② [해설] ㉠ 지각은 심동적 영역, ㉡ 가치화는 정의적 영역 ㉢ 반사적 운동은 심동적 영역 ㉣ 적용은 인지적 영역이다.

11. 〈보기〉에서 설명하는 장애 유형은?

> ㉠ 또래 친구와 인사를 하거나 함께 놀지 않는다.
> ㉡ 출석을 불러도 반응하지 않거나 눈을 맞추지 않는다.
> ㉢ 비닐과 같은 특정 물건을 반복적으로 만지거나 냄새를 맡는 행동을 한다.
> ㉣ '공을 차'라고 지시했지만, 지시를 이해하지 못하고 '공을 차'라는 말만 반복한다.

① 청각장애 ② 지적장애
③ 뇌병변장애 ④ 자폐성 장애

[정답] ④ [해설] 보기는 또래와 어울리지 못하고, 무반응 또는 눈을 맞추지 않으며, 반복 행동 또는 상동행동이 나타나고, 특정 언어를 반복하는 특성을 나타낸다. 이는 자폐성 장애의 특성이다.

12. <표>에서 제시된 수업 목표가 추구하는 지각 운동 영역은?

프로그램	골볼 교실	장애 유형	시각 장애	장애 정도	1급
내용	참여를 위한 사전 교육					
목표	• 자신의 포지션을 찾아갈 수 있다. • 팀 벤치 에어리어를 찾아갈 수 있다. • 상대 팀 골라인의 위치를 찾을 수 있다.					

① 신체상(body image)
② 방향 정위(orientation)
③ 신체 정렬(physical alignment)
④ 동측 협응(ipsilateral coordination)

[정답] ② [해설] 시각장애인이 주위 환경을 이해하고, 자신의 현재 위치를 파악하기 위해 환경 단서와 지표를 활용하는 것은 방향 정위이다. 즉 골볼과 5인제 장애인축구에서 소리 나는 공을 사용하여 공의 위치를 파악할 수 있다. 시각장애인이 주위 환경을 이해하여 자신의 현재 위치를 파악하는 과정을 방향 정위라고 한다.

[복습] **골볼 종목 소개**

골볼은 시각장애인만 참여한다. 경기장은 폭 9m ×길이 18m이고, 골대는 폭 9m×높이 1.5m이다. 공은 무게 1.25kg, 둘레 78cm의 고무공으로, 속에 방울이 들어있고, 방울 소리가 날 수 있도록 지름 1cm의 구멍 8개가 있다. 팀당 3명의 선수가 전·후반 12분씩 경기를 하고, 모든 선수는 아이패치와 불투명 고글을 착용한다. 볼을 바닥에 굴려 상대방 골대에 넣어 득점하는 방식이다. 소리로 공의 위치를 파악한다. 경기 중 관중은 물론 코치도 소리를 내지 않아야 한다.

[참고] 골볼 종목 자세히 알기
https://cafe.daum.net/sports31/Sing/15

13. <보기>에서 설명하는 청각장애의 유형은?

㉠ 청력손실이 60~70dB을 넘지 않는다.
㉡ 소리를 외이에서 내이로 전달하는 과정에서 문제가 생긴다.
㉢ 중이염, 고막 손상, 외이도 염증 등에 의해서 발생하기도 한다.
㉣ 후천적인 원인에 의해 발생하는 경우가 많으며, 보청기 착용의 효과가 좋다.

① 혼합성 난청(mixed hearing loss)
② 감소성 난청(reductive hearing loss)
③ 전음성 난청(conductive hearing loss)
④ 감각신경성 난청(sensorineural hearing loss)

[정답] ③ [해설] 소리가 외이에서 내이로 전달 과정의 난청은 전음성 장애이다.

[복습] **청각장애의 유형**

구분	내용
전음성 장애	• 소리의 왜곡은 없지만 희미하게 들을 수 있다. • 후천성인 경우가 많아 수화보다는 구화나 보청기 사용 • 소리를 외이에서 내이로 전달하는 과정에서 난청이 주로 발생
감음 신경성 장애	• 내이 질환, 내이 기능 저하 • 저주파수 대역보다 고주파수 대역 청력손실이 큼
혼합성 장애	• 전음성과 감음 신경성이 혼합되어 나타나는 유형

14. <표>는 피아제(J. Piaget)가 제시한 인지발달 단계에 따른 지도 목표를 기술한 것이다. 지도 목표가 적절한 것을 모두 고른 것은?

프로그램	축구교실	장애유형	지적장애	장애정도	1~3급
목적	슛과 패스 기술 익히기					

인지발달 단계	지도 목표
감각운동기	㉠ 다양한 종류의 공을 다루면서 공에 대한 도식이 형성되도록 한다.
전조작기	㉡ 공을 세워놓고 차기 기술을 지도한다.
구체적 조작기	㉢ 공차기를 슛과 패스로 구분하여 지도한다.
형식적 조작기	㉣ 전략과 전술을 지도한다.

① ㉠
② ㉠, ㉡
③ ㉠, ㉡, ㉢
④ ㉠, ㉡, ㉢, ㉣

[정답] ④ [해설] 피아제의 인지발달 단계 이론은 감각운동기(~2세)→전조작기(2~7세)→구체적 조작기(7~11세)→형식적 조작기(11세~)로 구성되어 있다. 문제에서 각각의 인지발달 단계와 지도 목표는 모두 일치하고 있다. 그러므로 ④가 정답이다.

15. <표>는 동호회 야구선수를 관찰한 기록이다. 관찰 내용에서 나타나는 장애 유형의 설명으로 옳지 않은 것은?

이름	홍길동	나이	만 42세	성별	남
날짜	2023.4.29.(토)	장소	잠실야구장		
관찰 내용	• 손과 발을 가만히 두지 못하고 여기저기 돌아다닌다. • 대기 타석에서 안절부절하며 뛰어다닌다. • 옆 선수에게 끊임없이 말을 한다. • 코치의 질문이 끝나기도 전에 불쑥 말을 한다. • 자신의 타격순서를 기다리지 못한다. • 다른 선수의 연습 스윙을 방해하거나 참견한다.				

① 장애인복지법에서는 지적장애로 분류된다.
② 다양한 상황에서도 동일한 문제행동이 나타난다.
③ 주의력 결핍, 과잉행동 또는 충동성이 7세 이전에 나타난다.
④ 주의력 결핍, 과잉행동 또는 충동성의 평가 항목 중에서 6개 이상의 항목이 최소 6개월 이상 지속된다.

[정답] ①, ③ [해설] ADHD(주의력 결핍·과잉행동 장애)에 관한 문제이다. 장애인복지법에 지적 장애가 아니고, 정서·행동 장애이다. 한편 ③ '7세 이전에 나타난다.' 이것도 잘못되었다. '12세 이전에 나타난다.'가 옳다. 기답안에서 ①이 정답으로 발표되었다가 최종 답안에서 ③이 추가되었다.

[참고] ADHD 진단법(한국ADHD협회)
http://www.adhdkorea.net

16. <보기>에서 설명하는 시각장애 발생 원인은?

> ㉠ 두통, 눈의 통증, 구토 등의 증상이 나타날 수 있다.
> ㉡ 시야가 좁아져서 주변 상황에 대한 정보 습득이 어렵다.
> ㉢ 안압이 높아지면서 시신경이 눌리거나, 혈액 공급이 원활하지 않아서 발생할 수 있다.

① 백내장 ② 녹내장 ③ 황내장 ④ 황반변성

[정답] ② [해설] 안압 상승으로, 시신경이 방해받거나, 혈액 공급 장애로 발생하며, 시야가 좁아져 상황 인지가 어려운 상태이다. 두통·구토 등을 동반하는 질병은 녹내장이다. 비슷한 질환인 백내장과 헷갈리기 쉽다. 백내장은 아래 사항을 참고하고 기억해야 한다.

[참고] 백내장 : 양 눈에 발생하며, 수정체가 빛을 통과시키지 못하며, 시력 감소와 색상 분별력이 떨어지고, 광선 공포증, 가끔 안구진탕{(초점을 맞추기 어려운 상태(=안진)}이 나타난다. 시력이 빛의 상태에 따라 일정하지 못하다.

17. 제시어와 <보기>의 수어 중 '반갑습니다', '농구', '고맙습니다'를 바르게 연결한 것은?

① ㉡, ㉠, ㉢ ② ㉡, ㉢, ㉠
③ ㉢, ㉠, ㉡ ④ ㉠, ㉢, ㉡

[정답] ③ [해설] ㉠은 왼손을 구부려 손끝이 오른쪽으로 향하게 하여 가슴 앞에 두고, 손등이 밖으로 향하게 쥔 오른 주먹을 왼손의 사이로 내리는 농구를 뜻한다. ㉡은 두 손을 약간 구부려 손끝을 양쪽 가슴에 대고 상하로 엇갈리게 두 번 움직이는 동작으로, '반갑습니다.'의 의미이다. ㉢은 '고맙습니다.'라는 의미로 손끝이 밖으로 향하게 펴서 모로 세운 오른손의 4지 옆면을 손바닥이 아래로 향하게 편 왼손등에 두 번 댄다.

18. <표>의 FITT 구분에 따른 운동 계획 중에서 틀린 것은?

프로그램	건강관리교실	장애유형	지체장애	장애정도	3급
운동 참여 경험	최근 3개월 동안 주 3회, 회당 30분씩 운동했다.				
의료적 문제	최근 종합검진에서 심혈관 질환을 비롯한 의료적 문제가 없다고 진단 받았다.				

FITT 구분	운동 계획
① 빈도 (Frequency)	운동을 주 3회(월, 수, 금) 실시한다.
② 강도 (Intensity)	최대산소섭취량의 50% 수준으로 달리기한다.
③ 시간 (Time)	준비운동 10분, 본 운동 20분, 정리운동 5분으로 구성한다.
④ 시도 (Trial)	본 운동을 5회 반복한다.

[정답] ④ [해설] FITT는 1) F(frequency), 운동 빈도 2) I(intensity), 운동 강도 3) T(time), 운동 시간 4) T(type), 운동유형을 나타낸다. 운동유형이란 저항성 운동, 유산소성 운동, 근력운동 등을 나타내야 한다.

19. <표>는 척수손상 위치에 따라 휠체어 농구 교실 참여가 가능한지를 결정한 내용이다. ㉠~㉣ 중에서 참여 가능 여부의 결정이 옳지 않은 것은?

프로그램	휠체어 농구 교실	장애 유형	척수 장애	장애 정도	1~3급
손상 위치			잠재적 능력 고려 참여 가능 여부		
			가능	불가능	
㉠ 흉추 1번~2번 사이				○	
㉡ 흉추 2번~3번 사이			○		
㉢ 흉추 11번~12번 사이			○		
㉣ 흉추 12번~13번 사이			○		

① ㉠　　② ㉡　　③ ㉢　　④ ㉣

정답 ① **해설** 이 문제는 2급 스포츠지도사 시험과목인 특수체육론에 출제될 사항이 아니고, 1급 스포츠지도사 시험과목인 장애인스포츠론에서 출제되어야 할 문제이다. 출제 기준에 1급 시험과목인 장애인스포츠론에서 종목별, 유형별 스포츠 특성이 포함되어 있기 때문이다. 흉추(등뼈, T1-9) 손상은 상지는 움직일 수 있고, 하지는 마비된다. 그러므로 흉추 1-2 손상은 휠체어 농구에 참여할 수 있다.

20. <보기>에서 보치아 경기규칙으로 옳은 것만을 모두 고른 것은?

㉠ 보치아의 세부 경기종목으로는 개인전, 2인조(페어), 단체전이 있다.
㉡ 공 1세트는 적색 구 6개, 청색 구 6개, 흰색 표적구 1개로 구성된다.
㉢ 경기에 참여하기 위해서는 반드시 휠체어를 사용해야 한다.
㉣ 보조자의 도움을 받아서 투구할 수 있다.

① ㉠
② ㉠, ㉡
③ ㉠, ㉡, ㉢
④ ㉠, ㉡, ㉢, ㉣

정답 ② **해설** 이 문제도 위 19번과 마찬가지 이유로 장애인스포츠론에서 출제되어야 한다.
㉠, ㉡은 옳고, ㉢, ㉣은 잘못된 것이다.

2022 기출문제

01. 축구 경기에서 발목을 삔 지적장애인에게 응급처치하였다. RICE 절차와 내용의 연결이 옳지 않은 것은?
① 휴식(rest) – 즉각적으로 부상 부위를 움직이지 않게 한다.
② 냉찜질(ice) – 얼음으로 부상 부위를 차게 해준다.
③ 압박(compression) – 붕대로 부상 부위를 감아서 혈액 응고 및 부종을 예방한다.
④ 올림(elevation) – 부상 부위를 잡아당겨서 고정한다.

[정답] ④ [해설] 올림(=거상)은 손상 부위를 심장보다 높게 들어 올리면, 과다 출혈과 부종 감소에 효과를 볼 수 있다.

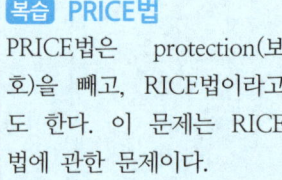
PRICE법은 protection(보호)을 빼고, RICE법이라고도 한다. 이 문제는 RICE법에 관한 문제이다.
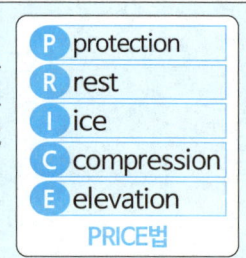

02. 절단 장애인의 환상 통증(phantom pain)에 대한 설명이 아닌 것은?
① 궤양과 같은 고통스러운 통증을 느낄 수 있다.
② 절단 후 남아 있는 부위에서는 근육 경련이 일어나지 않는다.
③ 절단된 부위가 아직 남아 있는 것처럼 생각하고 그 부위에서 통증을 느낀다.
④ 인공 의지(prosthesis)나 보조기를 착용해도 통증을 느낄 수 있다.

[정답] ② [해설] 환상 통증은 신체 부위나 장기가 없지만 있는 것처럼 통증을 느끼는 증상으로, 상상 통증이라고도 한다.

03. 척수장애인의 운동 지도 지침이 아닌 것은?
① 자율신경 반사 이상의 위험을 줄이기 위해 운동 전에 장과 방광을 비우게 한다.
② 유산소성 운동 후 체온을 낮추어 주기 위해 시원한 압박붕대를 사용한다.
③ T6 이상에 손상을 입은 경우, 유산소성 훈련 효과를 극대화하기 위해 최대심박수를 150회/분까지 증가시킨다.
④ 심장으로 들어가는 혈액량의 감소로 인한 저혈압의 위험을 줄이기 위해, 충분한 준비운동을 하게 하고 운동 부하를 점진적으로 증가시킨다.

[정답] ③ [해설] 제6번 등뼈(흉추 : T6) 이상의 손상자는 자율신경반사 부전증 발생 가능성이 커 운동 전에 장과 방광, 혈압 상태를 점검해야 하고, 저강도 운동이 적합하다.

04. <보기>에서 설명하는 장애 유형은?

- 의사소통 : 유창한 말하기와 풍부한 어휘 능력을 갖추고 있다.
- 사회적 상호작용 : 대화 중에 눈을 마주치거나 고개를 끄덕이는 행동을 어려워한다.
- 관심사와 특이 행동 : 특정한 사물에 강한 관심을 나타내는 경향이 있다.
- 관계 형성 : 가족과의 애착이 형성될 수는 있으나 또래와의 관계 형성은 어려울 수 있다.

① 아스퍼거증후군 ② 뇌병변장애
③ 지체장애 ④ 시각장애

[정답] ① [해설] 아스퍼거 장애인은 또래보다 어른과 어울리거나 홀로 지내는 것을 선호하며, 또래와의 관계 형성이 어렵고, 경직된 사고방식과 다른 사람을 이해하지 못하는 경향이 강하며, 언어 발달과 지적 능력은 일반인과 큰 차이가 없어, 청소년기나 성인기까지 진단되지 않기도 한다.

05. 아래에서 ㉠~㉢에 들어갈 장애인스포츠 프로그램 서비스 전달 단계가 바르게 묶인 것은?

프로그램 계획 → ㉠ → ㉡ → ㉢ → 평가

	㉠	㉡	㉢
①	사정	개별화 교육계획	교수·코칭 ·상담
②	개별화 교육계획	교수·코칭 ·상담	사정
③	개별화 교육계획	사정	교수·코칭 ·상담
④	교수·코칭 ·상담	개별화 교육계획	사정

정답 ① **해설** 장애인 운동프로그램은 프로그램 계획 → 사정 → IEP → 지도 → 평가 순이다. IEP(individualized education plan)는 개별화 교육계획이며, 지도는 교수, 코칭, 상담 등이다.

06. <보기>에서 설명하는 장애인스키 장비는?

- 절단 등의 장애 때문에 균형 유지가 어려운 장애인이 사용한다.
- 스키 폴(pole) 하단에 짧은 플레이트를 붙여서 만든 보조 장치다.

① 아웃리거(outriggers) ② 듀얼리거(dualriggers)
③ 바이리거(biriggers)   ④ 인리거(inriggers)

정답 ① **해설** 스키 또는 배가 넘어짐을 방지하기 위한 안전 장비는 아웃리거(outriggers)로, 스키는 폴 하단에 플레이트를 붙여 넘어짐을 방지한다.

07. 장애인스포츠와 관련된 긍정적인 변화를 위한 사회적 노력으로 잔스마와 프렌치(P. Jansma와 R. French, 1994)가 제시한 "4L"의 방법이 아닌 것은?

① 장애인스포츠와 관련된 지식의 창출과 보급(Literature)
② 장애인스포츠 관련 단체 등의 목표를 성취하기 위한 집단행동(Leverage)
③ 장애인스포츠에 대한 법률관계 확정을 위한 소송(Litigation)
④ 장애인스포츠에 대한 장애인의 학습(Learning)

정답 ④ **해설** 4L 이론은 장애인에 대한 사회적 편견과 불평등을 극복하고, 긍정적 태도를 형성하고, 이를 확대하기 위한 사회적 역할을 제시한 이론으로, 보급(literature), 집단행동(leverage), 법정투쟁(litigation), 법률 제정(legislation) 등으로 구성되어 있다.

08. 위닉(Winnick)의 장애인스포츠 통합 연속체에서 <보기>의 내용에 해당하는 단계는?

- 시각장애 볼링선수가 가이드 레일(guide rail)의 도움을 받아 비장애 선수와 함께 경쟁하였다.
- 희귀성 다리 순환장애 골프선수가 카트를 타고 비장애 선수와 함께 경쟁하였다.

① 일반스포츠(regular sport)
② 편의를 제공한 일반스포츠(regular sport with accommodation)
③ 일반스포츠와 장애인스포츠(regular sport & adapted sport)
④ 분리된 장애인스포츠(adapted sport segregated)

정답 ② **해설** 보기는 경기 결과와 관련 없이 시설, 기구 등을 이용한 일반 스포츠 단계이다.

09. 미국 장애인교육법(Individuals with Disabilities Education Act: IDEA, 2004)에서 명시한 통합교육과 관련된 용어는?
① 통합(inclusion)
② 정상화(nomalization)
③ 주류화(mainstreaming)
④ 최소 제한 환경(least restrictive environment)

[정답] ④ [해설] IDEA의 통합교육은 최소 제한 환경에서의 교육을 의미한다.

10. 미국스포츠의학회(ACSM)의 '운동 참여 전 건강검진 알고리즘'을 적용할 때, <보기>에서 의료적 허가가 필요하지 않은 시각장애인은?

대한장애인체육회에서는 생활체육 골볼 교실에 참가하는 시각장애인에게 운동 참여 전 건강 문진을 통해서 다음의 결과를 얻었다.				
	㉠	㉡	㉢	㉣
현재 규칙적으로 운동에 참여하는가?	예	예	아니오	예
심혈관 질환, 대사 질환, 또는 신장 질환이 있는가?	예	아니오	예	아니오
질병을 암시하는 징후 또는 증상이 있는가?	아니오	예	아니오	아니오
원하는 운동강도가 있는가?	고강도	중강도	고강도	고강도

① ㉠ ② ㉡ ③ ㉢ ④ ㉣

[정답] ④ [해설] ACSM의 운동 시작 전 건강검진 알고리즘은 1) 현재 규칙적 운동 시행 여부 2) 심혈관, 대사성, 신장 질환 또는 심장, 혈관 질환, 당뇨, 신장 질환 증상 3) 의심 질환에 대한 의학적 검사 4) 희망 운동 강도 등의 순서이다. 그러므로 ④가 정답이다.

11. <보기>에서 설명하는 모스톤과 애쉬워스(M. Mosston & S. Ashworth, 2002)의 교수 스타일은?

- 장애인스포츠지도자가 수업 운영과 관련된 모든 사항을 결정한다.
- 지도자는 장애인에게 운동 과제에 대한 설명과 시범을 보이고, 연습하게 하고 피드백을 제공한다.
- 수업에서 장애인의 안전을 확보하는 데 효과적인 교수 스타일이다.

① 지시형 스타일(command style)
② 연습형 스타일(practice style)
③ 상호 학습형 스타일(reciprocal style)
④ 유도 발견형 스타일(guided discovery style)

[정답] ① [해설] 운동 동작을 설명하고 시범을 보인 후 연습시키는 주입식 교육으로, 지도자가 결과를 예측하고 결과를 얻기 위해 언어적 지시로 지도하는 형태는 지시형 스타일이다.

12. <보기>의 수어가 나타내는 스포츠 종목은?

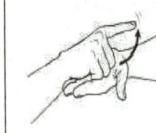
왼 손바닥을 위로 향하게 펴고, 오른 주먹의 손등이 위로 향하게 하여 왼 손바닥 위에 올려놓고, 오른손의 검지를 튕기며 편다.

① 휠체어 농구 ② 권투 ③ 탁구 ④ 축구

[정답] ④ [해설] 보기는 발로 차는 형태를 나타내는 동작으로, 축구를 나타낸다.

13. 국제뇌성마비스포츠레크리에이션협회(CPISRA)의 등급 분류 체계에 관한 설명이 <u>아닌</u> 것은?

① 5등급은 다시 5-A와 5-B로 세분화된다.
② 뇌성마비뿐만 아니라 뇌병변장애인을 포함하고 있다.
③ 1~4등급은 보행이 가능한 등급이며, 5~8등급은 휠체어로 이동하는 등급이다.
④ 경기의 승패가 손상이 아니라 노력의 정도에 의해 결정되도록 하는 것을 목적으로 한다.

[정답] ③ [해설] 책 내용에 포함되어 있지 않다. 등급 분류는 특수체육이 아니고, 장애인스포츠론에서 다루는 부분이기 때문이다. CPISRA의 등급 분류는 8단계이며, ③에서 1~4등급은 휠체어 사용 등급이고, 5~8등급은 휠체어를 사용하지 않는다. 국제뇌성마비스포츠레크리에이션협회는 2022년 WAS로 통합되었고, 운영 종목은 그대로 유지되고 있다.

14. 미국 지적 및 발달장애협회(AAIDD, 2010)의 지적장애 정의에 대한 설명 중 옳지 않은 것은?

① 만 20세 이후에 시작된다.
② 적응 행동에서의 명백한 제한이 나타난다.
③ 지능지수가 평균에서 2 표준편차 이하이다.
④ 적응 행동은 개념적, 사회적, 실제적 적응 기술에서 명백한 제한이 나타난다.

[정답] ① [해설] AAIDD는 지적장애의 정의를 지적 기능과 개념적·사회적·실제적 적응 기술로 표현되는 적응 행동의 두 영역에서 현저한 제한을 보이는 장애로, 18세 이전에 시작되는 장애이며, IQ 평균이 2 표준편차(2SD)인 70 미만이다.

15. 데이비스와 버튼(W. Davis & A. Burton, 1991)이 제시한 생태학적 과제 분석의 실행 과정을 순서대로 나열한 것은?

① 변인 선택-관련 변인 조작-과제 목표-지도
② 과제 목표-관련 변인 조작-변인 선택-지도
③ 변인 선택-과제 목표-관련 변인 조작-지도
④ 과제 목표-변인 선택-관련 변인 조작-지도

[정답] ④ [해설] 생태학적 과제 분석의 절차는 ① 과제 목표의 확인 → ② 변인 선택 → ③ 관련 변인 조작 → ④ 지도 순이다.

16. <보기>의 ㉠~㉣에 들어갈 개념이 바르게 묶인 것은?

목표	절차의 형태	
	후속 자극 제시	후속 자극 제거
바람직한 행동의 증가	㉠	㉡
바람직하지 않은 행동의 감소	㉢	㉣

	㉠	㉡	㉢	㉣
①	정적강화	부적강화	정적처벌	부적처벌
②	부적강화	정적강화	부적처벌	정적처벌
③	정적강화	정적처벌	부적처벌	부적처벌
④	부적강화	부적처벌	정적처벌	정적강화

[정답] 모든 답을 정답으로 처리 [해설] 가답안 발표 때 정답이 ①로 발표하였다가 이후 모든 답을 정답으로 처리하기로 바꾸었다. 그러나 실제 ①만 정답이다. 정적 강화와 부적 강화 매트릭스는 아래와 같다.

[복습] 정적 강화와 부적 강화의 매트릭스

	자극 제시	자극 제거
행동 증가	정적 강화 (간식을 줌)	부적 강화 (보충수업 면제)
행동 감소	정적 처벌 (야단을 침)	부적 처벌 (컴퓨터 게임 금지)

17. 척수 장애의 장애 정도가 가장 심한 것은?
① 목뼈(경추, cervical vertebrae) 1번과 2번 사이 손상
② 목뼈(경추, cervical vertebrae) 6번과 7번 사이 손상
③ 등뼈(흉추, thoracic vertebrae) 1번과 2번 사이 손상
④ 등뼈(흉추, thoracic vertebrae) 11번과 12번 사이 손상

정답 ① 해설 척수 장애는 위쪽 척추 순으로 장애 정도가 심하다.

18. 개별화 교육프로그램(IEP)의 목표 진술 3요소가 아닌 것은?
① 조건(condition) ② 기준(criterion)
③ 행동(action)   ④ 비용(cost)

정답 ④ 해설 Mager의 목표 진술의 3요소는 성취 행동, 조건, 달성 기준이다.

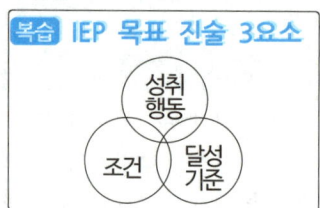

복습 IEP 목표 진술 3요소

19. <보기>에서 국민체육진흥법 시행령의 '장애인스포츠지도사 2급 연수 과정'이 아닌 것으로 묶인 것은?

㉠ 스포츠 윤리	㉡ 선수 관리
㉢ 지도 역량	㉣ 스포츠 매니지먼트
㉤ 장애 특성 이해	㉥ 코칭 실무

① ㉠, ㉤ ② ㉢, ㉣ ③ ㉡, ㉥ ④ ㉤, ㉥

정답 ③ 해설 2급 장애인스포츠지도사의 연수 과목은 스포츠 윤리, 장애 특성 이해, 지도 역량, 스포츠 매니지먼트, 현장실습, 그 밖에 장관이 고시한 사항 등이다. 보기에서 선수 관리와 코칭 실무는 포함되지 않는다.

20. 스포츠를 처음 배우는 중도(重度) 지적장애인을 위한 지도 전략으로 옳지 않은 것은?
① 배구에서 배구공을 가볍고 큰 공으로 변형한다.
② 기본 운동 기술을 높은 수준의 스포츠 기술로 변형한다.
③ 골프에서 골프공을 가볍고 큰 공으로 변형한다.
④ 평균대 위 걷기에서 안전바(safety bar)를 잡고 걷게 한다.

정답 ② 해설 중도 지적장애인은 기본적으로 심동적 영역의 활동이 요구된다. 걷기, 달리기, 점프 같은 일반적인 운동 기술과 유형의 발달은 여러 가지 자세, 반사, 하위 운동구조가 형성되어야 가능하다. ②의 높은 수준의 기술로 변형은 잘못된 것이다.

2021 기출문제

01. 특수체육(adapted physical activity)에 관한 설명 중 옳지 않은 것은?
① 참여 촉진의 수단으로 변형을 활용한다.
② 개인의 장애를 치료하는데 주목적이 있다.
③ 학교체육 및 평생 체육을 포함한다.
④ 정상화를 실현하기 위해 통합체육을 강조한다.

[정답] ② [해설] 특수체육은 개인의 장애 치료를 주목적으로 하는 것이 주어진 지문에서 가장 거리가 멀다.

02. <보기>는 국제 기능·장애·건강 분류(International Classification of Functioning, Disability, and Health: ICF)에서 어떤 영역에 해당하는가?

> A는 스포츠에 독립적으로 참여하는 데 어려움이 있으나, 적절한 지원을 받으면 문제없이 참여할 수 있다.

① 신체기능과 구조 ② 참여 ③ 활동 ④ 장애

[정답] ② [해설] 보기는 ICF 모형 요소인 신체기능과 구조, 활동, 참여 중 참여를 설명하고 있다.

03. 지적장애인을 위한 체육활동의 변형 방법으로 적절한 것은?
① 축구 : 경기장의 크기를 확대한다.
② 배구 : 비치볼(beach ball)을 사용한다.
③ 농구 : 골대의 높이를 올린다.
④ 수영 : 레인의 폭을 축소한다.

[정답] ② [해설] 활동 변형은 장애인의 스포츠 참여 동기를 부여하는 것으로, 기존의 규칙이나 환경, 용기구가 활동에 수월하게 해야 한다. ②를 제외한 나머지는 스포츠활동을 어렵게 한다.

04. 생태학적 과제 분석(ecological task analysis)의 3대 구성요소가 아닌 것은?
① 수행자   ② 수행 환경
③ 수행 평가자   ④ 수행 과제

[정답] ③ [해설] 생태학적 과제 분석의 3요소는 수행자, 수행 환경, 수행 과제 등이다.

05. 용어의 시대적 변화를 순서대로 연결한 것은?

> ㉠ 특수체육(adapted physical activity)
> ㉡ 교정 체육(corrective physical education)
> ㉢ 의료 체조(medical gymnastics)
> ㉣ 특수체육(adapted physical education)

① ㉢-㉡-㉣-㉠   ② ㉢-㉣-㉠-㉡
③ ㉣-㉢-㉠-㉡   ④ ㉣-㉢-㉡-㉠

[정답] ① [해설] 의료 체육→교정 체육→적응 체육→특수체육의 개념으로 변경되었으며, 특수체육의 개념은 adapted physical education에서 adapted physical activity로 전환되고 있다.

06. <보기>에서 기술하는 ㉠과 ㉡의 장애 유형이 바르게 연결된 것은?

> • (㉠) 운동기능에 손상이 있으나 손상이 진행적이지 않다.
> • (㉡) 호흡기 근육군의 퇴화가 올 수 있다.

① 뇌성마비, 근이영양증
② 근이영양증, 다발성경화증
③ 다발성경화증, 뇌성마비
④ 뇌성마비, 다발성경화증

[정답] ① [해설] ㉠ 뇌성마비는 뇌 손상으로 인한 비진행형 질환이다. ㉡ 근이영양증은 골격근이 점차로 변성되고 위축되어 악화하는 진행성, 불치성, 유전성 질환이다.

07. <보기>에서 설명하는 양호도는?

> 새롭게 개발된 대근 운동발달 수준 측정 도구의 타당도를 확보하기 위해 TGMD-2와 비교 검증하였다.

① 준거 타당도(criterion-referenced validity)
② 구성 타당도(construct validity)
③ 내용 타당도(content validity)
④ 안면 타당도(face validity)

[정답] ① [해설] 양호도란 검정을 위해 측정하는 타당도·신뢰도·실용도의 성과를 합친 결과를 말한다. 통계학에서 주로 사용하며, 연관 학문인 체육측정평가에서 활용하지만, 특수체육에서는 활용하는 경우는 거의 없다. 그러므로 출제 범위를 벗어난 문제에 해당한다. 타당도는 내용 타당도, 준거 타당도, 구인 타당도 등으로 구분하는데 보기는 준거 타당도를 설명하고 있다.

08. 평가도구와 목적을 바르게 연결한 것은?
① PDMS-2 : 성인기 대근 및 소근육 운동기능 평가
② TGMD-2 : 신체, 언어, 인지기능 평가
③ BPFT : 운동수행력과 적응 행동 평가
④ PAPS-D : 장애 유형을 고려한 장애 학생 체력 평가

[정답] ④ [해설] ① PDMS((Peabody Developmental Motor Scale)-2는 6세 이하 아동의 대근과 소근운동 기능 평가검사이다. ② GMD(Test of Gross Motor Development)-2는 대근운동 능력 검사이다. ③ BPFT (Brock port Physical Fitness Test, 브락포트 체력검사)는 건강 관련 체력검사 방법이다. ④ PAPS-D (Physical Activity Promotion System for Students with Disabilities)는 우리나라가 개발한 장애인 대상 체력 평가 방법이다.

09. <보기>에서 설명하는 것은?

> - 과학적으로 반복 검증된 프로그램을 사용한다.
> - 프로그램 효과에 대한 예측을 가능하게 한다.
> - 프로그램 표준화에 대한 기초 자료가 된다.

① 근거 기반 프로그램(evidence-based program)
② 사례 기반 프로그램(case-based program)
③ 과제 지향 프로그램(task-oriented program)
④ 위기관리 프로그램(risk-management program)

[정답] ① [해설] 1) 과학적으로 검증된 프로그램을 사용하며, 2) 효과 예측이 가능하고, 3) 표준화의 기초 자료가 되는 것은 근거 기반 프로그램을 설명하고 있다.

10. 참여자에게 종목 선택권을 부여하고 의사결정 참여 기회의 폭을 넓혀주는 것은?
① 몰입(flow)
② 임파워먼트(empowerment)
③ 강화(reinforcement)
④ 사회적 참여(social engagement)

[정답] ② [해설] 장애인의 능력 배양 등을 위해 장애인 스스로 종목을 선택하고, 참여 의사결정의 폭을 넓히는 활동은 임파워먼트이다.

11. <보기>는 미국 장애인교육법에서 명시한 정의이다. 밑줄 친 '독특한 요구'를 충족시켜 주기 위한 지도 방법으로 옳지 않은 것은?

> 특수체육은 장애인의 '독특한 요구(unique needs)'를 충족시키기 위해 고안된 체력과 운동 체력; 기본 운동 기술과 양식; 수중, 무용, 개인 및 집단 게임, 스포츠에서 기술의 발달을 위한 개별화된 <u>프로그램</u>이다.

① 개인별 목표 성취를 위해 신체활동의 방법을 변형한다.
② 휠체어 사용자를 위해 체육시설의 접근성을 높인다.
③ 동선상의 위험 요인을 제거한다.
④ 변형을 위해 활동의 본질을 바꾼다.

[정답] ④ [해설] 독특한 요구(unique needs)란 장애인에게 필요한 특별한 환경을 의미하며, 이의 해결할 수 있는 활동 변형은 스포츠의 본질을 변형하는 것은 아니다.

12. 척수손상 장애인의 자율신경 반사 이상(autonomic dysreflexia)에 관한 내용으로 옳지 않은 것은?
① 자율신경 반사 이상은 예방할 수 없다.
② 운동 전 방광과 장을 비움으로써 예방할 수 있다.
③ 자율신경 이상이 증가하면 운동을 중단한다.
④ 경추 6번 및 윗부위의 손상 장애인에게서 발생 가능성이 높다.

[정답] ① [해설] 자율신경 반사 이상은 배뇨, 배변 장애를 일으키며, 스포츠활동 전 미리 방광과 장을 비우므로 예방할 수 있다. 정답은 ①번으로 발표되었고, 채점되었다. 그러나 ④번도 정답이다. 경추 6번 이상의 손상 장애인에게 발생 가능성이 크다고 언급되었지만, 이는 잘못된 것이다. 흉추 6번 이상의 손상 장애인에게 잦다.

13. 장애인스포츠지도사의 지원 강도에 관한 설명으로 옳지 않은 것은?
① 간헐적(intermittent) 지원 - 일시적이고 단기간에 걸쳐 요구할 때 지원
② 제한적(limited) 지원 - 제한된 시간 동안 신체활동에서 지원
③ 확장적(extensive) 지원 - 지도자의 판단에 따른 일시적 지원
④ 전반적(pervasive) 지원 - 지속적이고 신체활동 내내 지원

[정답] ③ [해설] 장애인을 지원 강도에 따라 간헐적 지원, 제한적 지원, 전반적 지원 등으로 구분한다. 확장적 지원으로는 구분하지 않는다.

14. <보기>에서 시각장애인을 지도할 때 고려 사항이 바르게 묶인 것은?

> ㉠ 경기장을 미리 돌아보게 한다.
> ㉡ 장비의 모양, 크기, 재질 등을 알 수 있도록 한다.
> ㉢ 방향정위를 위해 목소리, 나무 방울 혹은 자동 방향 감지기 등을 사용한다.
> ㉣ 높이뛰기, 멀리뛰기와 같은 도약 경기에 참가하는 선수에게는 걸음걸이를 미리 세어보도록 한다.

① ㉢, ㉣
② ㉠, ㉡, ㉢
③ ㉠, ㉡, ㉣
④ ㉠, ㉡, ㉢, ㉣

[정답] ④ [해설] 시각장애인의 스포츠지도 유의 사항은 1) 사용 용기구를 바닥, 천장, 벽면 등 주변 색깔과 구분되도록 하고, 경기전에 경기장, 장비의 모양, 크기, 재질 등을 미리 알 수 있도록 한다. 2) 시각적 자료는 크게 볼 수 있도록 확대하고, 촉각 자료도 활용한다. 3) 방향정위를 위해 목소리, 나무 방울 혹은 자동 방향 감지기 등을 사용한다. 4) 높이뛰기, 멀리뛰기와 같은 도약 경기에 참여하는 선수에게는 걸음걸이를 미리 세어보도록 한다.

15. <보기>에서 설명하는 행동 수정 기법은?

> 체육 기구를 계속 던지면서 수업을 방해할 때마다 제자리에 돌려놓도록 강제적이고 반복적으로 시켰다.

① 프리맥 원리 ② 과잉 교정
③ 토큰 강화   ④ 타임아웃

정답 ② 해설 문제행동을 했을 때 강제적으로 반복해서 통제하는 방법은 과잉 교정이다.

16. 자폐성 장애인의 특성을 고려한 지도 전략으로 적절한 것은?
① 자연스러운 단서보다 언어적 단서를 주로 사용한다.
② 그린카드를 활용하여 시각적 단서를 제공한다.
③ 환경의 비구조화를 통해 다양한 신체활동을 제공한다.
④ 신체활동 순서와 절차를 바꾸면서 흥미를 준다.

정답 ② 해설 자폐성 장애는 내면적 세계에 침거 또는 집착하여 외부 환경에 무관심한 증상을 나타내므로 언어적 단서보다는 그린카드 등의 시각적 단서가 적절하다.

17. 시각장애인의 신체활동 지도를 위해 사전에 알아야 할 정보가 아닌 것은?
① 시력 상실의 원인   ② 시력 상실의 시기
③ 잔존 시력 정도   ④ 주거환경

정답 ④ 해설 시각장애인 지도를 위해 사전 알아야 할 정보에 주거환경은 연관성이 작다.

18. 청각장애인에 관한 설명으로 옳지 않은 것은?
① 지필 대화를 할 수 있다.
② 부정확한 발음은 즉시 교정해 준다.
③ 눈을 마주 보고 대화를 한다.
④ 수어 통역사가 있더라도 가능하면 직접 대화한다.

정답 ② 해설 청각장애인에게 부정확한 발음을 즉시 교정해 줄 필요는 없다.

19. 발작(seizure)에 대한 지도자의 대처 방법으로 옳지 않은 것은?
① 발작 동안 주변 사물과 충돌하지 않도록 조치한다.
② 발작 이후 즉시 심폐소생술을 실시한다.
③ 발작이 10분 이상 지속할 때 응급상황으로 판단한다.
④ 발작 이후 호흡 상태 관찰과 필요하면 회복 자세를 취하도록 한다.

정답 ② 해설 발작은 달리 경련이라고 하며, 경련 이후 심폐소생술은 적합하지 않다.

20. 뇌성마비의 유형별 특징으로 옳지 않은 것은?
① 경직성은 대뇌피질의 손상으로 근육의 저긴장 상태를 보인다.
② 운동 실조성은 소뇌의 손상으로 균형과 협응에 어려움을 보인다.
③ 무정위 운동성은 기저핵의 손상으로 불수의적인 움직임을 보인다.
④ 혼합형은 경직성과 무정위 운동성이 혼재하며, 경직성 유형이 좀 더 두드러진다.

정답 ① 해설 경직성 뇌성마비는 전두엽 운동 피질과 척수로 전달하는 경로인 추 체계로 인해 발생하며, 뇌성마비의 전체 70% 이상을 차지하고 있다.

집필후기

많은 분이 합격하여 위대한 장애인 스포츠지도사가 되십시오.

장애인스포츠의 발전 가능성은 매우 크다고 확신하면서, 이를 더욱 발전시켜 보겠다는 생각으로 오랜 밤을 지새우고, 어려운 작업을 끝냈습니다. 교정을 볼 때마다 나오는 탈·오자는 10번 이상을 봤기에 어느 정도 자신을 갖습니다. 그러나 이보다 더 중요한 것은 아직 시험 칠 기간이 많이 남아 있음에도 불구하고, 어떤 유형의 문제가, 어떤 형태로 출제될 것이라는 느낌을 만들어야 하고, 이를 책에 반영해야 하는 절차는 결코 수월한 일이 아니었습니다.

쉽게 설명하고, 빨리 이해할 수 있도록 문장 명료화와 함께 도식화·도표화를 많이 포함했습니다. 그간 출제 문제를 분석하여 해당되는 부분에 넣었기에 학습하면서 바로 출제유형을 이해하고, 출제될 예상 문제를 머릿속에 그릴 수 있도록 편집하는 등 노력을 기울였습니다. 선택과목과 비교하면 상대적으로 공부해야 할 분량이 적고, 비교적 수월한 필수과목에서 높은 점수를 받아야 합격하기 쉽습니다.

큰 노력에도 불구하고, 분량이 많은 책은 본의 아니게 오, 탈자가 나올 수 있고, 인쇄가 끝난 후 살펴보면 논리적 오류가 발생할 수도 있습니다. 인쇄 후 오류가 발견되면 이를 알리는 방법은 다음카페 스포츠자격시대(http://cafe.daum.net/sports31)의 특수체육론에 이를 게시합니다. 다소 불편함이 있더라도 시험 전에 꼭 방문하여 확인하시기를 부탁드립니다. 아울러 노인스포츠지도사 해피콜을 운영하고 있습니다. 시험에 관한 모든 사항을 전화 또는 이메일로 질문하시면 답변해 드립니다.

필기시험의 합격은 물론 실기·구술시험까지 합격하고, 연수를 무난히 마치어, 우리나라 장애인스포츠의 발전과 이를 더욱 촉진시키는 위대한 스포츠지도자가 되시길 빕니다. 아울러 3년의 지도 경력을 바탕으로 1급 장애인스포츠지도사 자격도 취득하시기를 빕니다.
이 책으로 공부하신 많은 분의 합격 소식을 기다리겠습니다.

2026년 1월 1일

저자 장승규·이정열 씀

장애인스포츠지도사 자격시험 관련 궁금 사항과 대학의 특수체육 수업 교재 단체 구입 등 모든 사항은 전화로 문의하십시오.

010-6291-1131

이메일 : jisig@paran.com
카톡 ID : changkyu11

스마트폰에서 스캐닝

**특별과정 응시자는 70점을 목표로 하고,
일반과정 응시자는 90점 받아 합격하는-**

수험서로서의 최적화 ―, 합격의 최적화 ―
최적화 특수체육론 2026
2급 장애인스포츠지도사 필수과목

저자	장승규 · 이정열
발행	2026. 1. 1
인쇄	2026. 1. 1
발행인	손현숙
발행사	지식닷컴
연락처	02-848-6865
카 페	http://cafe.daum.net/sports31
인 쇄	보명씨엔아이

국립중앙도서관
서지 정보

ISBN 979-11-91834-47-5   정가 **19,000원**

- 저작권법에 따라 무단으로 전재하거나 복제할 수 없습니다.
- 잘못된 책은 구입처에서 교환해 드립니다.